DOMAINES LINGUISTIQUES
sous la direction de Franck Neveu
6

Série *Grammaires et représentations de la langue*
dirigée par Franck Neveu
4

Petite grammaire instructionnelle pour le français langue étrangère

Anne-Rosine Delbart

Petite grammaire instructionnelle

pour le français langue étrangère

PARIS
CLASSIQUES GARNIER
2016

Anne-Rosine Delbart est licenciée en philologie romane, agrégée de l'enseignement secondaire supérieur et docteur ès lettres. Première maître de langue au département de langues et lettres de l'université libre de Bruxelles, elle est lauréate du prix Constant de Horion (1990), du prix de thèse Jean-Claude Cassaing (2003), et du prix Jean-Humblet (2007) pour *Les Exilés du langage* (Limoges, 2005).

ISBN 978-2-8124-3614-7 (livre broché)
ISBN 978-2-8124-3615-4 (livre relié)
ISSN 2271-6297

Connaissez donc en vous le fond de mon
[discours :
C'est de vous que j'ai pris l'ombre qui
[vous éprouve.
Paul VALÉRY

AVANT-PROPOS

Depuis un quart de siècle, le français langue étrangère s'est acquis sous l'acronyme FLE une place dans les curriculums universitaires. Son objectif est clair et net : doter les non-francophones des compétences qui permettent de communiquer efficacement en français. Mais, de l'intention aux réalisations, la diversité des publics cibles, la fourchette des exigences et la multiplicité des méthodes d'enseignement confèrent vite du flou à l'entreprise.

Reprenons brièvement ces trois points.

- **La diversité des publics**. Les débutants ne partent déjà pas sur un pied d'égalité du fait que leur langue originelle offre plus ou moins de ressemblances typologiques avec le français. Les échelons moyens ou supérieurs se répartissent des curieux, de simples voyageurs, des visiteurs de plus longue durée ou des immigrés, entrés à des âges différents dans un pays de langue française, les uns scolarisés, les autres non, et certains toujours soumis à l'obligation scolaire.
- **La fourchette des exigences**. À partir de quand une communication sera-t-elle jugée efficace ? Quel poids respectif donner à l'écrit et à l'oral ? Le français langue étrangère passe-t-il automatiquement le relais au français langue maternelle dès que la performance d'un élève atteint l'étiage minimal des francophones de souche ?
- **La multiplicité des méthodes d'enseignement**. Les techniques utilisées vont de l'immersion ou de la submersion à l'imitation (la répétition des paroles d'autrui), de la psychologie (l'innéisme, le cognitivisme, le constructivisme...) à la sociologie (le fonctionnalisme, la pragmatique...) en mobilisant çà et là l'éveil aux cultures et à l'histoire.

Loin de moi la pensée de critiquer aucune option. Toutes ont leur pertinence et peut-être leur utilité. Il a paru cependant que l'apprentissage d'une langue ne saurait se concevoir sans une assise linguistique ou grammaticale solide.

Le présent livre voudrait de ce point de vue apporter sa pierre à l'édifice.

INTRODUCTION THÉORIQUE

1 – « Français langue étrangère » (en abrégé FLE) n'implique aucune déperdition qualitative par rapport à « Français langue maternelle » (en abrégé FLM)[1]. On connaît des allophones plus performants que beaucoup de *native speakers*, ne seraient-ce que les nombreux écrivains étrangers illustrant aujourd'hui le roman ou le théâtre français : l'Espagnol Jorge Semprun, l'Argentin Hector Bianciotti, la Canadienne anglaise Nancy Huston… ; le Chinois Gao Xingjian (Prix Nobel) ; le Russe Andreï Makine, l'Américain Jonathan Littell, l'Afghan Atiq Rahimi (trois Prix Goncourt), etc. (pour un panorama, *cf.* Delbart, 2005). L'opposition FLM ~ FLE n'en reste pas moins indispensable, toute science commençant avec le tronçonnement des continuums ontologiques, à charge pour elle d'étudier ensuite les hybridations.

Précisément, comme l'écart entre le FLM et le FLE paraissait excessif, la recherche didactique a lancé le concept de français langue seconde (en abrégé FLS), une variété de FLE qui prend en compte la proximité géographique (le français dispensé aux citoyens non francophones de pays tels la Belgique, la Suisse ou le Canada) ou historique (le français en Afrique noire et au Maghreb), voire une filiation objective (le français dans l'ensemble des langues issues du latin) ou une parenté morpho-syntaxique intimement ressentie (le français proche de l'italien).

Mais voilà que FLS entraîne la requalification de FLM en français langue première (en abrégé FL1), puis, par ricochet, celle de FLS en FL2 (français langue deuxième, l'adjectif *deuxième* prévenant les connotations dévalorisantes de *seconde* = « inférieure »).

---

1 Premières ébauches dans « Les français parlent aux français », in *Langue et communication en classe de français* (J.-M. Defays, B. Delcominette, J.-L. Dumortier, V. Louis éd., Cortil-Wodon, Éditions modulaires européennes, 2003), 25-39, et dans « Pour un dépassement de la nébuleuse FLM, FLS, FLE : l'apport de la grammaire *instructionnelle* », in *Le français langue étrangère et seconde : des paysages didactiques en contexte* (V. Castellotti, H. Chalabi éd., Paris, L'Harmattan, 2006), 227-234.

L'inconvénient est, d'une part, d'occulter la spécificité de l'acquisition de la langue maternelle (sans parler des halos sentimentaux qui touchent au foyer, à la famille et à la petite enfance) et, d'autre part, les chiffres accentuant visuellement l'impression d'une série, d'inscrire le FL2 dans la perspective d'un enseignement plurilingue où le français interviendrait le cas échéant à des niveaux tardifs ou subalternes (FL3, FL4, FL5...).

Admettons que l'épithète *maternelle* revêt couramment une acception plus métaphorique ou métonymique que littérale. L'essentiel demeure que le français prévale dès le début de la scolarisation même si l'idiome pratiqué au domicile est autre, de rayonnement large (l'espagnol...) ou restreint (le luxembourgeois au Grand-Duché...) ou de caractère dialectal (l'arabe non classique en pays d'immigration...), peu importe. L'observation mène à une proposition fondée sur le couplage deux à deux des langues de la maison et de l'école.

Les difficultés de classement naissent en fait de l'hétérogénéité des critères utilisés. *(Français) langue maternelle* et *(français) langue étrangère* ont trait à la situation biographique de l'apprenant. *(Langue) première* et *(langue) deuxième* se rapportent à la situation scolaire de la langue enseignée : rang 1 ou rang 2. En mariant ces indices, on obtient quatre combinaisons.

1. Français langue maternelle scolarisée première (les francophones natifs éduqués en français) : en abrégé FLMS1.
2. Français langue étrangère scolarisée première (les enfants allophones éduqués en français) : en abrégé FLES1.
3. Français langue maternelle scolarisée deuxième (les enfants francophones éduqués prioritairement en une quelconque langue étrangère) : en abrégé FLMS2.
4. Français langue étrangère scolarisée deuxième (les allophones éduqués en une langue prioritaire non française) : en abrégé FLES2[1].

---

1 Des sociologues ont fait valoir que le E de FLE aurait des relents xénophobes ou politiquement incorrects. Je plaiderais qu'au contraire la visibilité de l'épithète travaille à la réussite de la démarche interculturelle qui vise à la mise en relation explicite de groupes différents. En affirmant son identité linguistique étrangère, l'individu n'a pas le sentiment que l'on saccage son univers natal au nom de « l'Universel », pour reprendre les termes de l'écrivain martiniquais Patrick Chamoiseau (*Chemin-d'école*, 1994). Pour peu que l'accueil de l'étranger sans nécessaire volonté d'assimilation ne suffise pas à enrayer ce soupçon,

2 – À quel stade le rôle de la grammaire s'annonce-t-il le plus décisif ? La question vaut qu'on s'y arrête.

En France et dans les pays de culture française, la grammaire scolaire, née à la fin du XVIIIe siècle (Lhomond, 1780), développée au XIXe siècle et régnant quasi souverainement jusqu'en 1980 (la onzième et dernière édition du *Bon usage* signée Grevisse), s'est trouvée investie d'une double mission (*cf.* Chervel, 1977 ; Chevalier, 1984) :

- *primo*, inculquer l'orthographe d'accord (elle exploite à cet effet l'*analyse des mots* en natures : les mots variables que sont le nom, l'adjectif, le pronom et le verbe, les mots invariables que sont l'adverbe, la préposition la conjonction…, et en fonctions : sujet, complément d'objet, complément circonstanciel, attribut, épithète, apposition…) ;
- *secundo*, conduire de la pratique orale spontanée à l'écrit (c'est l'objectif de l'*analyse des phrases*) et monter, à travers les registres de langue, du familier au soutenu.

Les résultats auront beau décevoir, le dogme grammatical n'est remis en cause ni en FLMS1 ni en FLMS2, FLES1 ou FLES2.

Or, la grammaire du FLE devrait à mon humble avis être envisagée sous un angle nouveau. C'est qu'ici l'enseignant reçoit mission d'élaborer artificiellement la compétence – au sens chomskyen du terme – que les francophones de naissance ont, eux, acquise naturellement (un enfant de langue maternelle française qui entre en classe vers l'âge de six ans possède en principe l'essentiel des mécanismes langagiers du français) ; autrement dit, de fournir aux allophones les règles en nombre nécessairement réduit (faute de quoi l'activité de langage se révèlerait impossible) susceptibles de créer une infinité d'énoncés jamais entendus ni lus au préalable.

Excursus
Deux grands linguistes du XXe siècle ont exprimé sur ce point des opinions convergentes. Gustave Guillaume (1883-1960) : « L'enfant qui apprend une langue en l'entendant parler autour de lui en retrouve – c'est là pour

rien n'empêche d'adapter les sigles au départ de FLM : FLM0S1 (français langue non maternelle scolarisée première) et FLM0S2 (français langue non maternelle scolarisée deuxième).

le principal son apprentissage de la langue – sous les emplois qu'il en entend, les conditions constructives qui les permettent et les prescrivent, desquelles ils sont des conséquences. Et ces conditions retrouvées, il en sait produire directement, sous forme d'emplois du contenu formel de la langue, des conséquences et bientôt toutes conséquences possibles sans avoir expressément à faire intervenir la souvenance. Il ne répète pas de l'entendu : il crée son dire directement à partir des conditions constructives qu'il en possède, la mémoire de l'entendu ne participant que subsidiairement à cette création » (1964 : 284). Noam Chomsky (né en 1928) : « La personne qui a acquis la connaissance d'une langue a intériorisé un système de règles reliant d'une certaine façon le son et le sens. Le linguiste qui élabore une grammaire d'une langue propose en réalité une hypothèse concernant ce système assimilé » (1970 : 46).

On imagine bien que la tradition grammaticale française serait à cet égard non seulement inutile mais pernicieuse. Expliquons-nous. Si un Français lit en un manuel quelconque que « l'imparfait est le temps des évènements qui durent ou se répètent dans le passé », il enregistre la contrevérité (qui a la vie dure) distraitement et ne s'étonnera pas de rencontrer des phrases comme *Sans l'intervention des démineurs, la bombe explosait* (où le prétendu procès passé n'a pas eu lieu) ou celle-ci, authentique, extraite d'un article de journal : « Le 21 juillet 1968, Neil Armstrong *posait* le pied sur la lune et *ouvrait* une ère nouvelle dans l'histoire de l'Humanité » (deux procès qui, évidemment, ne durent ni ne se répètent), tandis que l'étudiant non francophone risque de se croire obligé d'utiliser des passés simples *posa, ouvrit* ou des passés composés *a posé, a ouvert*, et, plus dommageable, de mettre ailleurs des imparfaits au lieu des passés simples duratifs ou itératifs : « Un repas réchauffé ne *valut* jamais rien » (Boileau), « Dès ce moment, il ne *cessa* plus de penser à elle » (Zola), etc.
Saussure et Sthioul (2005 : 13)

> …dans les exercices « à trous » ou de « transposition dans le passé », des imparfaits narratifs seraient considérés, pour d'évidents motifs pédagogiques, comme fautifs ; l'enseignant se voit obligé d'occulter une partie de la réalité linguistique, ou alors de laisser entendre que pour d'obscurs motifs de style, l'écrivain posséderait des droits que l'apprenant n'aurait pas.

Conclusion coulant de source, les praticiens du FLE, en quête ou non de « légitimité scientifique » (Barthélémy, 2007 : 12 et 99), ne pourront se priver des lumières de la recherche linguistique, évidemment adaptée à leurs besoins[1]. Belle occasion, au surplus, de secouer le carcan de la terminologie scolaire et de rationaliser une nomenclature de toute façon non familière à un public d'étrangers. Est-il naïf de penser qu'un jour la grammaire dispensée en FLM y trouvera aussi son avantage ?

Vigner (2004 : 14)

> ...un métalangage grammatical renvoie à un point de vue sur la langue, lequel varie selon les époques, selon les cultures, selon les théories de référence. Ainsi le modèle traditionnel, issu de l'enseignement du latin et largement diffusé dans les cultures scolaires européennes, par son ancienneté et par sa présence dans de très nombreux manuels, a pu faire croire que le métalangage associé ne faisait que refléter la nature de la langue, alors qu'il ne faisait que traduire une approche culturellement marquée de la langue.

Cuq et Gruca (2006 : 394-395)

> Bien que les méthodologues prêchent généralement aux enseignants une grande modération du point de vue de la quantité de métalangage à utiliser, qu'en est-il dans la réalité de la classe ? Nous avons montré [« Le métalangage grammatical francophone : un vrai plaisir », dans *Revue de l'AQEFLS*, 2, 2001 : 6-21] que les méthodes modernes d'enseignement du français aux étrangers sont très gourmandes en métalangage grammatical puisqu'elles utilisent en moyenne sur les deux premiers niveaux environ 200 termes ou lexies et 350 sur l'ensemble des trois niveaux qui sont généralement proposés au public. Ce volume est énorme, et, si on supposait acquises les notions véhiculées, ferait vraiment des apprenants de très bons grammairiens !

J'ai sélectionné sept thèmes qui, d'expérience, constituent autant d'écueils redoutables. Dans l'ordre : (1) les articles, (2) la place de l'adjectif qualificatif épithète, (3) le mode subjonctif, (4) la concurrence

1 Formée à l'Université de Bruxelles, l'auteur de ce livre a pu bénéficier, comme beaucoup d'autres, des enseignements de Marc Wilmet. On reconnaîtra au fil des chapitres l'influence de la *Grammaire critique du français* (1997, [5]2010) et de la *Grammaire rénovée du français* (2007). Je tiens à mentionner qu'en 1992, le professeur, qui rédigeait le chapitre du verbe de son cours de linguistique française, a bien voulu m'associer en tant qu'assistante chargée d'exercices à ses recherches bibliographiques et à sa réflexion. Il en est résulté de ma part une série d'articles qui ont alimenté d'année en année différents séminaires et les leçons de FLE que j'étais amenée à dispenser. Les questions abordées ici ont par la suite fait l'objet d'échanges de vues incessants entre lui et moi, mais la proximité et la filiation n'excluent pas des divergences d'interprétation, des suggestions nouvelles et d'éventuelles dérives dont la signataire endosse l'entière responsabilité.

du passé simple et du passé composé, (5) l'imparfait, (6) l'interrogation, (7) – d'une espèce différente, car il ne s'agit plus de compétence innée des francophones à transplanter mais de performance savamment (et douloureusement) acquise à rationaliser – l'accord du participe passé.

Sans doute ces points de morpho-syntaxe n'épuisent-ils pas la matière grammaticale et à plus forte raison le programme du FLE (le vocabulaire, la prononciation, les tournures idiomatiques...). Mais ils ont été conçus comme autant de balises pour les professeurs sur la voie de l'enseignement des mécanismes complexes d'une langue vivante.

COMPLÉMENT DIDACTIQUE

Grammaire est un terme ambigu. Le nom désigne tantôt l'étude extérieure et savante des mécanismes de la langue par des professionnels usant d'un lexique spécialisé : *adjectif, adverbe, sujet, attribut, proposition principale, proposition subordonnée...*, tantôt le fonctionnement intérieur de la langue, accessible à des usagers « naïfs » (par parenthèse, le doublet populaire de *natif*). Disons : *grammaire 1* et *grammaire 2.*

L'illusion a été de croire que les descriptions de la grammaire 1 pouvaient, devaient et allaient automatiquement conférer la capacité de grammaire 2 aux étudiants du FLE.

Notre livre tente d'ouvrir une autre porte. Est-ce à dire que les apprenants le trouveront d'emblée praticable ? Indépendamment du niveau de formation (FLES1 ou FLES2) ou du degré de curiosité, ils auront souvent besoin d'un guide.

Ce rôle incombe par priorité aux professeurs. Eux seuls possèdent à coup sûr une base scientifique (dût-elle être rafraîchie, remise en cause ou approfondie), la capacité de trier l'essentiel de l'accessoire et, on l'imagine, la rigueur intellectuelle, le goût des jeux stylistiques. N'en déplaise à une opinion trop répandue dans les écoles de langue, la connaissance instinctive de l'idiome ne permet pas de transmettre aux autres les mécanismes linguistiques du français.

Puissent néanmoins les maîtres se rappeler au seuil de leurs leçons qu'il n'est pas question d'enseigner tout, à tous, tout de suite et tout à la fois.

BIBLIOGRAPHIE SÉLECTIVE

BARTHÉLÉMY, Fabrice, *Professeur de FLE. Historique, enjeux et perspectives*, Paris, Hachette, 2007.

CHERVEL, André, *Et il fallut apprendre à écrire à tous les petits Français. Histoire de la grammaire scolaire*, Paris, Payot, 1977.

CHEVALIER, Jean-Claude, *Histoire de la grammaire française*, Paris, P.U.F., 1994 (Collection « Que sais-je ? », n° 2904).

CHOMSKY, Noam, *Langage et pensée*, Paris, Payot, 1970 [trad. française de *Language and Mind*, New York, Harcourt, 1968].

CUQ, Jean-Pierre, GRUCA, Isabelle, *Cours de didactique du français langue étrangère et seconde*, Grenoble, PUG, 2006.

DELBART, Anne-Rosine, *Les exilés du langage. Un siècle d'écrivains* français *venus d'ailleurs* (1919-2000), Limoges, PULIM, 2005.

GREVISSE, Maurice, *Le bon usage. Grammaire française avec des Remarques sur la langue française d'aujourd'hui*, Gembloux, Duculot, 1936, 1980.

GUSTAVE, Guillaume, *Langage et science du langage*, Paris-Québec, Nizet-Presses de Laval, 1964.

LHOMOND, Charles-François, *Élémens de grammaire françoise*, Paris, 1780.

SAUSSURE, Louis de, STHIOUL, Bertrand, « Imparfait et enrichissement pragmatique », dans *Cahiers Chronos*, 14 (2005), p. 103-120.

VIGNER, Gérard, *La grammaire en FLE*, Paris, Hachette, 2004

INTRODUCTION MÉTHODOLOGIQUE

L'apport le plus novateur des pages qu'on va lire réside dans les *protocoles instructionnels* mis en place. Par une batterie soigneusement échelonnée de questions et de réponses, l'usager est amené de proche en proche à la solution recherchée[1].

Un exemple valant mieux qu'un long discours, prenons le cas de la féminisation des noms de métiers, de professions, grades et titres avec leur alternance à première vue déroutante de féminins lexicaux, de féminins morphologiques et de féminins syntaxiques.

Excursus

Les **féminins lexicaux** empruntent une entrée de dictionnaire différente des noms masculins : *homme (d'affaires) ~ femme (d'affaires), (con)frère ~ (con) sœur, gendre ~ bru, empereur ~ impératrice, chanteur (lyrique) ~ cantatrice, roi ~ reine, neveu ~ nièce, dieu ~ déesse, héros ~ héroïne, favori ~ favorite, copain ~ copine*, même (plusieurs grammaires s'y trompent) *abbé ~ abbesse, docteur ~ doctoresse, duc ~ duchesse*... Les **féminins morphologiques** ajoutent un *-e* au nom masculin : *apprenti ~ apprentie, député ~ députée, général ~ générale*..., et accommodent de diverses façons la finale *-eur* : *prieur ~ prieure, boxeur ~ boxeuse, cascadeur ~ cascadeuse* (*vs ambassadeur ~ ambassadrice*), *acheteur ~ acheteuse* (*vs animateur ~ animatrice, éditeur ~ éditrice, instituteur ~ institutrice*...) ; parfois – au Québec surtout – *gouverneur ~ gouverneure, professeur ~ professeure*... Les **féminins syntaxiques** gardent le nom de départ et délèguent l'indication du genre aux accompagnateurs normaux des féminins morphologiques : *une ministre, ma professeur, cette auteur*...

1 Premières applications personnelles de la méthode dans « L'imparfait : une affaire d'instruction(s) », in *Cahiers Chronos*, 14 (2005), 157-173. – « Pour un dépassement de la nébuleuse FLM, FLS, FLE : l'apport de la grammaire *instructionnelle* », in *Le français langue étrangère et seconde : des paysages didactiques en contexte* (V. Castellotti, H. Chalabi éd., Paris, L'Harmattan, 2006), 227-234. – « Jalons pour une *grammaire instructionnelle* de l'article français », in *Représentation du sens linguistique* (D. Bouchard, I. Evrard & Etleva Vocaj éd., Bruxelles, De Boeck, 2007), 91-100.

Compte non tenu de quelques féminins archaïques en *-esse* : *chanoinesse, comtesse, papesse, prêtresse*..., les spécialisés *hôtesse* 'celle qui reçoit' ≠ 'celle qu'on reçoit', *maîtresse* (d'école, de maison...), *chasseresse* (poétique), *pécheresse* (ecclésiastique), *bailleresse, défenderesse, demanderesse, venderesse* (juridiques)..., la marche à suivre serait la suivante.

1. Le masculin se termine-t-il autrement que par *-eur* ?
   Si oui, passer au 9.
   Si non, continuer.
2. Le masculin est-il *ambassadeur* ?
   Si oui, féminiser en *ambassadrice.*
   Si non, continuer.
3. Le masculin est-il un des deux noms *prieur* et *supérieur* issus des comparatifs latins *prior, superior* (plus le régional *maïeur* ou *mayeur* 'maire' issu de *major*) ?
   Si oui, féminiser en ajoutant *-e.*
   Si non, continuer.
4. Le masculin figure-t-il dans une des deux listes (a) *assesseur, censeur, commandeur, gouverneur, ingénieur, intercesseur, oppresseur, possesseur, précurseur, prédécesseur, procureur, professeur, proviseur, successeur, vainqueur* ; (b) *auteur, docteur, imposteur, pasteur, rhéteur, traiteur* ?
   Si oui, garder au choix la forme du masculin ou féminiser en ajoutant *-e.*
   Si non, continuer.
5. Le masculin en *-eur* se termine-t-il autrement que par *-teur* (déduction faite de 4, a) ?
   Si oui, féminiser en *-euse.* Exemples : *boxeur* ~ *boxeuse, brodeur* ~ *brodeuse, fraiseur* ~ *fraiseuse, repasseur* ~ *repasseuse*...
   Si non, continuer.
6. Le masculin en *-teur* est-il *sauveteur* ?
   Si oui, féminiser en *sauveteuse.*
   Si non, continuer.
7. Le masculin en *-teur* (déduction faite de 4, b) est-il dépourvu de correspondant verbal ou a-t-il un correspondant verbal qui ne soit pas à base *-t-* (obtenue par la soustraction de *-eur* au nom masculin) ?
   Si oui, féminiser en *-trice.* Exemples : *aviateur* ~ *aviatrice* (pas de correspondant verbal), *traducteur* ~ *traductrice* (correspondant verbal *traduire*)...

Si non, continuer.

8. Le masculin en *-teur* ayant un correspondant verbal à base *-t-* est-il apparenté à un nom en *-tion* ou *-ssion* ?
Si oui, féminiser en *-trice*. Exemples : *éditeur* (correspondant verbal *éditer* et correspondant nominal *édition*) ~ *éditrice*, *émetteur* (correspondant verbal *émettre* et correspondant nominal *émission*) ~ *émettrice*...
Si non, féminiser en *-teuse*. Exemples : *abatteur* ~ *abatteuse* (correspondant verbal *abattre*, correspondant nominal *abattage*), *tricoteur* ~ *tricoteuse* (correspondant verbal *tricoter*, correspondant nominal *tricot*)...
9. Le masculin est-il terminé par *-e*, *-a*, *-o* ?
Si oui, garder la forme du masculin.
Si non, féminiser en ajoutant *-e*. Exemples : *artisan* ~ *artisane*, *candidat* ~ *candidate*, *caporal* ~ *caporale*, *commis* ~ *commise*, *consul* ~ *consule*, *substitut* ~ *substitute*... et, avec aménagement de la finale, *boucher* ~ *bouchère* (prise d'accent grave), *académicien* ~ *académicienne*, *champion* ~ *championne*, *paysan* ~ *paysanne*, *cadet* ~ *cadette*, *chef* ~ *cheffe*, *griot* ~ *griotte* (redoublement de la consonne), *flic* ~ *flique*, *maquereau* ~ *maquerelle*, *religieux* ~ *religieuse*...

COMPLÉMENT DIDACTIQUE

Le protocole instructionnel à l'œuvre dans ce chapitre et dans les suivants ne fera jamais l'objet d'une mémorisation mais d'une consultation cursive qui s'arrêtera aussitôt la réponse obtenue.

Exemples : **Donner le féminin d'*imprésario*.** Consigne 1 (le masculin se termine autrement que par *-eur*) → consigne 9 (le masculin terminé par *-e*, *-a*, *-o* garde la forme du masculin). Solution : *une imprésario*. **Donner le féminin de *procureur*.** Consigne 1 (le masculin se termine par *-eur*) → consigne 2 (le masculin n'est pas *ambassadeur*) → consigne 3 (le masculin n'est ni *prieur* ni *supérieur* ni *maïeur*) → consigne 4 (le masculin figure dans la liste a). Solution : *une procureur* ou *une procureure*. **Donner le féminin d'*acteur*.** Consigne 1 → consigne 2 → consigne 3 → consigne 4 (le masculin ne figure ni dans la liste a ni dans la liste b) → consigne 5 (le masculin se termine par *-teur*) → consigne 6 (le masculin n'est pas *sauveteur*) → consigne 7 (le masculin en *-teur* est dépourvu de correspondant verbal). Solution : *une actrice*.

Les professeurs guides ont pour le surplus le loisir d'interroger à l'intention des élèves avancés les trois types de féminisations :

1. lexicale (le féminin *ambassadrice*, malgré la proximité d'*ambassadeur*, est-il bien morphologique ? le duo *cascadeur* ~ *cascadeuse* en ferait douter) ;
2. syntaxique (une occasion de mesurer à l'aune des sous-entendus stratégiques la pertinence des paires *une commandeur, une docteur*, etc. *vs commandeure, docteure*, etc. – en se demandant au passage si les innovations **commandeuse*, conforme à la consigne 5, ou **doctrice*, conforme à la consigne 7 [*docteur* privé de correspondant verbal, comme *auteur*, que les Suisses romands féminisent en *autrice*], n'auraient pas été mieux fondées) ;
3. morphologique (le rattachement de *sauveteur* au verbe *sauveter* du jargon maritime, qui l'aligne sur l'actuelle consigne 8, épargnerait la bifurcation 6).

On pourra raisonner ensuite :

- les absences de féminins morphologiques : *une boutefeu* (violation de la consigne 9 due à la transparence de *feu* dans le nom composé), *une factotum* (du latin *fac* + *totum* = « fais tout »), *une mannequin* (le métier, longtemps un monopole des femmes, a dispensé de préciser le sexe de qui l'exerce [et *mannequine* ne s'entend encore que par dérision]), *une médecin, une matelot, une tribun*... (évitant l'homonymie de *médecine* = « remède » ou « science de guérir », *matelote* = « plat de poissons » ou « danse », *tribune* = « estrade »)... ;
- l'une ou l'autre subtilité : *une débitrice* = « endettée » (correspondant verbal *devoir* : consigne 7) *vs une débiteuse* (correspondant verbal *débiter* : consigne 8), *une formateuse* (correspondant verbal *formater*, correspondant verbal *formatage* : consigne 8) *vs une formatrice* (correspondant verbal *former* : consigne 7)...
- certaines hésitations des francophones :
  - *une sculpteuse* ou *une sculptrice* ? (le suffixe *-trice* nimbe la profession d'un prestige supplémentaire) ;
  - *une clerc* ou *une clerque* ? (l'amuïssement du *c* final complique la féminisation attestée dans *flic* ~ *flique, syndic* ~ *syndique*...) ;

– *une judoka* ou *une judokate* ? (le premier féminin régulier en vertu de la consigne 9, le second décalquant phonétiquement *avocat* ~ *avocate*, *magistrat* ~ *magistrate*…) ;
– *une assassin* ou *une assassine*, *une écrivain* ou *une écrivaine* ? (l'existence parallèle des adjectifs *assassine* et *vaine* contrecarre l'assimilation envisageable de la voyelle nasale aux voyelles orales de la consigne 9 : comparer *une mannequin* et *une putain*) ;
– *une pédégé*, *une pédégée* ou *une pédégère* ? (le premier féminin préserve le bloc *PDG* 'président directeur général' ou 'présidente directrice générale', le second féminise sur le modèle de *avoué* ~ *avouée*, *gradué* ~ *graduée*…, le troisième s'inspire plaisamment de *berger* ~ *bergère*, *boucher* ~ *bouchère*…).

Enfin, on montrera que les néologismes se fondent aisément dans le moule préexistant : *une avionneuse* (consigne 5), *une stucatrice* 'couvreuse de stuc' (consigne 7), *une spationaute*, *une timonière*… (consigne 9), ainsi que les anglicismes : *une blogueuse*, *une désigneuse*, *une jogueuse*, *une rapeuse*… (consigne 5), quoique, là, des incertitudes inédites apparaissent.

Deux exemples : 1° le féminin *basketteuse* du masculin *basketteur*, violant la consigne 7, serait analogique de *footballeuse*, à moins de postuler un verbe *basketter* 'jouer au basket' qui permet de rejoindre la consigne 8 ; 2° *reporteur* au sens de « journaliste » se féminisera *reportrice* (consigne 7) ou *reporteuse* (consigne 8) selon le degré de plausibilité accordé à un correspondant verbal *reporter*, mais les deux féminins s'exposent à la concurrence d'un troisième : *reportère* (la prononciation francisée du masculin *reporter* rejoint les *gangster*, *manager*, *supporter*…, dont les versions officiellement préconisées *gangsteur*, *manageur*, *supporteur*… ont du mal à s'implanter).

BIBLIOGRAPHIE SÉLECTIVE

Il va de soi que je n'ai pas la prétention de détenir en matière d'« instructions » un monopole ni même une priorité. Didier Bottineau me signale plusieurs utilisations de l'adjectif *instructionnel*, mais « dans un autre sens », chez lui, chez Laurent Gosselin ou chez Gilles Col *et alii* (« Compositionnalité gestaltiste et construction du sens par instructions dynamiques », in *CogniTextes*, 5, 2010). Dont acte.

LES ARTICLES

INTRODUCTION

3 – L'article en général et les articles français en particulier ont de tout temps posé une foule de problèmes aux descripteurs, sans parler des utilisateurs (voir e.a. Hawkins, 1978 ; Kleiber, 1981 ; Siouffi et Van Raemdonck, 2007 ; Wilmet, ^{5}2010)[1]. Le constat mérite une brève mise en lumière historique et comparative.

Si le français, comme on sait, provient en grande partie du latin, la langue latine ignorait l'article, que possédait en revanche le grec. Le nom même d'*article* dérive du grec *arthron* par l'entremise du diminutif latin *articulus* 'petite articulation'.

Beaucoup de langues modernes ne disposent pas non plus d'article, par exemple, au sein des langues indo-européennes, les langues slaves. À l'inverse, les langues romanes en offrent la plus vaste collection, dont les langues germaniques n'exploitent de leur côté que certains items. Le français peut ainsi servir à un inventaire maximal de la classe.

INVENTAIRE

4 – Les premiers articles français identifiés furent *le* (masculin singulier), *la* (féminin singulier), *les* (masculin ou féminin pluriels). L'étiquette, apparue au XVIe siècle, d'« articles définis » leur est restée

1 Première ébauche dans « Jalons pour une *grammaire instructionnelle* de l'article français », in *Représentation du sens linguistique* (D. Bouchard, I. Evrard & Etleva Vocaj éd., Bruxelles, De Boeck, 2007), 91-100.

et s'est exportée de la grammaire française vers les grammaires étrangères.

« Indéfini » constituait le pendant tout trouvé de « défini », mais les articles masculin singulier *un* et féminin singulier *une* ont mis des siècles à se démarquer des adjectifs numéraux homonymes (une difficulté épargnée à l'anglais, qui distingue l'article *a* du numéral *one*). Ils n'obtiennent vraiment droit de cité qu'en 1910, lors de la première nomenclature grammaticale officielle, qui, faute de pluriel formel (survivant dans les seuls pronoms : *les uns, les unes, quelques-uns, quelques-unes*), leur affecte un pluriel *des*, à la morphologie manifestement différente (*des* = *de* + *les*) et du coup taxé d'« indéfini ou partitif ».

En effet, trois articles dits « partitifs » avaient entretemps complété la liste : un masculin singulier *du*, un féminin singulier *de la*, plus le masculin ou féminin pluriel *des* servant à l'« indéfini » (*un homme* ⇒ *des hommes*) et au « partitif » (*du vin* ⇒ *des vins, de la confiture* ⇒ *des confitures*), de surcroît assorti d'une variante *de* (*des hommes* ⇒ *de grands hommes, des vins* ⇒ *de bons vins, des confitures* ⇒ *d'excellentes confitures*).

Pour corser l'affaire (*cf.* Vandeloise, 2006), ces articles « partitifs » se trouvent en butte à l'association de la préposition *de* avec les « définis » *le, la, les*, soit à nouveau *du, de la, des*. Les grammairiens n'ont pas craint de nommer les deux alliages *du, des* « articles définis contractés » – une appellation refusée à *au*, *aux*, amalgamant la préposition *à* et les articles *le, les* –, puis en raccourci « articles contractés » (*se servir du vin* = « s'en verser » : article « partitif », *vs se servir du vin* = « l'utiliser » : article « contracté », etc.).

Dernier en date, et souvent méconnu ou passé sous silence, l'article « zéro » (Guillaume, 1919), ravalé en grammaire normative à une absence ou à une omission d'article.

Voilà en tout état de cause les ingrédients d'une description plus rigoureuse.

REDESCRIPTION

5 – La terminologie, qui a certes permis de recenser les formes et qui garde son intérêt dans l'histoire des idées, risque aujourd'hui de fausser l'analyse. Il n'est pas rare que les commentateurs s'appuient sur les mentions « défini », « indéfini » ou « partitif » pour caractériser ce qu'ils croient être la signification fondamentale des articles correspondants. Un exemple, presque au hasard (Cappelle et Gidon, 1990) :

> **Les articles définis.** Le nom est déterminé : *Mets le livre sur la table du salon.* (On sait déjà de quel livre et de quelle table il s'agit) [note personnelle : glissement subreptice de la définition à la détermination ; *cf.* p. 33, n. 1]. **Les articles indéfinis** : *un œuf, une orange ; des œufs, des oranges*… [note personnelle : sans contexte, mais à comprendre implicitement « ne pas savoir de quel œuf ou de quels œufs, de quelle orange ou de quelles oranges il s'agit »]. **Les articles partitifs.** Partie d'une substance ou d'une quantité non divisible en unités comptables : *du pain, de la viande, de l'eau, des œufs, des pâtes* [note personnelle : remarquer la répétition de *des œufs* sous la rubrique des « indéfinis » et la rubrique des « partitifs » : on suppose que la deuxième fois les œufs auront été cassés et que par ailleurs les pâtes ne furent pas cuites *al dente* !].

Le mieux serait de s'en tenir au départ à un classement des articles en quatre séries typifiantes.

1. Première série : type zéro. Forme Ø. On verra au § 8 que cet article est conservateur quand il perpétue la situation du latin (ce qui justifie son classement en tête des séries) et novateur quand il s'oppose de façon positive à un article d'une autre série (ce qui, dans une optique pédagogique, justifierait sa relégation en queue).
2. Deuxième série : type LE. Formes *le, la, les.*
3. Troisième série : type UN. Formes *un, une.* Ces articles n'ayant pas de pluriel (*cf.* § 4), il leur faut l'emprunter ailleurs. Par exemple : *Un homme est un homme* ⇒ *Les hommes sont des hommes* (successivement *les* du type LE ci-dessus et *des* du type DE ci-dessous). *Un homme et une femme sont faits pour s'entendre* ⇒ *Les hommes et les femmes sont faits pour s'entendre* (type LE) ou

Des hommes et des femmes sont faits pour s'entendre (type DE) ou *Hommes et femmes sont faits pour s'entendre* (type zéro).

4. Quatrième série : type DE. Forme *de* pure (*cf.* § 13 : p. ex. *Sophie grignote de tout et ne mange de rien vs* la préposition de *Zazie se moque de tout et ne se soucie de rien*) et, en association avec un article d'une autre série (*cf.* § 14-17), formes *du* (= *de* + *le*), *de la*, *des* (= *de* + *les*), *de* (= *de* + Ø), exceptionnellement *d'un, d'une.*

Le moment est venu de prendre un peu de hauteur afin d'appréhender successivement l'article de l'extérieur (par rapport à tous les accompagnateurs du nom) et de l'intérieur (chacun des articles vis-à-vis de ses congénères).

DÉLIMITATION EXTERNE

6 – L'article appartient par nature à la famille des adjectifs ou, en l'occurrence, puisque *adjectif* signifie étymologiquement « ajout », des mots en attente hors énoncé de support nominal et, quand ils trouvent en énoncé ledit support, exerçant auprès de lui le rôle de *déterminant.*

Excursus

Depuis une quarantaine d'années, la plupart des grammaires françaises, influencées par le distributionalisme américain, opposent les adjectifs aux déterminants comme s'il s'agissait de deux classes. On mêle de la sorte la nature (d'adjectif) et la fonction (de déterminant). L'inconvénient est mineur dans le cas des articles, qui sont les seuls – avec les adjectifs dits « démonstratifs » *ce(t), cette, ces* et les adjectifs dits « possessifs » *mon, ton, son, ma, ta, sa, mes, tes, ses, notre, votre, leur, nos, vos, leurs* (incorporant pour le sens un article *le, la* ou *les* : *cf.* § 21, 3) – à ne pouvoir assumer d'autre fonction que la fonction déterminative.

La fonction déterminative est de deux ordres. Prenons le syntagme nominal *un garçon sympathique.* L'adjectif *sympathique* rétrécit l'ensemble des garçons à un sous-ensemble de garçons sympathiques, c'est-à-dire, en termes savants, réduit l'EXTENSION du nom *garçon*, à savoir l'ensemble des êtres du monde auxquels *garçon* est applicable (il existe moins de garçons sympathiques que de garçons). Parallèlement, l'article *un* prélève sur le sous-ensemble des garçons sympathiques un élément, c'est-à-dire qu'il déclare – un néologisme dû au linguiste français Gustave Guillaume – l'EXTENSITÉ du groupe nominal *garçon sympathique*, à savoir la quantité d'êtres du monde auxquels *garçon sympathique* est appliqué[1].

Les déterminants qui touchent à l'extension sont des qualifiants. Les déterminants qui touchent à l'extensité sont des quantifiants.

Alors que certains quantifiants expriment une extensité précise (les quantifiants numéraux *un, deux, trois, quatre...*) ou une extensité limitée à une zone (les quantifiants sectoriels réputés « indéfinis » *chaque, tout, plusieurs, quelques...* : *cf.* p. 33, n. 1), la spécialité des articles est de quantifier librement d'une extensité minimale à une extensité maximale[2].

Nos quatre séries en témoignent.

- Article Ø. Exemple : *Pierre qui roule n'amasse pas mousse* (*pierre* = « toutes les pierres » : extensité maximale, *mousse* = « zéro mousse » : extensité minimale).
- Article LE. Exemple : *L'homme est en principe raisonnable mais l'homme que vous êtes ne l'est pas* (extensité maximale : *l'homme* = « l'espèce humaine », extensité minimale : *l'homme que vous êtes* = « le quidam »).
- Article UN. Exemple : *Un chercheur est modeste, prétendez-vous ?* (extensité maximale = « tous les chercheurs »). *Montrez-moi donc ici un chercheur qui le soit vraiment* (extensité minimale = « un exemplaire x ou y de chercheur »).
- Article DE (*cf.* Martin, 1983). Exemple : *Bien que de bons vins, paraît-il, ne puissent nuire à la santé, Julie ne boit jamais de vin* (extensité maximale = « il est vrai de la totalité des bons vins – pris avec modération, bien sûr – qu'ils sont inoffensifs », puis extensité minimale = « pas une goutte de vin »).

1 Guillaume (1982 : 155) : « Le terme d'extensité m'est propre (...). L'extensité est une variable de discours ; l'extension, dictée par la compréhension, est une constante de langue. » Voir une éclairante confrontation des deux termes *extension* et *extensité* dans Neveu (2004 : 127-128).

2 Comparez aussi ces deux dialogues : – *Vous avez* ***des*** *enfants. – Oui, un, vs – Vous avez* ***plusieurs*** *enfants ? – Non, un.*

Nous définissons en résumé les articles comme des quantifiants transversaux, *i.e.* susceptibles de parcourir d'un pôle à l'autre tout l'éventail des extensités.

Une fois établie la propriété qui les unit, reste à comprendre ce qui les différencie.

DÉLIMITATION INTERNE

7 – L'extension et l'extensité (*cf.* § 6) vont se révéler d'un intérêt capital. La principale frontière des articles passe entre ceux qui égalent l'extensité à l'extension (les articles de type LE) et ceux qui infériorisent l'extensité à l'extension (les articles de type UN et de type DE). L'article Ø ne dit rien du rapport de l'extensité à l'extension. Commençons par lui.

ARTICLE Ø

8 – Pour les allophones dont la langue originelle ne connaît pas l'article et qui, après avoir appris à le mettre, devront apprendre à, quand et où ne pas en mettre, une pierre d'achoppement redoutable… Les choses sont d'autant plus compliquées que le français connaît deux articles Ø, un article (1) conservateur et un article (2) novateur.

(1) L'article Ø conservateur perpétue en français moderne les conditions du latin et de l'ancien français chaque fois que la distinction de l'extensité et de l'extension apparaît superflue. Cela se produit en ordre principal (on néglige les économies télégraphiques : « Mère décédée. Enterrement demain. Sentiments distingués » [Camus, *L'Étranger*, LP, 9]).

- Dans les formulations proverbiales : *Bien mal acquis ne profite guère. Bonne renommée vaut mieux que ceinture dorée*, etc., et divers stéréotypes (à étudier dans le lexique) : *chemin faisant, tambour battant, goutte à goutte, nez à nez, de gré à gré, coup sur coup, seconde après seconde, de fil en aiguille, de porte en porte, de rue en rue* (et le belgisme *en rue vs* le français normé *dans la rue* [mais encore *en pleine rue*][1])…

1 Beaucoup de grammaires et de dictionnaires prétendent que la préposition *en* s'interdirait l'article « défini ». Ce n'est pas vrai de l'article LE commutant avec un « possessif » : *en*

– Devant les noms propres de villes et de personnes : *Paris, Margot*... Pourquoi ? Si je dis *Paris est une belle ville* ou *Margot viendra à la fête*, je parle d'une ville ou d'une jeune fille (extensité = 1) et mon interlocuteur sait pertinemment de quelle ville ou de quelle jeune fille il s'agit (extension = 1). Un article visible ne s'impose que si le rapport d'égalité 1 = 1 chavire[1]. Exemples : *Ne confondez pas le Paris diurne et le Paris nocturne* (extensité = 1 de *Paris diurne* et de *Paris nocturne*, extension de *Paris* = 2 [1 *Paris diurne* + 1 *Paris nocturne*]). *Nestor s'est mis en tête d'épouser une Marie* = « Nestor veut que sa future épouse s'appelle Marie » : extensité = 1 de *Marie* (Nestor ne sera pas polygame), extension = n > 1 des candidates potentielles, sélectionnées sur la base de leur prénom[2].
– Devant les noms à extensité indifféremment égale ou supérieure à 1. Exemples : *Août est le mois des vacances* (= « n'importe quel mois d'août »). *En matière de sport, André est nul* (= « quel que soit le sport »). *Avez-vous jamais rencontré personnage aussi grossier ?* (= « lui ou un autre »). *Il y a directeur et directeur* (= « tous les directeurs ne sont pas pareils »), etc.
– Devant les noms auxquels le contexte suffit à décerner une extensité. Exemples : *Ni fleurs ni couronnes* (extensité = 0). *Venez jeudi* (= « jeudi prochain » : extensité = 1). *Ce n'étaient que boutons dépareillés, pipes cassées, tuyaux troués et autres rebuts* (= « un amoncellement de marchandises hétéroclites » : extensité = n > 1).
– Devant les noms auxquels le contexte suffit à décerner une extension = 1 : les apostrophes (p. ex. *Bonjour, commissaire !*), les étiquetages (p. ex. *Maison à louer*), les attributs du sujet (p. ex. *Il est médecin* [*vs C'est un médecin*, mais en coordination avec un adjectif : *C'est médecin et pas fichu de guérir un rhume !*]) et les appositions (p. ex. *Le lion, roi des animaux*...).

l'âme des passionnés... = « en leur âme », ou avec un « démonstratif » : *en la matière, en la circonstance*... = « en cette matière, en cette circonstance ».

1 Quoique le français populaire fasse d'ores et déjà sauter la résistance : « T'en fais pas, *la* Marie, t'es jolie » (chanson). (N.B. *la Malibran* ou *la Callas, la Sofia* ou *la Gina*... sont des italianismes.)

2 Deux autres interprétations de *Nestor s'est mis en tête d'épouser une Marie* ne remettent pas en cause le principe : 1° « Nestor va épouser une certaine Marie » (que personne ne connaît) ; 2° « Nestor cherche une femme qui devienne sa servante » (antonomase du nom propre en nom commun).

– Devant les mots considérés indépendamment des êtres ou des objets auxquels ils réfèrent (la fonction dite « métalinguistique ») : *Paris, foyer, lourd et assez ont cinq lettres...*

(2) L'article Ø novateur prive un nom de son autonomie en extensité et en extension (voyez par exemple les qualifications *une nuit d'encre* = « noire », *le métier d'avocat* = « juridique »...) au point de l'intégrer à des locutions verbales ou adverbiales dont l'étude, ici encore, incombe au lexique.

– Locutions verbales avec *avoir* (*besoin, envie, faim, hâte, honte, mal, peur, pitié, plaisir, raison, soif, sommeil, tort...*) ; avec *demander* (*asile, justice, pardon, raison, réparation...*) ; avec *donner* (*audience, campos, congé, lieu, matière, ordre, raison, rendez-vous, tort...*) ; avec *faire* (*attention, défaut, envie, face, feu, fi, fortune, front, honte, jour, justice, nuit, panache, peine, peur, plaisir, tapisserie, part...*) ; avec *perdre* (*connaissance, courage, haleine, patience, pied...*) ; avec *prendre* (*eau, feu, fin, langue, parti, patience, prétexte, racine...*) ; avec *rendre* (*compte, gorge, hommage, justice, service, témoignage...*), etc. (*baisser pavillon, crier famine, fermer boutique, parler politique, passer contrat, plier bagages, rendre gorge, savoir gré...*).
– Locutions adverbiales comprenant une préposition *à, de, avec, sans, comme, en, hors, outre, sous, sur...* : *(battre) à plates coutures/comme plâtre, (répondre) de bonne foi, (agir) avec/sans colère (courage, force, gratitude, véhémence...), (tenir) en haleine, (gagner) hors-concours, (voyager) outre-mer, (rentrer) sous terre, (loger) sur place...*

ARTICLES DE TYPE *LE*

9 – Les articles *le, la, les*, mettant l'extensité au niveau de l'extension, sont uniformément extensifs, que l'extensité soit minimale (singuliers *le, la*), intermédiaire (pluriel *les*) ou maximale (singuliers *le, la* et pluriel *les*)[1]. Considérons trois exemples.

1 L'égalisation de l'extensité à l'extension, proche de l'indifférenciation de l'extensité et de l'extension, explique une certaine concurrence des articles LE et Ø au sein des locutions : *parler le français* = « le pratiquer à l'occasion » à côté de *parler français* = « le pratiquer couramment », *perdre la tête* = « divaguer » à côté de *perdre pied* = « sombrer », *prendre la fuite* = « s'enfuir » à côté de *prendre feu* = « s'enflammer », *avoir la frousse* = « paniquer » à côté de *avoir peur...*

[1] *La* Grand-Place était noire de monde.
[2] *Les* voyageurs descendent du train.
[3] *La* femme est l'avenir de *l'*homme (Aragon).

Dans [1], l'extension du noyau nominal (en abrégé NN) *Grand-Place* a été contextuellement circonscrite à un singleton *i.e.* un ensemble ne comptant qu'un élément.

Excursus
Les linguistes distinguent parfois le contexte fait de mots ou *cotexte* du contexte environnemental ou *contexte* proprement dit. Pour ce qui nous concerne, l'un et l'autre œuvrent à l'extension. Exemple d'extension contextuelle : *Nous avons vu le Président à la télé* (les interlocuteurs savent de quel président il retourne : du pays, de l'université, du club de tennis, du cercle hippique, etc.). Exemple d'extension cotextuelle : *Une auto approcha. Le moteur faisait un bruit de casserole* (anaphore dite « associative » = « le moteur de la voiture qui approche ») [comparer *Un moteur faisait un bruit de casserole* = « un tintamarre émanant d'un autre moteur que celui de la voiture » ou *Un pneu était crevé* = « un des quatre pneus de la voiture »].

L'article *la* calque son extensité = 1 sur l'extension = 1. En résulte un effet de notoriété, celui-là même qui a dû inspirer à date historique le choix de l'épithète *défini*[1].

Attention cependant. Il arrive que l'extension d'un NN ou d'un groupe nominal (en abrégé GN) dépasse objectivement l'unité. L'article *le* ou *la* signifie alors, de façon autoritaire, que l'extension en excédent accepte pour une raison ou une autre d'être négligée.

Exemples : *Sophie s'est cassé la jambe* (elle en a deux, bien sûr, comme vous et moi, donc inutile de le rappeler vu que seule importe l'immobilisation de l'accidentée), *ne pas fermer l'œil* (on n'a pas affaire à des cyclopes), *prendre l'apéritif, sabler le champagne, rater le bus, avoir la grippe, raccrocher le téléphone, porter la barbe, effeuiller*

1 *Définir* signifiant « dire ce que c'est », *déterminer* = « dire lequel c'est » eût mieux valu. Il est vrai que si le nom est bien « déterminé » plutôt que « défini », l'article, lui, n'est ni l'un ni l'autre, mais un déterminant parmi beaucoup, puis un quantifiant parmi quelques-uns, et en fin de compte l'unique quantifiant transversal. *Indéfini*, l'opposite terminologique de *défini*, a été mis à toutes les sauces : articles indéfinis (pour *indéterminés* = « qui ne disent pas lequel c'est »), aussi adjectifs indéfinis (en fait, des quantifiants imprécis : *chaque page, plusieurs personnes, quelques amis…*) et pronoms indéfinis (les pendants pronominaux des adjectifs précédents : *chacune, plusieurs, quelques-uns…*, plus une liste comprenant *personne, rien, je ne sais qui, je ne sais quoi…*, soit des indéfinis *stricto sensu*, incapables ou refusant de « dire ce que c'est »).

la marguerite, etc. Ajoutez la focalisation des titres : *Le Corbeau et le Renard* (La Fontaine) ou *Le Petit Nicolas* (Goscinny) excluent du propos les animaux de la même famille ou les autres petits garçons prénommés *Nicolas*, et l'exagération codifiée du style gastronomique : *la darne de saumon en papillote, le magret de canard aux trois poivres, le feuilleté au chocolat*... (= « inutile d'aller chercher ailleurs »).

Dans [2], sous l'extensité > 1 due au pluriel, la notoriété est intacte (les voyageurs sont ceux du train).

Il n'en va plus ainsi de [3] *La femme est l'avenir de l'homme*, ni du pluriel [3'] de [3].

[3'] *Les* femmes sont l'avenir *des* hommes [*des* = préposition *de* + article *les*].

La question se déplace vers la concurrence, en extensité maximale, des singuliers *la femme, l'homme*, et des pluriels *les femmes, les hommes*.

10 – L'exemple [3] ci-dessus englobe comme [3'] la totalité des femmes et des hommes, mais le singulier envisage ces noms sous l'aspect de la continuité (entendez que les êtres rabotent leurs caractères individuels au bénéfice des ressemblances), tandis que le pluriel les envisage sous l'aspect de la discontinuité (entendez que les êtres conservent parmi leurs semblables une individualité rebelle à l'uniformisation).

Le fait d'effacer ou de maintenir le relief permet quantité d'exploitations expressives : *L'homme est un animal raisonnable mais les hommes sont des animaux déraisonnables* ou *Une fois de plus, la journée de la femme n'aura pas été la journée des femmes*, etc.

Il entraîne aussi quelques interdits (les points d'interrogation antéphrastiques simples ou doubles diront l'irrecevabilité croissante des énoncés) : *L'homme a marché sur la Lune* (une conquête pour l'Humanité) *vs Les Américains ont marché sur la Lune* (un trio de cosmonautes), non ?*L'Américain a marché sur la Lune. Le chat est carnivore vs Les chats se subdivisent en races* (après la définition homogénéisante, le retour des différences spécifiques), non ??*Le chat se subdivise en races*, etc. (*cf.* Kleiber, 1990).

ARTICLES DE TYPE *UN*

11 – Les articles *un* et *une* sont partitifs au sens où ils déclarent l'extensité inférieure à l'extension. Prenons à nouveau trois exemples illustrant l'extensité individuelle [4], l'extensité intermédiaire [5] et l'extensité maximale [6] :

[4] *Un* jeune homme de dix-huit ans, à longs cheveux et qui tenait *un* album sous son bras, restait auprès du gouvernail (Flaubert, *L'éducation sentimentale*, LP, 9).
[5] La plupart des filles finissent par prendre *un* mari.
[6] *Un* chat retombe toujours sur ses pattes.

Les articles *un* de [4] extraient un et un seul élément des ensembles à plusieurs éléments *jeune homme* et *album*. L'effet qui en découle est l'incognito, tant du GN (le jeune homme) que du NN (l'album). À noter que Flaubert aurait parfaitement pu introduire le personnage de plain-pied, même à l'entame du roman : p. ex. *Le jeune homme à longs cheveux se tenait près du gouvernail…*, pour anticiper en quelque sorte sa familiarité.

Dans [5], chaque jeune fille ayant en principe le choix d'un mari, l'addition donne (presque) autant de maris que de filles : 1 fille + 1 fille + 1 fille… = 1 mari + 1 mari + 1 mari…

L'exemple [6], du fait de l'adverbe *toujours*, égalise par paliers l'extensité = 1 à l'extension maximale : 1 chat qui retombe sur ses pattes + 1 chat qui retombe sur ses pattes + 1 chat qui retombe sur ses pattes … = au total, tous les chats retombent sur leurs pattes[1].

Comparez à présent les généralisations *Un chat retombe toujours sur ses pattes* de [6] et *La femme est l'avenir de l'homme* de [3] au § 9.

Sur la base d'une multitude non finie d'expériences, *un* procède à une généralisation exhaustive. De son côté, *la* effectue une généralisation statistique, qu'une ou deux exceptions ne ruineraient pas. Contrairement à ce qu'affirment souvent les grammaires, l'article généralisateur le plus puissant est donc le partitif et non l'extensif.

UN servant à comparer les éléments constitutifs d'un ensemble au lieu que LE confronte des ensembles constitués, on comprend également que la question *Qu'est-ce qu'un chat ?* ou *Qu'est-ce qu'un vampire ?* (= « énumérez les traits communs aux chats et les traits communs aux vampires ») soit normalement préférée à *Qu'est-ce que le chat ? Qu'est-ce que le vampire ?* (= « énumérez les traits qui distinguent les chats et les vampires des chiens, des chevaux, des iguanodons… »).

---

1 Le contexte proverbial reste sans effet sur l'extensité = 1 des numéraux (une bonne façon d'apprendre à distinguer le quantifiant transversal UN = anglais *a*, du quantifiant numéral UN = anglais *one*) : *Un tiens vaut mieux que deux tu l'auras* ou *Une hirondelle ne fait pas le printemps* (≠ « tous les tiens » ou « toutes les hirondelles »).

ARTICLES DE TYPE *DE*

12 – Ainsi que l'avait reconnu la nomenclature officielle (*cf.* Muller, 1977), ces articles sont bien des partitifs, à condition de ne pas entendre par là « partiels » ou récusant l'extensité maximale (à laquelle ils accèdent par les moyens décrits § 11 : exemples 5 et 6; comp. § 15 *Du coca, ce n'est jamais que du coca* = « le coca testé dans une quantité inférieure ou égale à la totalité »).

Trions pour le surplus l'article *de* pur de tout mélange et l'article *de* en association avec un autre article.

Article de *pur*

13 – La grammaire française, scolaire ou non, n'a pas accueilli cet article, qu'elle confond systématiquement avec la préposition *de*. Or on le trouve obligatoirement dans les pronoms *d'aucuns, d'aucunes*; et facultativement devant les pronoms *cela* ou *ça, tout, moi, soi, personne, n'importe quoi*, etc. (exemples : *Il y a de ça* ou *La boutique vend de tout, pas de n'importe quoi* ou *Margot a de moi* = « me ressemble ») comme devant les adjectifs « possessifs » et « démonstratifs » (exemples : *Prêtez-moi de vos livres* = « quelques livres » ou *Il me débite de ces sottises !* = « des sottises inqualifiables »).

La séparation de l'article *de* et de la préposition homonyme s'effectuera – comme *supra* § 4 celle de l'« article partitif » *se servir du vin* = « s'en verser » et de l'« article contracté » *se servir du vin* = « l'utiliser » – en essayant toutes sortes de commutations avec d'autres articles et d'autres prépositions, quitte à laisser planer çà et là une incertitude : *jouer du piano*, c'est à la fois faire de la musique (article *du*) et tirer des sons de l'instrument (préposition *de* + article *le*). Le risque pratique est mince.

Article de *en association*

14 – Les trois associations sont par ordre de fréquence *de* + *LE*, *de* + *Ø*, *de* + *UN*.

– *De* + *LE*

15 – Il convient de séparer les singuliers *de* + *le* = *du*, *de* + *la* = *de la* et le pluriel *de* + *les* = *des*.

Du et *de la* donnent du nom déterminé une vision massive, qui fusionne les objets (p. ex. *du vin* + *du vin* + *du vin*... = *du vin*), *vs* la vision numérative, isolant les objets, de *un, une* (p. ex. *une chanson* + *une chanson* + *une chanson*... = *trois chansons*).

Bien entendu, tous les noms ne se prêtent pas également à la massification ou à la numération, mais, quelle que soit la réalité à laquelle ils réfèrent ou l'image que nous nous en faisons à priori, l'article aura le dernier mot : *un vin* numératif (*un vin* + *un vin* + *un vin*... = *trois vins*, donc « trois verres de vin ou trois sortes de vins ») ; *de la chanson* massif (*de la chanson* + *de la chanson* + *de la chanson*... = *de la chanson*), etc. Même chose en extensité maximale : p. ex. *Du coca, ce n'est jamais que du coca* = « une quotité *q* de coca + une quotité *q* de coca + une quotité *q* de coca... » ou *De la chansonnette, ce n'est jamais que de la chansonnette* = « une quotité *q* de chansonnette + une quotité *q* de chansonnette + une quotité *q* de chansonnette »... et finalement la totalité du coca ou de la chansonnette.

Pour *des*, la discontinuité propre au pluriel (*cf.* § 10) entraîne la vision numérative : *des vins, des chansons* = 1 vin/chanson + 1 vin/chanson + 1 vin/chanson... ou un nombre *n* de vins/chansons. Sauf dans les pluriels internes (divisant l'unité) des noms dépourvus de singulier : *des rillettes* = « un plat de rillettes », *des fiançailles* = « une cérémonie »..., qui cumulent les envisagements discontinu et massif.

En extensité maximale, le singulier UN de l'exemple 6 reste toutefois préférable : *Un chat retombe toujours sur ses pattes* meilleur que *Des chats retombent toujours sur leurs pattes*, etc., à moins d'un jumelage initial : p. ex. *Des voisins finissent toujours par se disputer vs* ?*Un voisin finit toujours par se disputer* (pas de voisin sans... voisin) = un nombre *n* > 1 de voisins finissant par se disputer + un nombre *n* > 1 de voisins finissant par se disputer + un nombre *n* > 1 de voisins finissant par se disputer... = « il est vrai de la totalité des voisins qu'ils trouvent inévitablement entre eux quelque motif de mésentente ».

– *De* + Ø

16 – Le développement des articles *le, la, les* est entravé quand l'entourage lexical opère une partition – *i.e.* un passage du tout à la partie – contrevenant au mécanisme extensif qui ajuste en sens inverse – du (–) au (+) – l'extensité à l'extension.

Pas question, ainsi, malgré une idée reçue, de « réduction » de *du, de la, des* à *de* dans les trois contextes suivants.

(1) Devant les noms pluriels, que précède un adjectif qualifiant (*cf.* § 6) : *de gentilles filles, de très sympathiques garçons, de certains maris* (archaïsant pour *certains maris*)[1]…, surtout si ce qualifiant véhicule déjà un sens quantitatif (le rapprochant de la circonstance 2 ci-dessous) : *de nombreux livres, de multiples amis, de fréquentes crises…*

La règle s'assouplit quand le sous-ensemble tend à reformer un ensemble : *des vieilles filles* = « des célibataires prolongées », *des jeunes gens* = « des ados », *des petits pois* = « des légumes »… (une opération quasiment interdite à *autre, même, semblable, pareil, tel*, du fait qu'ils renvoient à l'extérieur du nom : *d'autres [? ? des autres] arguments, de semblables [? ? des semblables] comportements, de telles [? ? des telles] allusions…*).

(2) Derrière un indicateur de quantité : *beaucoup de vin/de gens* (pourvu qu'un qualifiant postposé au nom n'en détache pas un sous-ensemble, plus facile à saturer : *Beaucoup des gens de mon âge…*), *une foule de compagnons…*, à l'exception :

1. Du mi-quantitatif mi-qualitatif *bien* : p. ex. *Justine se donne bien du mal* = « assez de mal ».
2. Des superlatifs *la plupart* (figé), *le plus gros, le plus clair* tendant vers le maximum : p. ex. *La plupart des chats sont voleurs* ou *Le plus gros du peloton est passé.*
3. Des fractions chiffrées ou non de la totalité dès lors automatiquement invoquée. Comparer *10 % des femmes ont voté* = « 10 % de l'effectif des femmes » (par exemple 10 femmes sur 100 électrices potentielles), à *10 % de femmes ont voté* = « les votants comportaient un contingent de 10 % de femmes » (par exemple 10 femmes et 90 hommes sur 100 électeurs) ; ou *La majorité des femmes ont voté* = « plus de 50 % des inscrites » et *Une majorité de femmes ont voté* = « plus de femmes que d'hommes »).

---

1 Pourquoi pas les noms 1° singuliers, 2° avec adjectif qualifiant postposé ? Réponse au 1° : la visualisation continue, non morcelée (*cf.* § 10), des noms singuliers empêche sans doute le français moderne d'y trouver une partition ; cela ne date pas d'hier : « J'ai *du* bon tabac dans ma tabatière » (chanson populaire du XVIIIe siècle). Pour la réponse au 2°, voir la différence du qualifiant antéposé au qualifiant postposé et les raisons d'antéposer l'adjectif qualifiant au chapitre 2.

(3) En phrase négative : *Valérie n'a pas de chance* ou *Willy n'a pas trouvé d'épouse*… (extensité = 0), aussi longtemps que le nom reçoit de plein fouet l'impact de la négation. On admettrait par exemple : *Je ne crois pas que Valérie ait de la chance* (la négation porte sur *je crois*). *De la chance, je ne crois pas que Valérie en ait* (projection du nom devant la négation). *Valérie n'a pas de la chance pour en faire profiter tout le monde* (de la chance oui, de l'altruisme non). *Valérie n'a pas de la chance mais du talent* (contraste : le talent n'est pas de la chance). *Willy n'a pas trouvé une épouse qui lui convient* (il est marié mais mal marié), etc.

– *De* + *UN*

17 – Cette alliance, qui ajoute à une première partition (*de*) une seconde partition (*un, une*), n'a pas grand intérêt et ne se rencontre presque jamais. Wilmet (2007, § 116) en produit un exemple de Simenon : « J'ai mis à table *d'un* petit vin blanc dont vous me direz des nouvelles » (faut-il comprendre que le vin tiré au tonneau a les qualités d'un vin acheté en bouteille ?). La chasse aux attestations est ouverte…

RÉCAPITULATION

18 – Équipés de toutes les informations nécessaires et suffisantes au choix d'un article, rassemblons-les dans un protocole instructionnel.

1. La quantification du nom peut-elle se dispenser de distinguer l'extensité de l'extension ? (*cf.* § 8, 1 et 2)
   Si oui, mettre l'article Ø. Exemples : ***Maison*** *à vendre. Avoir* ***besoin***.
   Si non, continuer.
2. L'extensité à exprimer est-elle ≠ 1 ?
   Si oui, passer au 4.
   Si non, continuer.
3. L'extensité = 1 est-elle ou se veut-elle égale à l'extension ?
   Si oui, mettre l'article singulier *le* ou *la*. Exemple : *Sophie s'est acheté* ***le*** *dernier Goncourt.*

Si non, mettre l'article singulier *un* ou *une*. Exemple : *Sophie s'est acheté* ***un*** *roman.*

4. L'extensité ≠ 1 est-elle inférieure à l'extension ?
Si oui, passer au 6.
Si non, continuer.
5. Le nom d'extensité ≠ 1 égale à l'extension préfère-t-il une représentation continue ? (*cf.* § 10)
Si oui, mettre l'article singulier *le* ou *la*. Exemple : « *La* feuille d'automne emportée par le vent, en rondes monotones, tombe en tourbillonnant » (chanson).
Si non, mettre l'article pluriel *les*. Exemple : ***Les*** *feuilles tombent à l'automne.*
6. L'extensité ≠ 1 n'est-elle qu'initialement inférieure à l'extension ?
Si oui, passer au 8.
Si non, continuer.
7. Le nom dont l'extensité est définitivement inférieure à l'extension préfère-t-il une représentation continue ?
Si oui, mettre l'article masculin singulier *du* ou féminin singulier *de la* (ou leur variante indifférenciée en genre *de* : *cf.* § 16, 3). Exemples : *Jules mange* ***de la*** *viande* et *ça ne mange pas* ***de*** *pain* = « ça ne coûte rien ».
Si non, mettre l'article pluriel *des* (ou sa variante *de* : *cf.* § 16, 1). Exemples : ***Des*** *amis viendront nous rendre visite. Ce sont* ***de*** *braves gens.*
8. Le nom dont l'extensité initialement inférieure à l'extension finit par l'égaler préfère-t-il une représentation massive ? (*cf.* § 15)
Si oui, mettre l'article masculin singulier *du* ou féminin singulier *de la*. Exemple : ***Du*** *bon vin désaltère mieux que* ***de la*** *piquette.*
Si non, mettre l'article masculin singulier *un* ou féminin singulier *une*. Exemple : ***Un*** *myrmécologue (digne de ce nom) étudie les fourmis.* (Ne mettre le pluriel *des* qu'en cas de jumelage obligé : ***Des*** *voisins finissent toujours par se disputer*, etc.).

COMPLÉMENT DIDACTIQUE

Au départ, il ne sera pas inutile de se remémorer les concepts et les schémas de la mathématique ensembliste. Disons qu'à chaque nom correspond un ensemble (représentable par l'ovale de Venn : *cf.* le *Complément didactique* au chapitre 3). Exemple : *garçon.* Un sous-ensemble (inscrivant un ovale dans le premier ovale) correspond à un groupe nominal (GN). Exemple : *garçon sympathique.* Le ou les éléments (à représenter par une ou des croix dessinées dans un des deux ovales) correspondent aux déterminants quantifiants (dont des adjectifs, mais aussi des noms, des pronoms et des adverbes + *de* : *Cent grammes de laitue. Que d'eau ! Guère de temps...*). L'ensemble muni de son ou ses éléments forme un syntagme nominal (SN). Exemple : *un (des) garçon(s) sympathique(s).*

Si la répartition des articles dans quatre séries (types Ø, LE, UN, DE) permet d'éviter la trilogie « défini », « indéfini », « partitif » génératrice d'erreurs, en contrepartie, pour arriver à l'enseignement-apprentissage des articles, trois couples oppositionnels sont indispensables (l'article Ø sera le seul à y échapper).

1. *Extensif vs partitif.* Les articles extensifs (type LE) épongent d'un seul coup les éléments de l'ensemble. Les articles partitifs (types UN et DE) en prennent une partie et en laissent une autre avant qu'un contexte adéquat ne recommence éventuellement l'opération jusqu'à épuisement des éléments.
2. *Massif vs numératif.* Le premier envisagement soude les éléments de l'ensemble ou du sous-ensemble. Le second envisagement maintient entre eux un espace. Sont massifs : *du, de la.* Sont numératifs : *un, une.* Sont neutres : *le, la, de* (par exemple *Le veau manque sur les marchés* ou *On n'a plus de veau* prononcés par un fermier ou par un boucher = « plus d'animal » ou « plus de viande »). *Des* est tantôt numératif (pluriel externe, p. ex. *des lunettes* = 1 lunette + 1 lunette + 1 lunette...), tantôt massif (pluriel interne, p. ex. *des lunettes* = « une paire de lunettes »). Sont – pour mémoire – massifs et numératifs : *d'un, d'une.*

3. *Continu vs discontinu*. Les éléments soudés ou espacés de l'ensemble ou du sous-ensemble se projettent sur une surface tantôt lisse (les singuliers *le, la, un, une, du, de la, d'un, d'une*), tantôt granuleuse (les pluriel *les, des*). Est neutre : *de* (par exemple en 2 ci-dessus *On n'a plus de veau* = « plus de viande » ou « plus d'animal » continu et *On n'a plus de veaux* = « plus d'animaux » discontinu).

Prenons en guise d'exercice le début du roman *Germinal* de Zola (*cf.* Delbart, 2007). Les articles visibles sont à identifier et à expliquer en vertu des consignes du § 18.

> Dans la plaine rase, sous la nuit sans étoiles, d'une obscurité et d'une épaisseur d'encre, un homme suivait seul la grande route de Marchiennes à Montsou, dix kilomètres de pavé, coupant tout droit à travers les champs de betteraves. Devant lui, il ne voyait même pas le sol noir, et il n'avait la sensation de l'immense horizon plat que par les souffles du (= « de + le ») vent de mars, des rafales larges comme sur une mer, glacées d'avoir balayé des lieues de marais et de terres nues. Aucune ombre d'arbre ne tachait le ciel, le pavé se déroulait avec la rectitude d'une jetée, au milieu de l'embrun aveuglant des (= « de + les ») ténèbres.

Une investigation complémentaire repère auprès des noms les articles Ø (invisibles), puis entreprend de les justifier à la lumière du § 8, 1.

> Dans la plaine rase, sous la nuit sans Ø étoiles, d'une obscurité et d'une épaisseur d'Ø encre, un homme suivait seul la grande route de Ø Marchiennes à Ø Montsou, dix kilomètres de Ø pavé, coupant tout droit à travers les champs de Ø betteraves. Devant lui, il ne voyait même pas le sol noir, et il n'avait la sensation de l'immense horizon plat que par les souffles du vent de Ø mars, des rafales larges comme sur une mer, glacées d'avoir balayé des lieues de Ø marais et de Ø terres nues. Aucune ombre d'Ø arbre ne tachait le ciel, le pavé se déroulait avec la rectitude d'une jetée, au milieu de l'embrun aveuglant des ténèbres.

En un deuxième temps, on suggère d'interpréter les SN *dix kilomètres de Ø pavé* et *des lieues de Ø marais et de Ø terres nues* comme au § 16, 2 (« l'indicateur de quantité » *dix kilomètres* et *des lieues* entrave le développement d'un article *le* ou *les*), les déterminants *dix kilomètres de* et *des lieues de* passant alors au statut de quantifiant sectoriel (§ 6) et fournissant les noyaux nominaux alternatifs *kilomètres* et *lieues* ou *pavé* et *marais* (*cf.* § 105, 2, *excursus*).

Reste à commuter les articles attestés avec d'autres articles possibles (ou encore à compléter un texte où la place des articles est vide), à préciser les conditions du remplacement ou de la sélection et à en montrer les retombées sémantico-syntaxiques. Exemple de version modifiée :

> Dans **une** plaine rase, sous **une** nuit sans étoiles, de l'obscurité et de l'épaisseur de l'encre, l'homme suivait seul **une** grande route (...) coupant tout droit à travers **des** champs de Ø betteraves, etc. [*une plaine rase, une nuit sans étoiles, une grande route* (le SN privé du qualifiant *de Marchiennes à Montsou*) préfèrent le « non » au « oui » de la consigne 3, tandis que *l'obscurité, l'épaisseur* (le changement d'article obligeant à refuser l'article Ø devant *encre*) et *l'homme* opèrent le choix inverse de la notoriété (*cf.* § 9, et § 11 : « À noter que Flaubert aurait parfaitement pu introduire le personnage de plain-pied, même à l'entame du roman »), à laquelle renonce *des champs* : consigne 2 → consigne 4→ consigne 6 → consigne 7 (option discontinue)].

Une dernière recommandation aux techniciens du langage que se doivent d'être les professeurs. À toutes les étapes 1 à 8 du protocole instructionnel, des rappels théoriques seront indispensables. Des échappées, aussi, vers les quantifiants non transversaux (l'instruction numéro 2 conduirait par la réponse « oui » aux quantifiants numéraux < 1 ou > 1 ; la réponse « non » à l'instruction numéro 3 ouvre carrière aux quantifiants sectoriels *quelques, plusieurs*, etc.).

BIBLIOGRAPHIE SÉLECTIVE

CAPELLE, Guy, GIDON, Noëlle, *Espaces 1. Méthode de français*, Paris, Hachette, 1990.

GUILLAUME, Gustave, *Le problème de l'article et sa solution dans la langue française*, Paris, Hachette, 1919.

GUILLAUME, Gustave, *Leçons de linguistique 1956-1957*, Lille, Presses de l'Université et Québec, Presses de l'Université Laval, 1982.

HAWKINS, John A., *Definiteness and Indefiniteness. A Study in Reference and Grammaticality Prediction*, Londres, Croom Helm, 1978.

KLEIBER, Georges, *Problèmes de référence : descriptions définies et noms propres*, Paris, Klincksieck, 1981.

KLEIBER, Georges, *L'article LE générique. La généricité sur le mode massif*, Genève-Paris, Droz, 1990.

MARTIN, Robert, « De la double *extensité* du partitif », dans *Langue Française*, 57 (1983), p. 34-42.

MULLER, Claude, « À propos de *de* partitif », dans *Lingvisticae Investigationes*, 1 (1977), p. 167-196.

NEVEU, Franck, *Dictionnaire des sciences du langage*, Paris, Colin, 2004.

SIOUFFI, Gilles, VAN RAEMDONCK, Dan, *Cent fiches pour comprendre les notions de grammaire*, Paris, Bréal, 2007.

VANDELOISE, Claude, « Vivre sans article partitif », dans *Le Français Moderne*, 74 (2006), p. 141-158.

WILMET, Marc, *Grammaire rénovée du français*, Bruxelles-Paris, Duculot, 2007 (§ 104-125).

WILMET, Marc, *Grammaire critique du français*, Bruxelles-Paris, Duculot, ^{5}2010 (§ 356-417).

LA PLACE DE L'ADJECTIF QUALIFICATIF ÉPITHÈTE

INTRODUCTION

19 – Vous voulez tenter une expérience[1] ? Interrogez sur « la place de l'adjectif » un francophone tant soit peu averti. Il alignera des exemples où le qualificatif mis tantôt devant et tantôt derrière le nom entraîne de flagrants glissements sémantiques : *un grand homme* (génial) et *un homme grand* (de haute stature), *une ancienne église* (désaffectée) et *une église ancienne* (ancestrale), *un curieux voisin* (étrange) et *un voisin curieux* (indiscret), *un sacré caractère* (sortant de l'ordinaire) et *un caractère sacré* (inspirant le respect)... – Mais, insisterez-vous, quelle différence entre *une forte odeur* et *une odeur forte, une magnifique victoire* et *une victoire magnifique, une cruelle blessure* et *une blessure cruelle, une plaisante aventure* et *une aventure plaisante*... ? Réponse embarrassée de l'interlocuteur pris à partie : – De fines nuances, malaisées à cerner, qu'on doit en quelque sorte « sentir ».

Le malheur veut que les non-francophones, comme dans le sketch fameux (ou le fameux sketch) de Pierre Dac et Francis Blanche, ne sentent « pas grand-chose ». Un passage du *Bon usage* de Grevisse (1980, § 844) offre aux utilisateurs potentiels du français une macédoine d'ingrédients historiques (la « syntaxe figée »), psychiques (l'« unité de pensée »), rythmiques (l'« accent d'intensité »), expressifs (la « force affective »), culturels (la « prose littéraire et la langue poétique »), statistiques (la « place ordinaire de l'épithète »), esthétiques (les « effets de style fort variés »), Wilmet y voit un « monument de comique grammatical involontaire » (2010, § 454).

---

1 Première ébauche dans « Des comptages au conte ou les avatars d'une théorie », in *La ligne claire. De la linguistique à la grammaire* (A. Englebert, M. Pierrard, L. Rosier & D. Van Raemdonck éd., Bruxelles, Duculot, 1998), 267-278.

> L'adjectif épithète se place *avant* le nom lorsque, sans être entrée dans la syntaxe figée, la combinaison *adjectif + nom* est très fortement sentie comme une unité de pensée : il y a alors un seul accent d'intensité. Mais lorsque la combinaison du nom et de l'adjectif n'est pas sentie comme une seule unité de pensée et que chacun de ces mots est frappé d'un accent d'intensité, l'adjectif épithète se place *après* le nom : toutefois il peut le précéder s'il a beaucoup de force affective. Ajoutons que la prose littéraire et la langue poétique changent souvent la place ordinaire de l'épithète pour produire des effets de style fort variés.

Rien d'étonnant si les linguistes qui se sont colletés à la question avec le plus d'opiniâtreté sont en majorité des étrangers : un Autrichien (Reiner, 1968, 1976), une Américaine (Waugh, 1977), des Suédois (Forsgren, 1978 ; Larsson, 1994) et, isolé parmi ces francistes de langue germanique, un Espagnol (Lago Garabatos, 1986).

20 – Ce n'est pas le lieu – l'entreprise demanderait des pages et des pages – de recenser les hypothèses dont regorge la littérature grammaticale (*cf.* Goes, 1999 : 88-107). Disons simplement qu'un grand nombre d'analystes procèdent au coup par coup et s'exposent à des démentis immédiats. Par exemple, les critères d'euphonie, de style, de « niveaux de langue » versent dans l'impressionnisme et, sur le plan phonique, la faible masse de *beau, bon, jeune, vieux*... invoquée en faveur de l'antéposition ignore les monosyllabiques le plus souvent postposés *bas, dur, droit, sec*... ou *blanc, bleu, rouge, vert*...

Quelques chercheurs, fuyant l'atomisme, espèrent découvrir à travers le dédale des faits la clé qui ouvre en une fois toutes les portes (un projet à encourager puisque les francophones semblent détenir ce passe-partout dans leur compétence) et n'aboutissent qu'à des impasses.

Ainsi :

- La prétendue appréhension « simultanée » du nom et de l'adjectif qui le précède, mais « étagée » du nom et de l'adjectif qui le suit (Guillaume et les guillaumiens Curat, Moignet, Saint-Gelais, Vachon-Lheureux), plausible dans p. ex. *un savant amoureux* = « un expert en amour » *vs un amoureux savant* = « 1° un amoureux, 2° un homme de science », tourne à la circularité et à l'infalsifiabilité quand elle infère des séquences adjectif + nom ou nom + adjectif la simultanéité ou l'étagement de *une superbe réussite vs une réussite superbe* ou *un singulier personnage vs un personnage singulier*, etc.

- La « subjectivité » de l'antéposition et l'« objectivité » de la postposition (Reiner) rendraient mal compte des *marées basses* ou des *marées hautes* quotidiennes *vs* les *basses* ou les *hautes marées* saisonnières (régulièrement mesurées).
- Le postulat d'un adjectif « adverbialisé » en antéposition (Waugh), s'il convient à *nouveau balai* = « nouvellement balai » ou à *vieille fille* = « depuis longtemps fille », échoue face à *seul ami* = « unique » (≠ « seulement ami ») ou *certain succès* = « relatif », moins « certainement succès » que ne l'est *succès certain* = « assuré ».

Nous rangerons-nous en désespoir de cause à l'adage *bonnet blanc et blanc bonnet* = « du pareil au même » (équivalent belge : *chou vert et vert chou*)[1] ?

Non, ne serait-ce qu'en vertu des oppositions significatives évoquées au § 19. Le vent des qualificatifs ne souffle pas où il veut[2]. On possède d'ailleurs, contre la synonymie, un indice matériel indubitable : la fréquente conversion de l'article *des* à *de* – exactement, la résistance à l'article *les* (*cf.* § 4 et 16, 1) – devant un nom pluriel que **précède** son adjectif : *des amis ⇒ de nombreux amis vs des amis nombreux ; des vins ⇒ d'excellents vins vs des vins excellents*. Nous y reviendrons dans le *Complément didactique*.

Toute esquisse de solution exige au préalable une mise au point terminologique (§ 21) conduisant, par la reconfiguration du secteur à explorer (§ 22 sv.), de la théorie à la pratique (§ 27 sv.).

1 Comment ne pas songer à Molière : « Belle marquise, vos beaux yeux me font mourir d'amour. Ou bien : D'amour mourir me font, belle marquise, vos beaux yeux. Ou bien : Vos beaux yeux d'amour me font, belle marquise, mourir. Ou bien : Mourir vos beaux yeux, belle marquise, d'amour me font. Ou bien : Me font vos yeux beaux mourir, belle marquise, d'amour » (*Le Bourgeois gentilhomme*, II, 6) ?

2 Dans *Astérix chez les Bretons* de Goscinny et Uderzo, le Gaulois Obélix, ayant noté chez les Celtes de la Britannia les antépositions parodiquement anachroniques *la romaine armée* ou *le rieur sanglier*..., croit qu'il suffit pour les imiter de roquer l'adjectif et risque : « Vous avez vu mon *chien petit* ? »

MISE AU POINT TERMINOLOGIQUE

21 – « Adjectif qualificatif épithète », les trois vocables de la formule reprise en titre du présent chapitre méritent un commentaire.

Soit (1) *adjectif*, (2) *qualificatif*, (3) *épithète*.

(1) Le § 6 a rappelé ce qu'était un *adjectif*. Littéralement, un « ajout ». Dit de façon moins naïve, un mot qui, tout en partageant la morphologie des noms, variables en genre et en nombre – précision nécessaire à la distinction ultérieure de l'adjectif et du verbe, émargeant aux catégories de la conjugaison : mode, temps, aspect –, ne nomme les êtres du monde que par le biais d'un support nominal dont il précise l'*extension* (pour mémoire, l'ensemble des êtres du monde auxquels le noyau nominal d'un syntagme est applicable : *homme courageux, garçon sympathique, femme fatale...*) ou – et/ou : voir le point 3 – l'*extensité* (la quantité d'êtres du monde auxquels sont appliqués le noyau nominal ou le groupe qu'il forme avec un adjectif ou une caractérisation équivalente) : *un homme* et *un homme courageux* ou *un homme pétri de courage, des garçons* et *des garçons sympathiques* ou *des garçons inspirant la sympathie, cette femme* et *cette femme fatale* ou *cette femme qui fut responsable de nombreux drames*, etc.

(2) Les listes d'accompagnateurs du nom que dressent les manuels ont longtemps opposé une classe d'articles à une classe d'adjectifs, lesdits adjectifs subdivisés en une sous-classe de *qualificatifs* et une sous-classe de *déterminatifs* comprenant les numéraux : cardinaux *un, deux, trois, quatre...*, ordinaux *premier, deuxième, troisième, quatrième...* ; les possessifs : atones *mon, ton, son, ma, ta, sa, mes, tes, ses, notre, votre, leur, nos, vos, leurs*, toniques *mien, tien, sien*, etc. ; les démonstratifs *ce, cet, cette, ces* ; les relatifs *lequel, duquel, auquel* avec leurs féminins et leurs pluriels ; les interrogatifs-exclamatifs *quel, quels, quelle, quelles* et à nouveau *lequel, duquel, auquel...* ; les indéfinis : *aucun, autre, chaque, même, plusieurs, tout...*

Ces cloisonnements laissaient plusieurs zones d'ombre. Pourquoi couper les qualificatifs *identique* ou *différent* des déterminatifs *même* et *autre* ? Quelle serait bien la propriété de *nombreux* que n'aient pas les numéraux *trente-six, cent* ou *mille* ? En quoi le *précédent* de *la semaine précédente* se démarque-t-il de l'ordinal de *la semaine dernière*, etc. ?

Une réfection d'inspiration distributionaliste réunit alors les anciens adjectifs qualificatifs et une poignée d'anciens adjectifs déterminatifs (les numéraux ordinaux, les indéfinis *autre, même, quelconque*) sous la bannière des seuls adjectifs pour établir en repoussoir une classe de déterminants qui rassemble les adjectifs déterminatifs résiduels et annexe les articles.

Or les opérations mécanistes de la commutation (sur un axe paradigmatique *in absentia*) et de la combinaison (sur un axe syntagmatique *in praesentia*) n'assurent pas l'étanchéité des deux nouvelles classes.

- Elles sont impuissantes à situer *deux, trois, quatre...*, qui commutent comme *plusieurs* ou *quelques* avec *les* ou *des* mais se combinent comme *courageux* ou *fatal* avec *les* (*les deux, trois, quatre... hommes courageux/femmes fatales...*).
- Les composés *l'un et l'autre, l'un ou l'autre, ni l'un ni l'autre...*, émargeant aux deux secteurs de 1° *le*, 2° *autre*, deviennent proprement inclassables.
- Le pluriel *quelques*, combinable avec *les*, devrait être séparé du singulier incombinable *quelque*[1], etc.

(3) *Épithète* (du grec *épithètos* 'posé sur', 'attaché à'..., bref le quasi-synonyme du latin *adjectus* 'ajouté', 'adjoint') désigne en grammaire française le pendant de la fonction *attribut* dans p. ex. *le courageux Nicolas vs Nicolas est courageux*[2]. Comme la pratique scolaire, abusée par le sens usuel de *épithète* = « qualification louangeuse ou injurieuse » (définition du *Petit Robert*) et par la fréquence de la collocation *adjectif épithète*, assimile couramment *épithète* à *adjectif*, mieux vaut parler de fonction déterminative et de *déterminant*[3].

1 Le soulagement de Riegel, Pellat et Rioul (^{4}2009 : 278) paraît du coup assez incompréhensible : « Il aura fallu beaucoup de temps pour que les grammaires délestent la catégorie adjectivale des éléments qui forment aujourd'hui la catégorie des déterminants » et « ...il faudra encore attendre [la *Terminologie grammaticale* de 1997] pour achever le processus et admettre enfin la dénomination de *déterminants démonstratifs, possessifs, indéfinis*, etc. ». *Idem* du *Rapport de mission sur l'enseignement de la grammaire* que le Ministre français Gilles de Robien avait commandé en 2006 à deux linguistes (Alain Bentolila, Denis Desmarchelier) et à un écrivain (Erik Orsenna).

2 Le même terme *attribut* que les grammaires allemandes et anglo-saxonnes, lui préférant *prédicat*, réservent... à la fonction épithète (*cf.* Lauwers, 2004 : 304 sv.).

3 Pour un témoignage de l'assimilation épithète/adjectif, voir Grevisse, ^{11}1980, § 680 : « On omet l'article (...) devant le nom apposé ou attribut quand ce nom n'a qu'une valeur d'épithète,

Nous avons déjà dénoncé (§ 6, l'encadré) l'amalgame de la *nature* d'adjectif et de la *fonction* de déterminant. Montré aussi (*ibid.*) que les déterminants se dédoublent en quantifiants, marqueurs d'extensité, et en qualifiants, marqueurs d'extension, les quantifiants et les qualifiants associés en quantiqualifiants, marqueurs conjoints d'extensité et d'extension dans p. ex. les synthétiques *ce chat* = « le chat + que je pointe », *mon chat* = « le chat + qui m'appartient » ou les analytiques *ledit chat* = « le chat + antérieurement visé », *une espèce de chat* = « un chat + assez bien imité » (≠ « une race de chats »), etc.

Ce sont les qualifiants qui intéressent notre problématique. Mais pas tous. Lesquels au juste ?

RECONFIGURATION DU SECTEUR

22 – Les ex-adjectifs « qualificatifs » *courageux, sympathique, fatal*... vivent en série ouverte. On n'a aucune raison d'en écarter *autre, même, quelconque* (le trio d'adjectifs « déterminatifs » de l'ancienne grammaire maintenus adjectifs en grammaire modernisée) ni les formes participant des deux natures du verbe et de l'adjectif : participes présents réputés « adjectifs verbaux » *(eau) dormante, (démarche) zigzagante, (plaidoyer) convaincant*..., et participes passés construits sans auxiliaire *(eau) bénite, (pain) perdu, (minuit) sonné*...

À côté d'eux, des adjectifs qualifiants vivent en séries fermées : 1° les numéraux *premier, second, deuxième, troisième*... (ordinaux), *double, triple, quadruple*... (multiplicatifs) ; 2° les possessifs *mien, tien, sien, nôtre, vôtre, leur*... Ils sont moins mobiles, donc moins concernés, mais contribueront ci-après (§ 24) à éclairer la conduite de leurs voisins qualifiants *stricts* (ni numéraux ni possessifs).

23 – Demandent en revanche à être écartés du propos parce que non adjectifs :

– les qualifiants nominaux ou à base nominale : *(couleur) canari, (style) empire, (roi) Philippe, (tailleur) Chanel, (régime) minceur,*

---

de simple adjectif : *Soyez reine*... » Le postulat fallacieux d'une *épithète détachée* dans p. ex. « *Présent*, je le fuis ; *absent*, je le cherche » (Voltaire) n'a pas d'autre motif : comp. § 105, 1, *excursus*.

(assurance) incendie, (spectacle) chouette, (chapeau) de la voisine, (brosse) à dents, (place) de la Concorde... ;
- les qualifiants pronominaux ou à base pronominale : *(spaghetti) bolognaise* = « à la sauce bolognaise » (d'où le féminin singulier), *(Charles) le Chauve, (mine) de rien...* ;
- les qualifiants verbaux ou à base verbale : *(planche) à repasser, (envie) de sortir, (idée) que la morale condamne...*, et les participes dont un complément accentue la pente verbale : *(homme) pétri de courage, (garçons) inspirant la sympathie...* ;
- les qualifiants adverbiaux ou à base adverbiale : *(siège) avant, (place) debout, (fille) bien, (programme) d'aujourd'hui, (gens) d'ici...*

24 – Le champ s'est rétréci aux 1° adjectifs, 2° qualifiants, 3° stricts, passibles des deux ordres Nom + Adjectif et Adjectif + Nom (en abrégé, N + A et A + N).

Les qualifiants non adjectifs du § 23 apparaissant très généralement postposés au noyau nominal (relire les exemples) et les adjectifs qualifiants numéraux et possessifs des séries fermées (§ 22 ci-dessus, 1° et 2°) apparaissant le plus souvent antéposés : *le premier rang, une double croche, un mien cousin...*, tout indique que les adjectifs qualifiants de la série ouverte, au confluent de deux courants antagonistes, se postposent quand ils présentent certaines affinités avec les premiers et tendent à s'antéposer sur le modèle des seconds.

ORDRE N + A

25 – Adoptent par affinité avec les qualifiants non adjectifs l'ordre N + A (l'inversion A + N, toujours possible, mais jamais contraignante, aura besoin d'une des motivations particulières envisagées aux § 31-35) :

- Les adjectifs dénominaux *i.e.* issus d'un nom : *(globe) terrestre* = « de la terre », *(carte) routière* = « des routes », *(accent) parisien* = « de Paris » *(manifestation) lycéenne* = « des lycées », *(course) cycliste* = « à vélo », *(pénurie) alimentaire* = « d'aliments », *(empire) céleste* = « du ciel », *(livraison) journalière* = « jour après jour »...
- Les adjectifs déverbaux *i.e.* issus d'un verbe, notamment les suffixés en *-able, -ible, -uble, -if/-ive, -eur/-ice* : *(eau) potable* = « qui se boit », *(fruit) comestible* = « qui se mange », *(produit)*

soluble = « qui se dissout », *(père) adoptif* = « ayant adopté », *(force) motrice* = « qui meut »... et d'abord les participes *(eau) dormante* ou *(eau) bénite...* de ci-dessus § 22.

– Les adjectifs issus d'un adverbe savant : *(pain) quotidien* (du latin *cotidie* 'chaque jour') et les spatio-temporels *antérieur, postérieur, inférieur, supérieur, extérieur, intérieur, ultérieur* (des latins *ante, post, infra, supra, extra, intra, ultra*) = « en avant », « en arrière », « en dessous », « au dessus », « en dehors », « en dedans », « au delà ».

ORDRE A + N

26 – Adoptent par affinité avec les qualifiants numéraux et possessifs l'ordre A + N :

– Les adjectifs ordinaux non numéraux : *dernier (carré), futur (mari), prochain (rendez-vous)...*, à moins, précisément, qu'ils ne sortent le noyau nominal d'une filière : *(fin) dernière* = « ultime », *(objectif) futur* = « à venir », *(échéance) prochaine* = « imminente » ou *(semaine) prochaine* = « suivant celle-ci » – de même que les adjectifs numéraux ordinaux du § 22, 1° acquièrent en post-position un contenu stable : *(nombre) premier* = « indivisible », *(état) second* = « anormal », *(agent) double* = « félon » (« 1 : 2 » et non « 2 x 1 » de *double face, double jeu, double portion*, etc.), ou extraient le noyau nominal d'une lignée de prédécesseurs et/ou de successeurs : *François premier, acte second, livre troisième, jeune premier* = « vedette masculine ».
– Les adjectifs *autre* du contraste et *même* de la similitude : *autre saveur, même honnêteté...* (mais *saveur autre* = « sans rien de comparable » et *honnêteté même* = « en soi » [latin *ipse* et non *idem*]).
– L'adjectif *propre* exprimant ou renforçant l'idée de possession (p. ex. *de sa propre initiative* = « sans intervention étrangère » et *ses propres biens* = « vraiment à lui » renchérissant sur *ses biens propres* = « son patrimoine » ou soulignant la coïncidence de deux évènements : *le propre jour de sa mort* = « le même jour, au jour exact »).

DE LA THÉORIE À LA PRATIQUE

27 – Ramenons le problème à ses fondamentaux.

Tout adjectif qualifiant strict peut occuper la place N + A ou la place A + N, mais, l'ordre N + A étant majoritaire (des dénombrements portant sur le français contemporain ont calculé que la séquence N + A fournit environ 70 % des occurrences et constitue à ce titre l'ordre non marqué), on aura plus vite fait de rechercher les impulsions qui provoquent le renversement de N + A en A + N. Deux routes s'ouvrent à partir de là. Ou le basculement naturel et spontané de N + A vers A + N (qui impose des conditions lourdes au rétablissement de A + N en N + A). Ou le basculement artificiel et volontariste de N + A en A + N (il pourra être enseigné à un stade plus tardif de l'apprentissage).

BASCULEMENT NATUREL DE N + A EN A + N

28 – Les déclencheurs jouent aux deux niveaux (1) de l'adjectif et (2) du groupe nominal.

Niveau de l'adjectif

29 – Paramètres efficients : (1) le *sens relatif* et (2) le *sens contradictoire* des adjectifs.

(1) À l'opposé des adjectifs absolus que sont les chromatiques *blanc, noir, jaune, vert, bleu, rouge, violet…*, les adjectifs relatifs voient leur exacte teneur fluctuer en fonction du nom qualifié : si un chat gris et un éléphant gris ont à peu près la même couleur, un grand chat n'atteindra jamais la taille d'un petit éléphant. Exemples : *bon, mauvais, jeune, beau, vieux, gros, haut, léger, doux, dur, fort, faible, plein, rare…*

Le jugement de valeur entraîne la prépondérance de A + N : *mauvais rhume, jeune femme, beau spectacle, vieux chêne, grosse fortune…*, pourvu, néanmoins, que l'énonciateur l'avalise, faute de quoi l'ordre N + A reprend la main : *homme grand* = « géant » (obviant au *grand homme* du § 30, 1), *fille légère* = « volage », *chatte grosse* = « gravide », *visage jeune* = « juvénile »… et les dénigrants *(un visage) laid, (une fille) maigre, (une taille) mince* – la psychologie populaire à contre-courant des magazines de mode ! –, *(un esprit) lourd*…, peu enclins à la discussion.

Comparez encore les étalonnages de *fort parfum* (= « répandu en quantité »), *plein verre* (= « rempli à ras bords »), *hautes/basses marées* (= « le point culminant des marées montantes/descendantes »), *rare insolence* (= « dont il ne doit pas exister beaucoup d'exemples ») vis-à-vis de *parfum fort* (= « une goutte suffit à s'assurer de sa puissance »), *verre plein* (= « non creux »), *marées hautes/basses* (= « le flux et le reflux journaliers »), *perle rare* (= « précieuse »)…

(2) À la différence des adjectifs contraires comme *blanc* et *noir* ou *petit* et *grand*, les adjectifs contradictoires impliquent la vérité de leur antonyme : ce qui n'est pas faux est vrai, ce qui n'est pas ancien est nouveau, etc., tandis que tout ce qui n'est pas blanc ou petit n'est pas nécessairement noir ou grand (et vice versa). Exemples : *pur, simple, unique, divers, moyen, certain, vague, éternel*…

L'ordre A + N les installe au centre d'un réseau de relations : *fausse note* = « note *x* au lieu de note *y* », *nouvelle voiture* = « voiture *x* remplaçant *y* » (d'où la recevabilité de *nouvelle voiture d'occasion*), *pur sucre* = « du sucre non mélangé à un quelconque succédané », *simple soldat* = « le premier grade dans la hiérarchie militaire »…, auquel les soustrait l'ordre N + A : *note fausse* = « un défaut de l'instrument », *voiture nouvelle* = « d'un modèle original » et *Baujolais nouveau* = « vin de primeur », *sucre pur* = « chimiquement homogène », *raisonnement simple* = « facile »…

Quelques paires contrastées : *unique fils* (= « seul garçon de la progéniture ») ~ *fils unique* (= « pas d'autre enfant »), *diverses explications* (= « plusieurs ») ~ *explications diverses* (= « dissemblables »), *moyen âge* (= « transit de l'Antiquité à la Renaissance ») ~ *âge moyen* (= « résultat d'un calcul statistique »), *certain succès* (= « mitigé, à la limite de l'insuccès ») ~ *succès certain* (= « assuré »), *vague sentiment* (= « presque un sentiment, une ébauche de sentiment ») ~ *sentiment vague* (= « un sentiment indéfini, non fixé quant à son objet »), *éternel sourire* (rotation) ~ *sourire éternel* (permanence)…

Niveau du groupe nominal

30 – Pour autant que la masse phonique de A ne contrarie pas son inféodation à N (ce qui revient à dire qu'un nom d'une syllabe intègrera malaisément un adjectif de plusieurs syllabes : *?important don, ?bénéfique choc*…), les processus qui interviennent sont : (1) la *spécialisation* de l'adjectif, (2) sa *neutralisation*.

(1) L'adjectif de *savant amoureux* au § 20 était déjà spécialisé (*savant* = « expert en matière d'amour, pas nécessairement en mathématique »)[1]. Exemples similaires : *grand homme* = « appartenant à l'histoire de l'Humanité », *vieille fille* = « célibataire endurcie », *brave type* = « plus gentil qu'intrépide », *méchant poète* = « médiocre », *sale affaire* = « dérangeante », *curieuse voisine* = « bizarre »...

L'absence de *sème* (*i.e.* d'atome de signification) commun entre le nom et l'adjectif souligne le procédé en permettant l'antéposition des adjectifs à l'ordinaire postposés : *verte semonce, noir parfum, chaud lapin, foutu caractère, satanée bagnole, fieffé gredin...*

(2) L'adjectif est neutralisé s'il se contente d'expliciter un des *sèmes* qui, assemblés, façonnent la signification du nom. La blancheur étant par exemple inhérente aux colombes, la noirceur aux corbeaux, la verdeur aux prairies, la jovialité aux drilles, la maigreur aux échalas..., l'ordre A + N reçoit mission de signaler la redondance : *blanche colombe, noir corbeau, verte prairie, joyeux drille, maigre échalas...* En termes de logique (*cf.* § 21, 1), l'extension du sous-ensemble *blanche colombe* égale celle de l'ensemble des colombes : *blanche colombe* = « blanche comme le sont partout et toujours les colombes » (etc. pour les corbeaux, les prairies, les drilles...).

On pressent qu'un second adjectif ou n'importe quel qualifiant réducteur d'extension favorisera la neutralisation du sous-ensemble ainsi constitué : *une impeccable chemise blanche, l'obscur éclat de la laideur*, « le *vert* paradis des amours enfantines » (Baudelaire), etc.

Excursus

L'impact de la coordination de deux adjectifs ou plus largement de deux qualifiants sur l'ordre A + N ou sur l'ordre N + A demanderait une attention ciblée (voir déjà Bouchard, 2005), car il paraît évident qu'un adjectif normalement postposé pourra bénéficier du sillage d'un adjectif antéposé : p. ex. les adjectifs *acariâtre, stupide* ou le participe *perdu* de *une jolie mais acariâtre voisine, un aussi stupide que grand échalas* ou « ...dans quelque *lointain et perdu* village... » (Queneau) et, à l'inverse, qu'un adjectif normalement postposé ou le poids d'un qualifiant non adjectival seront capables d'entraîner vers l'arrière un adjectif normalement antéposé : p. ex. *une voisine acariâtre mais jolie, un échalas aussi stupide que grand, un spectacle*

1 La Zulietta de Jean-Jacques Rousseau savait faire la différence : « *Zanetto, lascia le donne, e studia la matematica.* »

beau à couper le souffle, une église si grande qu'on croirait une cathédrale ou « un souriceau tout *jeune et qui n'avait rien vu...* » (La Fontaine).

BASCULEMENT ARTIFICIEL DE N + A EN A + N

31 – De la neutralité objective à la neutralisation de l'adjectif, il y a un pas que les niveaux supérieurs au groupe nominal offrent les moyens de franchir. Le jeu consiste à se servir des circonstances propices dans le syntagme nominal, dans la phrase, dans le cotexte (*i.e.* l'intérieur du texte), dans le contexte (*i.e.* l'extérieur du texte).

Niveau du syntagme nominal

32 – Les déterminants quantifiants extensifs, égalant l'extensité à l'extension (*cf.* § 7 et 9), facilitent l'adéquation du qualifiant au nom qualifié. Ce sont :

- l'article LE (*le, la, les*) : *le fiévreux Hugo* = « perpétuellement enfiévré » ou *l'antisémite Céline* = « raciste obsessionnel » (*vs le Hugo fiévreux* ou *le Céline antisémite* = « une facette de ces écrivains ») ;
- l'article LE cumulé avec un qualifiant dans les quantiqualifiants possessifs et démonstratifs (*cf.* § 21, 3) : *mon blond cavalier* (*vs mon cavalier blond* = « j'en ai une escouade de bruns et de roux »), *ces politiques allégations* = « suivez mon regard »...

Niveau de la phrase

33 – Sans prétention à l'exhaustivité, mentionnons :

- l'apostrophe : *Stupide vieillard !* ou *Chère Maman* (la stupidité ou la tendresse remplissent tout l'espace disponible : voir l'article Ø au § 8, 1) ;
- la négation polémique : *Non, Pierre n'est pas un stupide vieillard* (possible reprise en chiasme de l'assertion antérieure *Pierre est un vieillard stupide*) ;
- l'allure proverbiale : *Mieux vaut stupide vieillard qu'inepte jouvenceau* ;

– un adverbe d'intensité : *un très stupide comportement*, etc. (*très, si* ou *assez* capables de relativiser jusqu'aux adjectifs dénominaux du § 25 : *une très parisienne élégance, une si maternelle sollicitude, une assez anonyme société...*).

Niveau du cotexte

34 – Les anaphores (de pair avec l'article LE et les quantiqualifiants CE ou MON qui le contiennent) courent à travers l'entier du texte : *Le/ce/mon stupide vieillard qui ne cesse de pérorer...*

Niveau du contexte

35 – L'ordre A + N sollicite le bagage mémoriel commun à l'énonciateur et aux destinataires. Exemples : le clin d'œil à la syntaxe anglaise des *romaines armées, nationale boisson* et autres *abandonnée charrette* dans la bande dessinée *Astérix chez les Bretons* du scénariste Goscinny (*cf.* § 20, n. 2) ou le « vert paradis des amours enfantines » de Baudelaire (§ 30, 2) trafiqué en « gris purgatoire des amours séniles » (*Le Canard Enchaîné*).

RÉCAPITULATION

36 – Après s'être assuré que l'adjectif à construire est bien un qualifiant strict (ni numéral *premier, deuxième, troisième...*, ni possessif *mien, tien, sien...* : *cf.* § 22 et 24), choisir par défaut l'ordre non marqué N + A. Ne subsistent qu'environ 30 % de risques d'erreurs, un pourcentage réductible en sept étapes (avec la garantie supplémentaire des adjectifs polysyllabiques difficilement antéposables à des monosyllabes).

1. L'adjectif est-il *autre* contrastif, *même* analogique (en une moindre mesure *semblable, pareil, tel*), *propre* renchérissant = « de personne d'autre » ou un ordinal authentiquement sériel *dernier, futur, prochain, pénultième...* ? (*cf.* § 26)
   Si oui, adopter A + N.
   Si non, continuer.

2 L'adjectif est-il spécialisé ? (*cf.* § 30, 1)
Si oui, adopter A + N.
Si non, continuer.

3. L'adjectif est-il neutralisé ? (*cf.* § 30, 2)
Si oui, adopter A + N.
Si non, continuer.

4. L'adjectif se neutralise-t-il en tirant parti d'indices cotextuels et contextuels ? (*cf.* § 32-35)
Si oui, adopter A + N.
Si non, continuer.

5. L'adjectif a-t-il un sens autre que relatif ? (*cf.* § 29, 1)
Si oui, passer au 7 (adjectif de sens contradictoire : *cf.* § 29, 2).
Si non, continuer.

6. L'adjectif relatif accepte-t-il un jugement de valeur ?
Si oui, adopter A + N.
Si non, garder N + A.

7. L'adjectif contradictoire s'insère-t-il à un réseau ?
Si oui, adopter A + N.
Si non, garder N + A.

COMPLÉMENT DIDACTIQUE

N'importe quelle anthologie procurera au petit bonheur des rencontres un terrain d'exercices inépuisable.

Par exemple, le fragment de *Germinal* cité dans le *Complément didactique* au chapitre 2 ne contient, parmi les qualifiants postposés *rase, noir, plat, larges comme sur une mer, nues, aveuglant*, que les deux qualifiants antéposés *grande (route)* et *immense (horizon plat)*, conformes à la consigne 6. Comment justifier pourtant le traitement différent des deux adjectifs relatifs *petit* et *étroit* dans cet extrait de *À la recherche du temps perdu* ?

> Il passa contre nous, ne s'interrompit pas de parler à sa voisine, et nous fit du coin de son œil bleu un *petit* signe en quelque sorte intérieur aux paupières et qui, n'intéressant pas les muscles de son visage, put passer parfaitement inaperçu de son interlocutrice ; mais, cherchant à compenser par l'intensité

> du sentiment le champ un peu *étroit* où il en circonscrivait l'expression, dans ce coin d'azur qui nous était affecté il fit pétiller tout l'entrain de la bonne grâce qui dépassa l'enjouement, frisa la malice...

Réponse : le nom monosyllabique *champ* ne peut intégrer l'adjectif *étroit*, qu'allonge encore l'adverbe *un peu* (*cf.* § 30). On n'aura non plus aucune difficulté à expliquer l'antéposition de *autres* et de *même* par la consigne 1 ou celle de *diverses* par la consigne 7 dans un deuxième extrait de Proust, ni davantage, par la consigne 4 (en l'occurrence le quantiqualifiant démonstratif *ces* du § 32), l'antéposition forcée de *dures* à *graines* et de *mous* à *tubercules* dans un troisième extrait :

> Les *autres* sens vont chercher l'une derrière l'autre les *diverses* qualités odorantes, tactiles, savoureuses, qu'ils goûtent ainsi même sans le secours des mains et des lèvres ; et, capables, grâce aux arts de transposition, au génie de synthèse où excelle le désir, de restituer sous la couleur des joues ou de la poitrine, l'attouchement, la dégustation, les contacts interdits, ils donnent à ces filles la *même* consistance mielleuse qu'ils font quand ils butinent dans une roseraie, ou dans une vigne dont ils mangent des yeux les grappes.
>
> Comme sur un plant où les fleurs mûrissent à des époques différentes, je les avais vues, en de vieilles dames, sur cette plage de Balbec, ces *dures* graines, ces *mous* tubercules, que mes amies seraient un jour.

L'idée d'un « passe-partout » caressée au § 20 restera-t-elle néanmoins sacrifiée sur l'autel du pragmatisme ?

Peut-être pas. Les ordres N + A et A + N annoncent une acception 1° *indépendante* en N + A, 2° *dépendante* en A + N (débouchant sur des phénomènes de spécialisation et de neutralisation naturelles ou artificielles aux différents stades du groupe nominal, du syntagme nominal et de la phrase). L'adjectif revêt en 1° son autonomie pleine et entière et il l'abdique en 2°. Un schéma emprunté à la mathématique ensembliste le montrerait.

Soit la paire (déjà utilisée au § 20) *un amoureux savant* = « un amoureux doublé d'un homme de science » et *un savant amoureux* = « un expert en amour ». Le groupe nominal *amoureux savant* met deux ensembles, correspondant l'un au noyau nominal *amoureux* (E1), l'autre à l'adjectif qualifiant *savant* (E2), dans une relation d'intersection E1 ∩ E2. L'article de *un amoureux savant* prélève à la fois sur E1 et sur E2 (ou, si l'on préfère, sur un ensemble E3 formé d'un sous-ensemble de E1 et d'un sous-ensemble de E2) un élément $x = 1$ déclaré amoureux et savant comme tout x savant de E2 qui ne serait pas amoureux (extérieur à E1).

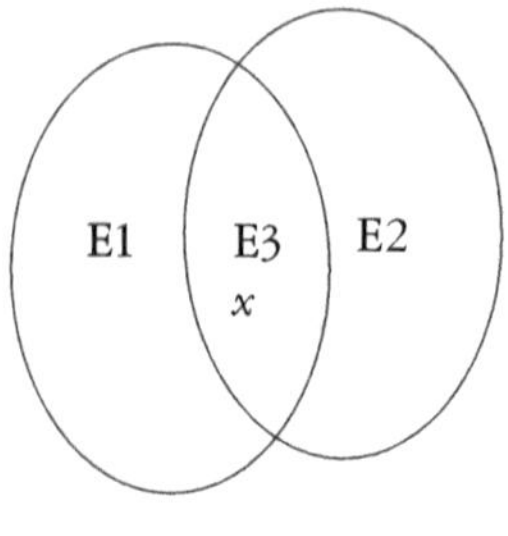

FIG. 1 – Relation d'intersection.

En regard, le groupe nominal *savant amoureux* met l'ensemble E2 des savants et l'ensemble E1 des amoureux dans une relation d'inclusion E2 ⊂ E1.

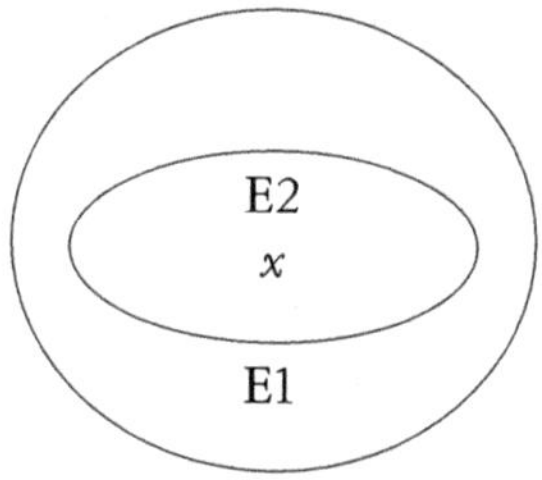

FIG. 2 – Relation d'inclusion.

Il en ressort que l'élément *x* = 1 prélevé sur E2 – donc nécessairement sur E1 – du syntagme nominal *un savant amoureux* n'est déclaré savant que dans l'exercice amoureux. La science du personnage se restreint à la sphère que lui assigne le nom. On rejoint sur des bases non psychologisantes l'*idéogénèse* (*i.e.* la formation simultanée dans l'esprit du nom et de l'adjectif : *cf.* § 20) de Guillaume et de ses disciples, dont l'« unité de pensée » de Grevisse (cité § 19) est un sous-produit.

L'assujettissement en A + N de l'adjectif au nom déterminé fournit ainsi le fil conducteur de l'ordre marqué. Plusieurs phénomènes connexes en attestent.

– L'entrave mise à l'association de l'article partitif *de* (*cf.* § 16, 1) avec l'article extensif pluriel *les* suite à la partition du nom par l'adjectif : *de (?des) gentilles filles, de (?des) très sympathiques garçons, d'(?des) excellents vins, de (??des) nombreux livres, de (??des) multiples amis, de (??des) fréquentes crises, d'autres (??des autres) arguments, de (??des) semblables comportements, de (??des) telles allusions...*

- Les sutures graphiques de l'adjectif et du nom : *bonhomme, plafond, sainfoin...*
- Les alliances aux allures de sobriquets d'un adjectif et d'un nom propre : *saint Nicolas, pauvre Blaise...*
- Le trait d'union solidarisant l'adjectif et le nom en un nom composé : *grand-père, petit-fils, sage-femme, rouge-gorge, Saint-Nicolas en Hainaut...*
- La liaison obligatoire de la dernière consonne non prononcée de l'adjectif avec la voyelle initiale du nom qu'il précède : *un bon ami* (dénasalisation de /on/ en /o/), *un savant amoureux* (lu /savanTamoureux/ = « un expert en amour » mais lu /savant#amoureux/ = « un homme de science énamouré »), etc.
- Les doublons *fol* de *fou, mol* de *mou, bel* de *beau*, *nouvel* de *nouveau, vieil* de *vieux* évitant aux noms à initiale vocalique le choc de deux voyelles : *fol emportement, mol oreiller, bel équipage, nouvel an, vieil ami* (et, sans risque d'hiatus, l'enchaînement *vieil homme* l'emporte sur la liaison *vieux homme* /vieuZhomme/ et l'enchaînement *vieil Hollandais* amuït le /h/ aspiré de *vieux Hollandais*).

Des boisseaux de blé à moudre pour les enseignants et les enseignés...

BIBLIOGRAPHIE SÉLECTIVE

BENTOLILA, Alain, DESMARCHELIER, Dominique, ORSENNA, Erik, *Rapport de mission sur l'enseignement de la grammaire*, BO, 2006.

BOUCHARD, Denis, « Sériation des adjectifs dans le SN et formation de concepts », dans *Recherches Linguistiques de Vincennes*, 34 (2005), p. 125-142.

CURAT, Hervé, « Rôle de l'ordre de perception des signifiants dans l'interprétation des épithètes », dans *Revue Québécoise de Linguistique Théorique et Appliquée*, 11 (1992), p. 123-141.

FORSGREN, Mats, *La place de l'épithète en français contemporain*, Stockhom, Almqvist & Wiksell, 1978.

GOES, Jan, *L'adjectif. Entre nom et verbe*, Bruxelles, Duculot, 1999.

GREVISSE, Maurice, *Le bon usage*, Gembloux, Duculot, [11]1980.

GUILLAUME, Gustave, *Leçons de linguistique*, vol. 9 [conférences du 28 février au 9 mai 1947], Québec-Lille, Presses de l'Université Laval-Presses universitaires, 1989.

LAGO GARABATOS, Jesus, *La acumulacion de adjetivos calificativos en la frase nominal del frances contemporaneo*, Santiago de Compostela, Servicio de Publicacions, 1986.

LARSSON, Björn, *La place et le sens des adjectifs épithètes de valorisation positive*, Lund, Presses universitaires, 1994.

LAUWERS, Peter, *La description du français entre la tradition grammaticale et la modernité linguistique. Une étude historiographique et épistémologique de la grammaire française entre 1907 et 1948*, Louvain, Peeters, 2004.

MOIGNET, Gérard, *Systématique de la langue française*, Paris, Klincksieck, 1981.

REINER, Erwin, *La place de l'adjectif épithète en français. Théories traditionnelles et essai de solution*, Vienne, Braumüller, 1968.

REINER, Erwin, *Studie zur Stellung des attributiven Adjektivs im neueren Französischen*, Vienne, Braumüller, 1976.

RIEGEL, Martin, PELLAT, Jean-Christophe, RIOUL, René, *Grammaire méthodique du français*, Paris, P.U.F., [2]2009.

SAINT-GELAIS, Yves, « La praxéogénie adjectivale en français moderne », dans *Systématique du langage* (Lille, Presses Universitaires, 1984), p. 159-176.

VACHON-LHEUREUX, Pierrette, « Le mot et son emploi en phrase », dans *Modèles Linguistiques*, 6 (1984), p. 43-53.

WAUGH, Linda, *A semantic Analysis of Word Order. Position of the Adjective in French*, Leiden, Brill, 1977.

WILMET, Marc, « Antéposition et postposition de l'épithète qualificative

en français contemporain : matériaux », dans *Travaux de Linguistique*, 7, 1980, p. 179-201.
WILMET, Marc, *Grammaire critique du français*, Bruxelles-Paris, Duculot, [5]2010 (§ 453-473).

LE MODE SUBJONCTIF

INTRODUCTION

37 – À feuilleter l'énorme bibliographie consacrée au subjonctif, les professeurs de français, insensibles ou imperméables à l'enthousiasme du Norvégien Nordahl (1970 : « Le mode le plus fascinant qui soit »), se laisseraient bientôt aller au défaitisme[1]. Deux camps s'affrontent là encore (comp. § 20), les *atomistes*, essayant de porte en porte des trousseaux de clés, face aux *unitaristes*, en quête d'un sésame passe-partout.

Le jugement de base, lui, quelle que soit l'option, reste identique.

Moignet (1959 : 15)

> Notre propos n'est pas ici de faire l'historique des théories du subjonctif. Aussi bien, cette histoire est-elle fort décevante : elle n'est faite que d'affirmations péremptoires, de controverses, de retours en arrière, de reprises, de repentirs ; on y voit remettre en question ce qui semblait acquis ; on y trouve des discussions passionnées sur de menus détails, des constructions fragiles, des classifications arbitraires, peu de préoccupations de l'ensemble du problème et, notamment, de la signification du subjonctif dans la langue. [Soutet, quarante ans après, proroge le verdict : « Il n'est pas excessif de considérer que ce jugement garde aujourd'hui toute sa valeur, mieux, qu'avec le temps qui nous en sépare, l'impression de ressassement voire de confusion n'a fait que s'accentuer à la faveur de publications qui, sauf de notables exceptions, ne sont bien souvent que des reformulations plus ou moins heureuses de points de vue en réalité déjà exprimés » (2000 : 125-126)].

Gaatone (2003 : 57)

> L'utilisation correcte de ce mode a toujours été une des grandes difficultés de l'apprentissage du français, langue étrangère. Une meilleure connaissance

1 Première ébauche dans « Chronogénèse et enseignement-apprentissage du mode subjonctif », in *Psychomécanique du langage et linguistiques cognitives* (Limoges, Lambert-Lucas, 2007), 283-291.

de son fonctionnement a donc un intérêt pratique évident. Par ailleurs, la complexité de ce fonctionnement a constitué de tous temps un véritable défi à la sagacité du linguiste théoricien, dont on sait bien qu'il nourrit souvent une forte attirance pour la recherche d'un mécanisme d'une séduisante simplicité, sous-jacent au foisonnement apparent des emplois. Si je prends néanmoins le risque de m'aventurer à mon tour dans ce domaine épineux, c'est parce qu'il me paraît, comme bien d'autres domaines d'ailleurs, plutôt récalcitrant aux solutions unitaires et mérite donc encore une réflexion critique (confirmation *ibid.*, 75 : « Le subjonctif, en français moderne, doit être reconnu comme une forme polyvalente »).

L'attrait des explications parcellaires est de garnir pièce à pièce une boîte dans laquelle chacun, aux prises avec tel ou tel subjonctif délicat, finira par trouver en fouillant bien l'outil adéquat : le « doute », l'« incertitude », le « potentiel », l'« irréel », la « fausseté », l'« appréciation subjective »... ; l'« engagement », l'« indignation », l'« énergie psychique », la « tension de l'âme »... ; la « réserve », le « second plan », le « non-jugement », l'« imputation polyphonique[1] », etc. Leur défaut – rédhibitoire du point de vue du FLE – est de décourager n'importe quel enseignement un peu systématique.

Une solution unitaire, en regard, aura beau se parer des couleurs d'Aristote (« Il n'y a pas de science du particulier, il n'y a de science que du général »), il lui appartient de démontrer son efficacité en plus de sa légitimité.

38 – Commençons par récuser l'identification des unitaristes aux théoriciens et des atomistes aux praticiens.

La théorie devrait ne jamais perdre de vue l'intérêt pratique et, dans un jeu de va-et-vient, la pratique toujours profiter de la théorie. « Rien n'est plus pratique qu'une bonne théorie » (Kurt Lewin, cité en épigraphe de Cuq et Gruca, 2006). Cette profession de foi veut que l'on questionne la place du subjonctif dans le système français des modes (§ 41). Auparavant, hâtons-nous de déclarer que le tableau du subjonctif n'est pas uniformément noir et que la morphologie, au moins, en offre une image rassurante.

1 J'ai choisi de ne pas référencer les expressions entre guillemets, mais aucune n'est inventée. La thèse de Moignet en alignait une première série. Faut-il s'étonner que le linguiste guillaumien ait cédé au moment du bilan à un accès d'irritation : « ...on peut dire du subjonctif ce qu'on prétend des auberges espagnoles : chacun y trouve ce qu'il y apporte, les psychologues leur subtilité, les logiciens leur rationalisme, les grammairiens leurs mécanismes, les prudents leurs incertitudes, les hardis leurs paradoxes » (1959 : 74) ?

MORPHOLOGIE DU SUBJONCTIF

39 – Conjuguer, c'est, à la lettre, « mettre sous le joug, atteler » un morphème (*i.e.* un morceau de mot) lexical, portant la signification du verbe : le *radical*, et un ou plusieurs morphèmes grammaticaux véhiculant des informations permanentes de mode, de temps, d'aspect (*cf.* § 71 sv.) et des informations intermittentes de personne, de nombre : la *désinence*.

Excursus
La désinence de l'infinitif servait anciennement à répartir les verbes français en quatre « conjugaisons » (1° *-er*, 2° *-ir*, 3° *-oir*, 4° *-re*), devenues aujourd'hui trois « groupes » : 1° infinitif *-er* (la conjugaison « régulière », constituant environ 90 % du total), 2° infinitif *-ir* avec participe *-issant* (p. ex. *finir/finissant*), 3° infinitif *-ir* avec participe *-ant* (p. ex. *sortir/sortant*) et infinitifs *-oir*, *-re* (plus *fiche/fichu* analogique de *foutre/foutu*).

Le subjonctif déroule deux modèles de six flexions simples et six flexions composées (6 flexions = 2 × 3 combinaisons de deux nombres : singulier, pluriel, et de trois personnes : première, deuxième, troisième).

- Le **subjonctif** 1, dit sous ses formes simples « présent » : p. ex. les trois singuliers *marche* (personne 1), *marches* (personne 2), *marche* (personne 3) et les trois pluriels *marchions* (personne 1), *marchiez* (personne 2), *marchent* (personne 3), et dit « passé » sous ses formes composées : p. ex. les trois singuliers *aie marché* (personne 1), *aies marché* (personne 2), *ait marché* (personne 3) et les trois pluriels *ayons marché* (personne 1), *ayez marché* (personne 2), *aient marché* (personne 3).
- Le **subjonctif** 2, dit sous ses formes simples « imparfait » : p. ex. les trois singuliers *marchasse* (personne 1), *marchasses* (personne 2), *marchât* (personne 3) et les trois pluriels *marchassions* (personne 1), *marchassiez* (personne 2), *marchassent* (personne 3), et dit « plus-que-parfait » sous ses formes composées : p. ex. les trois singuliers *eusse marché* (personne 1), *eusses marché* (personne 2), *eût marché* (personne 3) et les trois pluriels *eussions marché* (personne 1), *eussiez marché* (personne 2), *eussent marché* (personne 3).

En tableau :

	Flexions	Formes simples	Formes composées
	1	marche	aie marché
	2	marches	aies marché
Subjonctif 1	3	marche	ait marché
	4	marchions	ayons marché
	5	marchiez	ayez marché
	6	marchent	aient marché
	Flexions	Formes simples	Formes composées
	1	marchasse	eusse marché
	2	marchasse	eusses marché
Subjonctif 2	3	marchât	eût marché
	4	marchassions	eussions marché
	5	marchassiez	eussiez marché
	6	marchassent	eussent marché

Dans l'usage contemporain, le subjonctif 2 a périclité. Ses formes simples et ses formes composées ne survivent qu'en littérature ou, en français soutenu, « comme des signes de distinction sociale » (Soutet, 2000 : 3) qu'arborent les « chevaliers du subjonctif » (Paveau, 2005), qui plus est sous la seule flexion 3 (les flexions 1, 2, 4, 5, 6 frisent le comique ou la dérision)[1].

Le remplacement des subjonctifs 2 « imparfait » et « plus-que-parfait » par les subjonctifs 1 « présent » et « passé » s'effectuant sans grande perte d'information, le FLE peut se dispenser de les enseigner activement. Un second épouvantail s'évanouit *illico* : la « concordance des temps » (p. ex. *Margot souhaite ou souhaitera que Nicolas chante* ⇒ *Margot souhaitait ou souhaiterait que Nicolas chantât*, etc.), baudruche que Brunot dégonflait d'un coup d'épingle : « Le chapitre de la concordance des temps se résume en une ligne : Il n'y en a pas » (1922 : 782).

1 Sur les rares domaines où le subjonctif 2 reste opératif, *cf.* Wilmet, ^{5}2010, § 230 : espoir fataliste (*plût au Ciel*), conjecture ultime (*fussé-je, dussé-je* = « même si j'étais », « même si je devais »)… Le § 229 *ibid.* avait rapporté des subjonctifs « imparfaits » volontairement caricaturaux, entre autres ceux-ci, dus à l'humoriste Alphonse Allais (des vers mis en musique et chantés par Juliette Gréco) : « Ah ! fallait-il que je vous *visse*, / Fallait-il que vous me *plussiez*, / Qu'ingénument je vous le *disse*, / Que fièrement vous vous *tussiez* ? / Fallait-il que je vous *aimasse*, / Que vous me *désespérassiez*, / Et que je vous *idolâtrasse*, / Pour que vous m'*assassinassiez* ! »

40 – Le sol ainsi ratissé, nous n'avons plus qu'à suivre la piste des désinences et des radicaux. On va voir que la possession de l'indicatif présent et accessoirement de l'indicatif imparfait assure – ou presque – la maîtrise du subjonctif.

Côté désinences, la quasi-totalité des verbes français calque les flexions 1, 2, 3, 6 du subjonctif 1 sur l'indicatif présent des verbes du premier groupe (désinences *-e, -es, -e, -ent*) et les flexions 4, 5 sur l'indicatif imparfait des trois groupes (désinences *-ions, -iez*)[1].

Font exception, les verbes *avoir* (flexion 3 *ait*, flexions 4, 5 *ayons, ayez vs avions, aviez*) et *être* (flexions 1, 2, 3 *sois, sois, soit* [mais désinences *-s, -s, -t* en commun avec les indicatifs *suis, es, est*], flexions 4, 5 *soyons, soyez vs étions, étiez*).

Côté radical, les verbes à radical unique se servent sur toute la ligne de la flexion 6 de l'indicatif présent et les verbes à deux radicaux utilisent pour leurs flexions 4 et 5 la flexion 4 ou 5 de l'indicatif présent.

- Radical unique : indicatif *marchent* et subjonctifs *marche, marches, marche, marchions, marchiez, marchent* ; indicatif *finissent* et subjonctifs *finisse, finisses, finisse, finissions, finissiez, finissent* ; indicatif *disent* et subjonctifs *dise, dises, dise, disions, disiez, disent* (la flexion 5 *dites* de l'indicatif, rappelant *faites* – et Austin : « Quand dire c'est faire » –, mais assez déroutante pour inspirer le pastiche normatif « Ne disez pas disez, disez dites », n'a aucun impact)...
- Deux radicaux : indicatifs *acquièrent vs acquérons, acquérez* et subjonctifs *acquière, acquières, acquière, acquérions, acquériez, acquièrent ;* indicatifs *tiennent vs tenons, tenez* et subjonctifs *tienne, tiennes, tienne, tenions, teniez, tiennent* ; indicatifs *reçoivent vs recevons, recevez* et subjonctifs *reçoive, reçoives, reçoive, recevions, receviez, reçoivent*...

Font exception, les verbes *avoir* (flexions 1, 2, 3, 6 *aie, aies, ait, aient vs* l'indicatif *ont* et flexions 4, 5 *ayons, ayez vs* les indicatifs *avons, avez*), *être* (flexions 1, 2, 3, 6 *sois,*

1 L'homophonie des flexions 4, 5 du subjonctif 1 et de l'indicatif imparfait (*chantions, chantiez, finissions, finissiez, sortions, sortiez, recevions, receviez, prenions, preniez*...), ajoutée à celle des flexions 1, 2, 3, 6 du subjonctif 1 des verbes « réguliers » en *–er* et de l'indicatif présent (*marche, marches, marche, marchent*...), est cause que la pratique scolaire adopte pour conjuguer le subjonctif la béquille *que* : *que je marche, que tu marches*, etc. (propagée aux formes non ambiguës : *que je veuille, que tu aies marché*...).

sois, soit, soient vs l'indicatif *sont* et flexions 4, 5 *soyons, soyez vs* les indicatifs *sommes, êtes*), *pouvoir* (flexions 1, 2, 3, 6 *puisse, puisses, puisse, puissent vs* l'indicatif *peuvent* et flexions 4, 5 *puissions, puissiez vs* les indicatifs *pouvons, pouvez*), *savoir* (flexions 1, 2, 3, 6 *sache, saches, sache, sachent vs* l'indicatif *savent* et flexions 4, 5 *sachions, sachiez vs* les indicatifs *savons, savez*), *faire* (flexions 1, 2, 3, 6 *fasse, fasses, fasse, fassent vs* l'indicatif *font* et flexions 4, 5 *fassions, fassiez vs* les indicatifs *faisons, faites*) ; *aller* (flexions 1, 2, 3, 6 *aille, ailles, aille, aillent vs* l'indicatif *vont* [mais flexions 4, 5 *allions, alliez* et indicatif *allons, allez*]), *valoir* (flexions 1, 2, 3, 6 *vaille, vailles, vaille, vaillent vs* l'indicatif *valent* [mais flexions 4, 5 *valions, valiez* et indicatif *valons, valez*]), *vouloir* (flexions 1, 2, 3, 6 *veuille, veuilles, veuille, veuillent vs* l'indicatif *veulent* [les flexions 4, 5 archaïques *veuill(i)ons*, *veuill(i)ez* supplantées par *voulions, vouliez*, de même radical que l'indicatif *voulons, voulez*]) ; le défectif *falloir* (flexion 3 *faille*).

Quant aux formes composées, il leur suffit d'allier la flexion requise de l'auxiliaire *avoir* ou *être* au participe passé du verbe : *aie/aies/ait/ayons/ayez/aient marché, sois/sois/soit/soyons/soyez/soient sorti(e)/sorti(e)(s)*, etc. (sur la répartition des auxiliaires *avoir* et *être*, *cf.* § 58 ; sur les formes surcomposées, *cf.* § 54 ; sur d'autres auxiliaires que *avoir* ou *être*, *cf.* § 73-74).

Le fil du débat théorique se renoue à ce stade.

LE SUBJONCTIF DANS LE SYSTÈME DES MODES

41 – Une vision grandiose de Gustave Guillaume (1929) fut de projeter les formes de la conjugaison française sur un axe vertical (celui de la *chronogénèse* ou « formation de l'image-temps dans l'esprit ») coupé de trois axes horizontaux (les *chronothèses* du temps *in posse* ou en puissance, du temps *in fieri* ou en cours de réalisation et du temps *in esse* ou parvenu à sa plénitude). Bien sûr, la *psychomécanique du langage* guillaumienne a souvent été soupçonnée de mentalisme. On élimine le reproche en conservant du *temps opératif* (le « temps, très court sans doute, mais non pas infiniment court, et par conséquent réel » de la « pensée en action de langage » [1929 : 8 et note]) l'idée d'une ordination. Le plan des modes français dessine alors un édifice ayant au sommet l'infinitif et les participes, en mezzanine le subjonctif, et au rez-de-chaussée l'indicatif[1].

1 À noter que la terminologie traditionnelle préfigurait cet étagement en parlant d'*infinitif* (le verbe « non fini » ou en ébauche) et de *verbe fini* (appellation de l'indicatif toujours en

Par quoi se distinguent-ils ? D'abord par la personne grammaticale : l'infinitif et les participes sont *impersonnels*, le subjonctif et l'indicatif *personnels*. Ensuite par le temps grammatical, en l'occurrence, comme nous allons le voir, la distinction ou la non-distinction des époques.

42 – La localisation d'un procès dans une époque donnée est tributaire du repère « moi-ici-maintenant » de l'énonciateur ou, d'un mot, de l'actualité (abréviation A) élue par lui indépendamment du présent objectif ou point t_0 des horloges atomiques.

> *Excursus*
> L'actualité est contemporaine de t_0, avec ou sans débordement du procès à gauche et à droite, dans p. ex. *La Terre tourne autour du soleil* ou *Tiens, une heure sonne au clocher !* Elle est antérieure à t_0 dans p. ex. *En 57 avant Jésus-Christ, César entre en Gaule.* Elle est postérieure à t_0 dans p. ex. *Notre histoire se déroule en 2040, l'année de l'apocalypse...*

L'indicatif connaît la division des époques : 1° présent, 2° passé, 3° futur, 4° futur du passé (l'actualité A assortie d'une actualité dépassée A' servant de repère au procès : *cf.* § 73, 3, et voir p. ex. La Fontaine : « Le corbeau, honteux et confus, / Jura, mais un peu tard, qu'on ne l'y *prendrait* plus »).

Le subjonctif ignore pareille division, malgré les dénominations fallacieuses de « subjonctif présent » et de « subjonctif passé », qui n'ont rien de présent (p. ex. *Il faut/fallait/faudra/faudrait que Nicolas chante*) ou de passé (*ait chanté* est au mieux un antérieur de présent, de passé, de futur ou de futur du passé dans *Il faut/fallait/faudra/faudrait que Nicolas ait chanté*). L'infinitif et les participes l'ignorent tout autant (p. ex. *Il faut/fallait/faudra/faudrait chanter/avoir chanté. Nicolas s'en va/allait/ira/irait chantant. Margot a/avait/aura/aurait chanté*)[1].

On aboutit à une organisation des modes panachant la personne (versant positif : mode personnel, versant négatif : mode impersonnel) et l'époque (versant positif : mode actuel, versant négatif : mode inactuel). Pratiquement, trois étages : (1) un mode impersonnel inactuel (infinitif et participe), (2) un mode personnel inactuel (subjonctif), (3) un mode personnel actuel (indicatif) [sur les faux modes *impératif*, *conditionnel* et *gérondif*, se reporter au *Complément didactique*].

---

usage chez les linguistes scandinaves et américains).

1 Pour une nomenclature rénovée des formes verbales qui ne fasse plus intervenir hors de propos les paramètres de « présent » et de « passé », *cf.* § 72 (le tableau).

43 – Le mode impersonnel inactuel compte trois formes simples : p. ex. l'infinitif *marcher* et les participes *marchant, marché*, plus trois formes composées : *avoir marché, ayant marché, eu marché*. Le mode personnel inactuel compte – déduction faite du subjonctif 2 : *cf.* § 39 – six formes simples : p. ex. *marche, marches, marche, marchions, marchiez, marchent*, et six formes composées : *aie marché, aies marché, ait marché, ayons marché, ayez marché, aient marché*. Le mode personnel actuel compte cinq paradigmes de six formes simples : p. ex. le présent *marche, marches, marche, marchons, marchez, marchent*, les passés *marchai, marchas, marcha, marchâmes, marchâtes, marchèrent* et *marchais, marchais, marchait, marchions, marchiez, marchaient*, le futur *marcherai, marcheras, marchera, marcherons, marcherez, marcheront*, le futur du passé *marcherais, marcherais, marcherait, marcherions, marcheriez, marcheraient*, plus cinq paradigmes de six formes composées : *ai marché, eus marché, avais marché, aurai marché, aurais marché*, etc.

Soit (en limitant les formes personnelles à la première personne du singulier, désambiguïsée s'il le faut par la première personne du pluriel) :

Modes	Formes simples	Formes composées
Impersonnel inactuel	marcher	avoir marché
	marchant	ayant marché
	marché	eu marché
Personnel inactuel	marche/marchions	aie marché
Personnel actuel	marche/marchons	ai marché
	marchai	eus marché
	marchais	avais marché
	marcherai	aurai marché
	marcherais	aurais marché

L'architecture semble établie, mais pour quel bénéfice tangible ?

44 – Au vu de la position intermédiaire qu'occupe le subjonctif, mode personnel + inactuel, le projet sera de le démarquer du mode impersonnel en amont et du mode actuel en aval.

Deux applications pédagogiques sont concevables.

- Fournir aux élèves un texte entièrement réalisé en leur confiant la tâche d'éclairer *a posteriori* les choix opérés par l'auteur. L'exercice d'observation nourrie de linguistique concorde avec les objectifs sémantiques et stylistiques du FLM.

– Transcrire à l'infinitif tous les verbes d'un texte et charger les élèves d'y substituer s'il y a lieu une forme acceptable (je ne dis pas « la » forme acceptable ; *cf.* Delbart, 1996 : « *Interdit d'interdire*... Sur quelques abus d'autorité dans les manuels et les grammaires FLE »). L'exercice, plus axé sur la production, entre parfaitement dans l'optique du FLE.

MODE PERSONNEL *VS* MODE IMPERSONNEL

45 – L'effacement de *tu, nous, vous* des impératifs *marche, marchons, marchez*... montre que l'absence de pronom personnel devant un verbe ne garantit pas que ce verbe soit conjugué au mode impersonnel.

N'importe quel pronom personnel placé devant le verbe ne certifie pas non plus un mode personnel, car les pronoms compléments *me, te, se, soi, nous, vous, leur, le, la, les*, les accentués *moi, toi, lui, eux* et les féminins accentuables *elle, elles* s'accommodent d'un infinitif (p. ex. Rostand, *Cyrano de Bergerac*, I, 4 : « Monsieur... Vous *savoir* jeûner... le cœur me fend... ») ou d'un participe (p. ex. *me/te/se/nous/vous... disant* et *soi-disant*).

Ne sont fiables en vue d'éliminer le mode impersonnel que les pronoms sujets clitiques (*i.e.* non accentués), donc *je* (sauf la formule juridique *je soussigné*), *tu, il, ils* et *on*. Des manipulations de contrôle seront requises afin de tester la substituabilité d'un pronom décisif à un pronom de même personne non décisif : *je* à *moi* et *nous* ; *tu* à *toi* et *vous* ; *il, ils* à *lui, eux, elle, elles* ou aux SN singuliers ou pluriels eux aussi de troisième personne ; *on* à la panoplie complète des SN et des pronoms *moi, nous, toi, vous, lui, eux, elle, elles* de première, deuxième ou troisième personne.

MODE INACTUEL *VS* MODE ACTUEL

46 – Nous pénétrons sur le terrain miné de la concurrence du subjonctif et de l'indicatif. Elle a fait couler des flots d'encre. Or la

sélection d'un des deux modes obéit à un principe simple : l'incapacité du subjonctif *vs* la capacité de l'indicatif à isoler les époques.

La voie est toute tracée : quels facteurs vont empêcher la localisation du procès dans le présent, le passé, le futur ou, en une moindre mesure, le futur du passé ?

Excursus
Le futur du passé mêle lui aussi les époques. P. ex. le *prendrait* de « Le corbeau (...) jura, mais un peu tard, qu'on ne l'y *prendrait* plus » (§ 41) balaie une période embrassant à droite de *jura* le passé, le présent et le futur. Mais cette indivision succède à la séparation en présent, passé, futur, tandis qu'au subjonctif elle précède la différenciation. On tient là l'explication historique de la compétition séculaire du subjonctif avec le conditionnel (dont le subjonctif « plus-que-parfait », jadis réputé « conditionnel passé 2e forme », de *Si Nicolas eût chanté, Margot l'eût applaudi* ou *N'eût été Margot, Nicolas aurait chanté* offre un vestige, à joindre aux subjonctifs « imparfaits » résiduels cités p. 68, n. 1) et l'explication synchronique de quelques empiètements populaires du conditionnel sur le subjonctif : **Margot voulait que Nicolas chanterait*, etc. (une façon, dont l'astérisque signale la condamnation normative, de pallier la défaillance du subjonctif 2).

Gougenheim (1938) avait ouvert un chemin prometteur en distinguant les « servitudes grammaticales » des variations sémantico-stylistiques (p. ex. *Margot veut que Nicolas réussisse vs Margot croit que Nicolas réussira* mais *Margot ne croit pas que Nicolas réussira/réussisse*). Si une conviction niée cesse d'en être tout à fait une, la balle passe vite de l'ontologie (la nature des choses) à l'appréhension qu'ont des choses les sujets parlant français. Il s'ensuit des fluctuations individuelles chez les natifs. Les étrangers devraient en bénéficier généreusement.

Dans le cadre de la phrase graphique *i.e.* le mot ou la séquence de mots délimités par une majuscule initiale et – le grammairien s'incline devant la décision du scripteur – par un point final (éventuellement un point d'interrogation, un point d'exclamation ou des points de suspension précédant une majuscule ou terminant la séquence), envisageons successivement les phrases indépendantes (phrases simples et phrases matrices d'une phrase complexe), les phrases dépendantes (les sous-phrases enchâssées dans la matrice d'une phrase complexe, là où le subjonctif, qui doit son étiquette à la « subordination » – latin *subjungere* 'soumettre' –, serait en quelque sorte « chez lui »).

LE SUBJONCTIF EN PHRASE INDÉPENDANTE

47 – Les contextes virtualisants, c'est-à-dire réfractaires à la prise d'*actualité* (*cf.* § 42), donc à la datation précise des évènements, sont essentiellement (1) l'ordre (et ses nuances de suggestion, de prière ou de résignation), (2) le souhait et l'invocation, (3) le rejet (*i.e.* un souhait négatif).

(1) **Ordre** de troisième personne avec *que* initial (p. ex. *Qu'il parte !*) ou sans *que* (dans les expressions clichées : *Sauve qui peut ! Qui m'aime me suive ! Advienne que pourra. Coûte que coûte. Vaille que vaille. Ainsi soit-il...*). À la première ou à la deuxième personne, le subjonctif touche, sans *que* ni pronom *tu, nous, vous*, les verbes *avoir, être, savoir, vouloir* : *aie, ayons, ayez ; sois, soyons, soyez ; sache, sachons, sachez ; veuille, veuillons, veuillez* – quatre verbes difficilement commandables, car ils correspondent à des dispositions innées qui échappent largement au pouvoir de l'incitateur et au libre arbitre de l'interlocuteur (récupéré par la locution *en vouloir* = « montrer de la détermination ou de la rancune » : p. ex. « Et ne m'en *veux* pas si je te tutoie... » [Prévert])[1].

(2) **Souhait et invocation** avec ou sans *que* : p. ex. « Que j'*aie* ce malheur-là seulement encore une quarantaine d'années ! Rira bien qui rira le dernier » (Diderot) ou *Que revienne le temps des colonies ! Dieu vous bénisse ! Plaise au Ciel ! Vive le roi, vive la ligue !* (en instance de figement, ce que montre le singulier possible à p. ex. *Vive les vacances*).

(3) **Rejet** avec *que* : p. ex. « Moi, des tanches ! dit-il, moi, Héron, que je *fasse* / Une si pauvre chère ? Et pour qui me prend-on ? » (La Fontaine, *Fables*, VII, 4) [déjà archaïsant, remplacé sans *que* à date moderne par l'infinitif ou le conditionnel : *Moi, héron, faire/je ferais un si pauvre repas !*][2].

---

1 Une injonction à la première personne du singulier, que l'énonciateur s'adresse donc à lui-même, équivaut à un souhait (p. ex. Rimbaud : « Ô que ma quille *éclate* ! Ô que j'*aille* à la mer ! / Si je désire une eau d'Europe, c'est la flache / Noire et froide... »).

2 Sont à enseigner plutôt dans le lexique : la réticence précieuse, restreinte au verbe *savoir*, *je ne sache pas que...* = « corrigez-moi si je me trompe » (plus rarement *on ne sache pas* et *nous ne sachions pas...*), les incises *que je sache* ou *qu'il m'en souvienne* = « à ma connaissance » (le pronom *que* n'y est pas enchâsseur) et *soit* exprimant sans complément la concession (= « admettons ») ou avec un complément la supposition (p. ex. *Soit un triangle ABC* = « étant donné par hypothèse »), à peine moins grammaticalisés l'un et l'autre que la conjonction alternative *soit... soit* = « ou bien ».

LE SUBJONCTIF EN PHRASE DÉPENDANTE

48 – La nature de pronom ou de conjonction du mot enchâsseur de la sous-phrase mène à envisager successivement (1) les sous-phrases pronominales et (2) les sous-phrases conjonctivales.

Sous-phrase pronominale

49 – Le subjonctif est attendu en langue normée quand le pronom a pour antécédent un superlatif : p. ex. *Julie est la plus charmante fille qu'il m'ait été donné de rencontrer* (un indicatif *a été donné* néanmoins admissible).

Dans les autres circonstances où l'antécédent a un caractère virtuel, du fait qu'il tombe sous le coup d'un vœu (p. ex. *Willy cherche désespérément une secrétaire qui sache le hongrois et le japonais*), d'une radiation du monde par une négation ou une interrogation (p. ex. *Je ne connais aucune berline – et vous-même en connaissez-vous ? – qui atteigne du 300 à l'heure*), voire d'une exception confinant à l'anomalie (p. ex. *Marguerite est la seule/la première/la dernière... qui ait remis sa copie*), le subjonctif est facultatif.

L'éclairage de ces emplois incombe à la première espèce d'exercices évoquée au § 44. Le FLE s'en dispenserait sans dommage.

Sous-phrase conjonctivale

50 – Une division opératoire trie au préalable (1) les sous-phrases à enchâsseur *que* simple, (2) les sous-phrases à enchâsseur composant *que* (*pour que, sans que, avant que...*), ou à enchâsseur simple sémantiquement équivalent à un enchâsseur composé (p. ex. Molière : « Sors vite *que* je ne t'assomme » = "de peur que, avant que" ; Musset : « Ne te montre point *que* je ne t'appelle » = "avant que, à moins que" ; Gide : « *Que* survienne la guerre et il s'engagera » = "pour peu que"), y compris au *si* conditionnel (p. ex. Guillaume : « Si vous le faites et *qu'*il s'ensuive un accident... » [1929 : 50])[1].

1 L'exemple *Si vous le faites et qu'il s'ensuive un accident...* aurait inspiré à Guillaume l'équation fondatrice de la chronogénèse (*cf.* § 41) : *si + indicatif = que + subjonctif*, d'où le linguiste tire que le subjonctif est notionnellement antérieur à l'indicatif comme le *si* « qui suppose » l'est au *que* « qui pose ».

Sous-phrase à enchâsseur simple

51 – Le sens du verbe ou de n'importe quel autre mot recteur tantôt libère et tantôt entrave l'actualisation du procès dépendant. Exemples : *Il est certain que Margot s'en est allée, s'en va ou s'en ira* (le départ est affecté à une époque passée, présente ou future) *vs Il est normal/(im)pensable que Margot s'en aille* (un départ utopique transcende les époques). Contre-épreuve : en attente de verbe recteur, le subjonctif tend à suspendre la décision d'actualiser : *Que Margot s'en soit allée ou s'en aille est une certitude*, etc.

Deux pivots sémantiques fondamentaux se situent à la charnière physique du possible et du probable, pychologique du souhait et de l'espoir.

Possible *vs* probable. Exemples : *Il est possible que Margot vienne* et *Il est probable que Margot viendra.*

Plutôt que d'une frontière étanche, la langue délimite en réalité un SEUIL, vis-à-vis duquel l'utilisateur garde la liberté de manifester :

- dans le secteur du possible, une augmentation des chances aboutissant à décompartimenter les époques présente et future : p. ex. *Il est possible que Margot viendra* = « qu'elle se décide à venir, si elle n'est pas encore en route » ;
- dans le secteur du probable, une diminution des chances ramenant le subjonctif : p. ex. *Il est peu probable que Margot vienne*, ou les négations *Il n'est pas probable/il est improbable que Margot vienne*, ou l'interrogation (balançant entre le vrai et le faux) *Est-il probable que Margot vienne ?*, jusqu'à tempérer grâce au subjonctif un calcul de probabilité des plus favorables : p. ex. *Il y a 100 % de chances que Margot vienne*, ou à brouiller les époques : p. ex. *Le fait que Margot vienne a de quoi réjouir* = « hier, aujourd'hui ou demain ».

Voyez encore le couple *paraître* (pente de la probabilité) et *sembler* (pente de la possibilité) : *Il paraît que Margot est venue/vient/viendra vs Il semble que Margot soit venue/vienne.* La volonté de séparer le futur d'avec le présent peut décider de l'indicatif : *Il semble que Margot vient/viendra…*, et la garantie d'une ou plusieurs personnes étrangères aide à franchir le cap, même au passé : *Il me/leur semble que Margot est venue/vient/viendra.*

Souhait *vs* espoir. Exemples : *Alexandre souhaite que Margot vienne* et *Alexandre espère que Margot viendra*. Seront là encore attestées des régressions de l'espérance au souhait : p. ex. les bémols *Alexandre n'espère plus que Margot vienne* ou *Alexandre espèrerait que Margot vienne.*

Se situent en deçà du SEUIL de démarcation (toujours poreux) :

- la volonté et les avatars de *vouloir* ou *ne pas vouloir* (*admettre, conseiller, convaincre, défendre, demander, désirer, empêcher, envisager, exiger, falloir, implorer, ordonner, prescrire, prier, réclamer, requérir, signifier* = « intimer l'ordre », *suggérer, tolérer*...) ;
- le désir et les avatars de *désirer* ou *ne pas désirer* (*admirer, adorer, aimer, approuver, attendre, comprendre, craindre, démentir, déplorer, détester, douter* [*vs se douter* = « pressentir » + indicatif], *endurer, imaginer, nier, préférer, regretter, s'attendre à, se plaindre, se réjouir* [*vs* le simple ligateur non enchâsseur de p. ex. *Heureusement que Charlotte a réussi* = « Ch. a réussi et c'est heureux »], *supporter, supposer*...

En fin de compte, sphère de la volonté ou du désir, il n'est pas rare que le mot recteur, loin d'engendrer mécaniquement le mode, reçoive de lui une coloration de sens. Comparer :

- *Nicolas dit que Margot s'en aille* = « ordonne » *vs Nicolas dit que Margot s'en va* = « déclare ».
- *Nicolas admet que Margot vienne* = « tolère » *vs Nicolas admet que Margot vient* = « enregistre sa venue ».
- *Rien n'empêche que Nicolas réussisse* = « pas d'obstacle prévisible à sa réussite » *vs Il n'empêche que Nicolas échouera* = « insuccès garanti, personne n'y peut rien ».
- *Il est juste que les profs soient mal payés* = « c'est justice » *vs Il est juste que les profs sont mal payés* = « c'est la vérité » (*apud* Gaatone, 2003 : 64).
- *Je comprends que Margot parte* = « je comprends la raison de son départ » *vs Je comprends que Margot part* = « je m'avise de son départ ».
- *Je suppose que Margot veuille* = « admettons-en l'augure » *vs Je suppose que Margot veut* = « je tiens pour acquis ».
- *Qui a vu que Charlotte ait pleuré ?* = « quelqu'un peut-il témoigner des larmes de Charlotte ? » *vs Qui a vu que Charlotte a pleuré ?* = « quelqu'un a-t-il pris conscience du chagrin de Charlotte ? ».

Sous-phrase à enchâsseur composé

52 – Avec un *que* composé (morphologiquement ou sémantiquement : *cf.* § 50), le sens final, concessif, exclusif, restrictif ou anticipatif du ou des mots adjoints à *que* virtualise le procès dépendant.

- **Le but** : *pour que, afin que, de sorte que* (= « pour que », non la conséquence « tant et si bien que » [+ indicatif])...
- **La concession** : *bien que, quoique* (avec lesquels l'indicatif pointe le bout du nez ; p. ex., sous la plume de Proust : « Peut-être qu'on va m'emmener dans le Midi. Ce que ce serait chic ! Quoique cela me *fera* manquer un arbre de Noël ! »), *tout... que* (à côté de l'indicatif, solidement installé), l'alternative *soit que*. Ne pas oublier la conjonction Ø 'zéro' des concessives à sujet inversé : « *Vienne* la nuit, *sonne* l'heure, les jours s'en vont... » (Apollinaire) [ou résignation comme au § 47, 1 ?], *si intelligente soit-elle*, etc. (les subjonctifs « imparfaits » *fussé-je, dussé-je* – « même si j'étais », « même si je devais » cités p. 68, n. 1)...
- **L'exclusion** : *sans que, faute que, non que* = « ce n'est pas que », *pas si... que* (p. ex. *Willy n'est pas si méchant qu'il faille l'enfermer*)...
- **La restriction** : *pourvu que* ou *pour autant que, si tant est que* (l'indicatif en progrès) et *à condition que* (l'indicatif futur en progrès)...
- **La postériorité** : *avant que* ou *jusqu'à ce que* (mais la proximité de *jusqu'au moment où* bénéficie à l'indicatif futur)...

Inversement, on s'attendrait que la conjonction *après que*, enregistrant les procès secondaires dans l'antériorité des procès primaires, entraîne l'indicatif : p. ex. *Margot s'en ira après que Nicolas aura chanté* (1° la chanson de Nicolas, 2° le départ de Margot). Il en allait bien ainsi en français classique et en français moderne, mais le subjonctif apparaît vers le début du XXe siècle, prend son essor au cours des années '50 et règne aujourd'hui en maître. C'est la norme à enseigner : *Margot s'en ira après que Nicolas ait chanté*, etc.

Excursus
Je devine l'émotion et la réprobation des puristes. Qu'ils veuillent bien considérer toutefois que leur principal argument, celui de la « réalité » du

procès enchâssé, s'effondre si le procès matriciel y échappe lui-même (p. ex. *Est-il imaginable que Margot s'en aille après que Nicolas aura/ait chanté ?* [la chanson de Nicolas et le départ de Margot aussi peu « réels » l'un que l'autre]). Le conditionnel de l'hypothèse devrait en outre essuyer dans cette logique les mêmes critiques que le subjonctif (p. ex. « ...c'était ce que j'attendais, bien résolu de n'obéir qu'après qu'on *aurait* prononcé » [Jean-Jacques Rousseau]). Second argument, tout aussi fallacieux, l'identification du subjonctif au « mode du doute ». Peut-on la soutenir au vu d'exemples tels *Margot est triste que Nicolas ait échoué* (une tristesse causée par un échec avéré) ?
Quelle solution alors ? L'analogie généralement alléguée d'*avant que* aurait pu – et peut-être dû selon la règle non écrite de la facilité – jouer dans la direction opposée : **Margot s'en ira avant que Nicolas aura chanté.* La mutation sémantique de *après que* = « pas avant que », « non sans que », « à condition que » : *Margot s'en ira après que Nicolas ait chanté* = « attendra la fin du tour de chant », etc. encourt une kyrielle de contre-exemples (déjà, la redondance avec *ne... que* : impensable de comprendre *Margot ne s'en ira qu'après que Nicolas ait chanté* = « ne s'en ira que pas avant que »).
Wilmet ([5]2010, § 272) articule une explication en trois paliers.
1° La quasi-obligation d'une forme composée derrière *après que* (p. ex. *Margot s'en ira quand Nicolas chantera vs Margot s'en ira après que Nicolas aura chanté/*chantera*).
2° L'affaiblissement aspectuel du passé composé – lié au déclin du passé simple antagoniste depuis le deuxième tiers du XIXe siècle (*cf.* § 61, 3), à l'époque où le subjonctif commence à se manifester derrière *après que* –, qui le rend partiellement inapte à tenir encore le rôle d'une forme composée (*i.e.* de marquer un au-delà du procès : *cf.* § 74).
3° La commodité que le subjonctif composé retire de son caractère omnitemporel. P. ex. l'unique *ait chanté* de *Margot s'en va/s'en alla/s'en allait/s'en ira/s'en irait après que Nicolas ait chanté*, marquant l'antériorité au présent *s'en va*, aux passés *s'en alla* et *s'en allait*, au futur *s'en ira*, au futur du passé *s'en irait*, remplace les cinq indicatifs composés *a chanté, eut chanté, avait chanté, aura chanté, aurait chanté* et, pour peu que le procès postérieur s'exprime lui-même sous une forme composée *s'en est allé, s'en fut allé, s'en était allé, s'en sera allé, s'en serait allé*, les cinq indicatifs surcomposés *a eu chanté, eut eu chanté, avait eu chanté, aura eu chanté, aurait eu chanté.*
La langue secrèterait-elle ses remèdes à la barbe des prétendus docteurs ?

Nous voilà à pied d'œuvre pour le volet de grammaire instructionnelle.

RÉCAPITULATION

53 – L'itinéraire qui a paru le plus commode épouse, de la phrase complexe à la phrase simple, l'ordre de l'analyse de phrase. En tout, onze points, un pour la première démarcation (*cf.* § 45), dix pour la seconde (*cf.* § 46 sv.).

1. Le verbe à conjuguer est-il au contact d'un pronom autre que *je, tu, il, ils, on* qui ne soit pas commutable par *je, tu, il, ils, on*, ou d'un SN non commutable (même après adaptation du genre) par *il, ils, on* ?
   Si oui, adopter le mode impersonnel.
   Si non, continuer.
2. Le verbe à conjuguer est-il ailleurs que dans une sous-phrase enchâssée ?
   Si oui, passer au 8.
   Si non, continuer.
3. La sous-phrase enchâssée est-elle autre que pronominale ?
   Si oui, passer au 5.
   Si non, continuer.
4. Le pronom enchâsseur a-t-il un antécédent superlatif ? (*cf.* § 49)
   Si oui, adopter le subjonctif.
   Si non, adopter l'indicatif.
5. La conjonction enchâsseuse est-elle le simple *que* (non sémantiquement équivalent à un enchâsseur composé) ?
   Si oui, passer au 7.
   Si non, continuer.
6. La conjonction enchâsseuse composée *x* + *que* est-elle virtualisante ? (*cf.* § 52)
   Si oui, adopter le subjonctif.
   Si non, adopter l'indicatif.
7. Le mot recteur de la sous-phrase enchâssée par *que* est-il virtualisant ? (*cf.* § 51)
   Si oui, adopter le subjonctif.
   Si non, adopter l'indicatif.
8. Le verbe traduit-il un ordre ? (*cf.* § 47, 1)
   Si oui, passer au 10.
   Si non, continuer.

9. Le verbe traduit-il un souhait, une invocation ou un rejet ? (*cf.* § 47, 2 et 3)
   Si oui, adopter le subjonctif.
   Si non, adopter l'indicatif.
10. L'ordre est-il de troisième personne ?
   Si oui, adopter le subjonctif.
   Si non, continuer.
11. L'ordre de deuxième personne (du singulier ou du pluriel) ou de première personne du pluriel porte-t-il sur un verbe *avoir, être, savoir, vouloir* ?
   Si oui, adopter le subjonctif.
   Si non, adopter l'indicatif.

COMPLÉMENT DIDACTIQUE

Le chapitre 3 illustre au mieux la façon dont le FLE cherche pour ses fins à lui une rationalisation et une simplification non rudimentaire, susceptibles en un second temps de rejaillir avantageusement sur le FLM.

N'insistons plus sur le maniement économique du protocole instructionnel. Un exemple suffira.

> **Comment exprimer dans une phrase indépendante un ordre à la deuxième personne du singulier ou du pluriel ?** Consigne 1 (pas question ici de mode impersonnel) → consigne 2 (le verbe se trouve ailleurs que dans une sous-phrase) → consigne 8 (le verbe traduit un ordre) → consigne 10 (l'ordre n'est pas de troisième personne) → consigne 11 (utiliser l'indicatif pour peu qu'on n'ait pas affaire à un des verbes *avoir, être, savoir, vouloir*, qui demandent le subjonctif).

Le point névralgique était au départ la notion de « mode ». La *Grammaire méthodique du français* de Riegel, Pellat et Rioul donne des modes – et non *du* mode – une définition minimaliste : « Les modes constituent des cadres de classement qui regroupent chacun un certain nombre de formes verbales » ([4]2009 : 510). Brûlant leurs vaisseaux, les auteurs ajoutent, d'ailleurs à raison, que « la définition traditionnelle des modes s'appuie sur la notion de modalité » mais que « l'identification des modes aux modalités ne permet pas de caractériser chacun d'eux par des propriétés vraiment distinctives » (*ibid.*, 511).

On pouvait s'y attendre, Grevisse adopte la « définition traditionnelle » : « Les modes expriment l'attitude prise par le sujet à l'égard de l'énoncé ; ce sont les diverses *manières* dont ce sujet conçoit et présente l'action selon qu'elle fait l'objet d'un énoncé pur et simple ou qu'elle est accompagnée d'une interprétation » (¹¹1980, § 612). Le § 614 précise en corrigeant : « Abusivement, on appelle aussi *modes*, l'*infinitif* (...), le *participe* et le *gérondif*, qui n'expriment par eux-mêmes aucune modalité de l'action... », et Goosse, le successeur de Grevisse, entérine : « On subdivise [les modes personnels] d'après la nature de la communication et l'attitude du locuteur à l'égard de ce qu'il énonce » (¹⁵2011, § 768, a).

Où gît le lièvre ? Beaucoup de commentateurs sont tombés à l'instar des précédents dans le piège étymologique du latin *modus* 'manière ' (relire ci-dessus le § 612 de Grevisse). Ils assimilent le *mode* et la *modalité* (le § 614 de Grevisse le prouve), d'autant que les deux paronymes se partagent l'adjectif *modal* de par exemple la *sémantique modale* = « des modes » et la *logique modale* = « des modalités ».

Procédons par ordre : (1) *modalité*, (2) *mode*.

(1) En logique, la modalité désigne la valeur de vérité qui s'attache à une proposition *p* quelconque, nécessaire, possible ou impossible (non-*p* impossible, possible ou nécessaire). La langue trouve à l'exprimer de multiples façons.

- Par le type d'énonciation, entendez l'ancrage personnel (« qui est énonciateur ? »), temporel (« où l'énonciateur fixe-t-il l'énonciation ? ») et, en la circonstance, modal (« comment l'énonciateur énonce-t-il ? ») d'un énoncé dans une situation de communication[1].

  Comparez les trois phrases 1° *Nicolas chante.* 2° *Nicolas, chante !* 3° *Nicolas chante-t-il ?* La première est assertive. Elle déclare vrai l'énoncé « Nicolas chante » (qu'il le soit ou non, que l'énonciateur mente ou se trompe...). La deuxième est injonctive. Elle laisse la vérité ou la fausseté de l'énoncé à la docilité de l'interpellé (qui chantera ou ne chantera pas). La troisième est interrogative. Elle ne se prononce pas sur la vérité – réponse

1 *Énoncé* est le correspondant en grammaire de *proposition* en logique (le terme *proposition* – « proposition indépendante », « proposition principale », « proposition subordonnée » – versé à l'« analyse logique » des phrases).

Oui = « Nicolas chante » – ou sur la fausseté – réponse *Non* = « Nicolas ne chante pas » – de l'énoncé (interrogation rhétorique à part, que signale et oriente l'intonation : *Nicolas chante-t-il ?* = « vous voyez bien que Nicolas chante » ou « vous voyez bien que Nicolas ne chante pas » : *cf.* § 88, *excursus*).

- Par des incises : *dit-elle, c'est évident, n'est-ce pas ?* ou *on le présume* (p. ex. « La cane / De Jeanne / Est morte d'avoir fait, / Du moins *on le présume*, / Un rhume / Mauvais » [Brassens])...
- Par des adverbes dits « modaux » : *assurément, certes, probablement*..., et des compléments de sens similaire : *à coup sûr, sans doute, selon toute probabilité*...
- Par les auxiliaires dits « de mode » *devoir, vouloir, pouvoir, savoir, falloir* (p. ex. *Nicolas doit/veut/peut/sait chanter* ou *Il faut que Nicolas chante* [mais le fera-t-il ?]), le « factitif » *faire* et le « permissif » *laisser* (garants d'une certaine réussite : p. ex. *Margot fait/laisse chanter Nicolas*...).
- Par la personne grammaticale : la personne 1 de p. ex. *Je suis heureuse* offre plus de sécurité que la personne 2 de *Tu es heureuse* (un diagnostic sujet à caution) et les personnes 1 et 2 présentes (la personne 2 « à qui l'on parle » présupposant la personne 1 « qui parle ») plus de sécurité que la personne 3 absente de *Elle est heureuse* (une pure spéculation).
- Par l'époque du procès : les chances de vérité diminuent graduellement en passant du présent *Nicolas chante* (l'énoncé est vérifiable ou falsifiable séance tenante) au passé *Nicolas chantait* (la mémoire risque de tromper), au futur *Nicolas chantera* (un pari sur l'avenir) et au futur du passé *Nicolas chanterait* (cumulant les incertitudes du futur et du passé à partir duquel l'énoncé est pronostiqué).

Les deux dernières modalités interviennent toujours dans la conjugaison des verbes. Ce sont finalement les variables de la personne et de l'époque qui découpent à l'intérieur de l'ensemble des modalités le secteur propre du mode.

(2) Les grammaires répertorient de cinq à sept modes. Un premier clivage oppose trois ou quatre modes personnels (1° indicatif, 2° subjonctif, 3° impératif, parfois 4° conditionnel) et deux ou trois modes

impersonnels (1° infinitif, 2° participe, parfois 3° gérondif)[1]. L'occasion est bonne – profitons de la liberté qu'octroie le FLE – d'exercer sur eux le rasoir d'Occam « qui coupe tout ce qui dépasse ».

Sont éliminables de la grille des modes (mais évidemment récupérables à d'autres niveaux de travail) : (a) l'impératif, (b) le conditionnel, (c) le gérondif.

(a) Les impératifs *marche, marchons, marchez…* se bornent à effacer en présence des destinataires les pronoms personnels sujets *tu, nous, vous*, maintenus en l'absence de destinataire à la troisième personne du singulier ou du pluriel : *qu'il(s)/elle(s) chante(nt) !* Les flexions 2, 4, 5 empruntent les formes de l'indicatif : *finis, finissons, finissez ; prends, prenons, prenez…* ou, pour quatre verbes (*cf.* § 47, 1), celles du subjonctif : *aie, ayons, ayez ; sois, soyons, soyez ; veuille, veuillons, veuillez ; sache* et les hybrides *sachons, sachez* (accolant au radical *sach-* du subjonctif les désinences *-ons, -ez* de l'indicatif présent : *cf.* § 40). La seule différence est de l'ordre de l'écrit : l'absence de la finale *-s* à la deuxième personne du singulier des verbes du premier groupe (verbes en *-er*) et de quelques verbes des deuxième et troisième groupes terminés par une voyelle « muette » : *marche, va, cueille, offre…* et *aie, veuille, sache* ci-dessus[2]. Une préoccupation normative mineure a prévalu sur la cohérence grammaticale alors que la consigne orthographique n'aurait rien perdu à stipuler que l'effacement du pronom *tu* se double dans les cas mentionnés de la disparition du *-s*.

Au fond, l'enrôlement en tant que mode d'un paradigme privé d'autonomie formelle s'explique par la contamination de la modalité injonctive (*Nicolas, chante !* = « il faut que tu chantes », « tu devrais chanter », « tu chanteras si tu m'en crois », etc.) et la classe de français envisagerait plus utilement l'impératif au chapitre de l'injonction (ordre, invitation, prière, suggestion ou insinuation) : *Va-t'en ! Qu'il s'en aille ! Dehors ! Ouste ! Auriez-vous l'obligeance de sortir ? La porte est ouverte…*

(b) Les conditionnels *marcherais, marcherais, marcherait, marcherions, marcheriez, marcheraient* soudent les désinences *-ais, -ais, -ait, -ions, -iez, -aient* de l'imparfait *marchais, marchais, marchait, marchions, marchiez,*

1 Un abus assez fréquent des grammaires est de limiter la conjugaison aux modes personnels (voir p. ex. Grevisse-Goosse, [15]2011, § 768, a : « Les modes **personnels** ou *conjugués…* »).

2 Absence ou chute de la finale, car le *-s*, supprimé par les étymologistes de la Renaissance (d'après l'impératif latin p. ex. *ambula* 'marche' *vs* l'indicatif latin *ambulas* 'tu marches'), refait surface dans les liaisons : *vas-y, cueilles-en…*

marchaient à l'infixe *-r-* du futur *marcherai, marcheras, marchera, marcherons, marcherez, marcheront.* Ces formes relèvent si visiblement du mode indicatif qu'on se demande pourquoi il a fallu des siècles avant que l'école, cédant à l'avis majoritaire des linguistes, les y intègre, bien qu'à contre-cœur, du bout des lèvres et en conservant l'étiquetage modal. Une réticence dont témoigne éloquemment l'édition 2006 du *Bescherelle* (§ 100) :

> Le conditionnel, longtemps considéré comme un mode spécifique, est aujourd'hui rattaché à l'indicatif, pour des raisons de forme et de sens. REMARQUE : [Nos] tableaux de conjugaison placent le conditionnel du côté de l'indicatif, mais, pour des raisons de tradition, lui conservent son nom et l'isolent de l'indicatif.

La responsabilité incombe à nouveau à la modalité, ici le mélange de temps futur et de temps passé qui porte au degré maximum l'incertitude du procès.

(3) Le gérondif *en marchant* est le participe *marchant* précédé de la préposition *en*, qui l'habilite à la fonction de complément circonstanciel (p. ex. *siffler en travaillant* = « pendant le travail ») mais n'a pas conduit parallèlement à dissocier de l'infinitif *marcher* le tour prépositionnel avec *de* dans p. ex. *le plaisir de marcher* (où la grammaire latine voyait… un *gerondivum* 'gérondif' : *ars amandi* 'l'art d'aimer').

L'impératif, le conditionnel et le gérondif écartés, quatre modes surnagent : 1° indicatif, 2° subjonctif, 3° infinitif, 4° participe. Et à peine trois modes si l'on réunit l'infinitif et le participe dans 1° un mode impersonnel *vs* les deux modes personnels que sont 2° le subjonctif et 3° l'indicatif, mais le trio demeure boiteux aussi longtemps que n'entre pas en jeu, après la personne, l'autre facteur de modalité positivement ou négativement inhérent au verbe : l'époque. On rallie le tableau du § 43.

En résumé, nous aimerions faire mentir à la faveur du FLE le scepticisme un brin désabusé de Jean-Claude Chevalier : « …l'auteur d'une grammaire doit compter avec les forces d'inertie des pédagogues, qui sont considérables. On ne peut introduire du neuf qu'en sauvegardant les apparences ; mais il arrive que les apparences sauvegardées étouffent le neuf » (1968 : 647).

BIBLIOGRAPHIE SÉLECTIVE

AUSTIN, John, *Quand dire c'est faire*, Paris, Seuil, 1970.

BRUNOT, Ferdinand, *La pensée et la langue*, Paris, Masson, 1922, [3]1953.

CHEVALIER, Jean-Claude, *Histoire de la syntaxe. Naissance de la notion de complément dans la grammaire française de 1530 à 1750*, Genève, Droz, 1968.

CUQ, Jean-Pierre, GRUCA, Isabelle, *Cours de didactique du français langue étrangère et seconde*, Grenoble, PUG, 2006.

DELBART, Anne-Rosine, « *Interdit d'interdire*. Sur quelques abus d'autorité dans les manuels et les grammaires FLE », dans *Le Langage et l'Homme*, 31, 1996, p. 303-311.

GAATONE, David, « La nature plurielle du subjonctif français », dans *La syntaxe raisonnée* (P. Hadermann, A. Van Slijcke & M. Berré éd.), Bruxelles, De Boeck, 2003, p. 57-78.

GOUGENHEIM, Georges, *Système grammatical de la langue française*, Paris, d'Artrey, 1938.

GREVISSE, Maurice, *Le bon usage. Grammaire française avec des Remarques sur la langue française d'aujourd'hui*, Gembloux, Duculot, [11]1980.

GREVISSE, Maurice, GOOSSE, André, *Le bon usage*, Bruxelles, De Boeck, [15]2011.

GUILLAUME, Gustave, *Temps et verbe*, Paris, Champion, 1929.

MOIGNET, Georges, *Essai sur le mode subjonctif en latin posclassique et en ancien français*, Paris, P.U.F., 1959.

NORDHAL, Helge, « Le mode le plus fascinant qui soit », dans *Revue Romane*, 5, 1970, p. 106-119.

PAVEAU, Marie-Anne, « Les sirènes folkloriques de la nostalgie académique : les chevaliers du subjonctif et autres sauveurs de l'enseignement en détresse », dans *Le Français Aujourd'hui*, 149, 2005, p. 117-124.

RIEGEL, Martin, PELLAT, Jean-Christophe, RIOUL, René, *Grammaire méthodique du français*, Paris, P.U.F., [2]2009.

SOUTET, Olivier, *Le subjonctif en français*, Paris, Ophrys, 2000.

WILMET, Marc, *Grammaire critique du français*, Bruxelles-Paris, Duculot, [5]2010 (§ 215-232).

LA CONCURRENCE DU PASSÉ SIMPLE ET DU PASSÉ COMPOSÉ

INTRODUCTION

54 – Les grammairiens étrangers reviennent périodiquement, comme aimantés, explorer les ressources du verbe français en matière de *temps passé*[1]. Le vocable *temps* pratiquant le fâcheux amalgame du temps physique et du temps de conjugaison que dissocient les paires *Zeit* et *Tempus* en allemand, *time* et *tense* en anglais, parlons prudemment de formes verbales (les « tiroirs » de Damourette et Pichon : voir la citation au § 55) qui ont des accointances avec l'expression du passé. Elles sont six, au bas mot.

- D'abord deux séries de formes simples, communément désignées « passé simple » (en abrégé PS) et « imparfait » (en abrégé IMP) [les abréviations permettent de retarder la discussion terminologique : *cf.* § 72].
- Puis une forme composée ayant pour pendant simple le « présent » (en abrégé PRES) et pourtant nommée « *passé* composé » (en abrégé PC – sigle également approprié au morphologiquement préférable « *présent* composé »). Ajoutez le PRES lui-même, dit alors « présent historique » ou « présent narratif » (*cf.* l'*excursus* au § 76).
- Le PS et l'IMP pourvus en outre de composés : « passé antérieur » (en abrégé PA), « plus-que-parfait » (en abrégé PQP),

1 Premières ébauches dans « *Ainsi que des bossus tous deux nous rigolâmes.* L'emploi du passé simple dans les chansons de Georges Brassens », in *Revue de Linguistique Romane*, 61 (1996), 485-512, et « Le verbe français à l'oral et à l'écrit », in *Actes du XXI*[e] *Congrès de Linguistique et Philologie Romanes*, IV (Tübingen, Niemeyer, 1998), 91-100.

et le PC nanti d'un surcomposé : « passé – ou *présent* – surcomposé » (en abrégé PSC), la seule surcomposition vraiment usitée, quoique ignorée des manuels de FLE… ou de FLM à l'égal de l'assez rare « plus-que-parfait surcomposé » ou du rarissime « passé antérieur surcomposé ». L'édition 2006 du *Bescherelle* ne reprend pas les formes surcomposées au tableau des conjugaisons, mais le § 154 spécifie que le « passé surcomposé sert surtout, dans l'usage contemporain, à marquer l'antériorité par rapport à un passé composé » et qu'on « rencontre parfois le plus-que-parfait surcomposé ».

En résumé (verbe *marcher* à auxiliaire *avoir*, verbe *sortir* à auxiliaire *être* et le participe *sorti* laissé au masculin) :

	PS	IMP	PC	PA	PQP	PSC
1	marchai sortis	marchais sortais	ai marché suis sorti	eus marché fus sorti	avais marché étais sorti	ai eu marché ai été sorti[1]
2	marchas sortis	marchais sortais	as marché es sorti	eus marché fus sorti	avais marché étais sorti	as eu marché as été sorti
3	marcha sortit	marchait sortait	a marché est sorti	eut marché fut sorti	avait marché était sorti	a eu marché a été sorti
4	marchâmes sortîmes	marchions sortions	avons marché sommes sortis	eûmes marché fûmes sortis	avions marché étions sortis	avons eu marché avons été sortis
5	marchâtes sortîtes	marchiez sortiez	avez marché êtes sortis	eûtes marché fûtes sortis	aviez marché étiez sortis	avez eu marché avez été sortis
6	marchèrent sortirent	marchaient sortaient	ont marché sont sortis	eurent marché furent sortis	avaient marché étaient sortis	ont eu marché ont été sortis

1 En Suisse romande, une deuxième forme de PSC aligne l'auxiliaire de composition sur le PP *eu* des verbes à auxiliaire *avoir* et délègue la surcomposition à l'auxiliaire *être* : *suis eu sorti, es eu sorti, est eu sorti, sommes eu sortis, êtes eu sortis, sont eu sortis.*

55 – Le PS reste parmi tous un butoir. Concurrencé sur sa gauche par l'IMP, sur sa droite par le PC (on verra au § 78 qu'il ne s'agit pas d'une façon de parler), régulièrement voué à une extinction prochaine, il alimente des débats plus émotifs que grammaticaux entre des conservateurs et des progressistes.

Du premier parti – qui s'en étonnera ? –, Damourette et Pichon : « Nous souhaitons [que les linguistes s'empêchent] de parler à la légère de la disparition et de la mort d'un tiroir qui appartient encore pleinement au français d'aujourd'hui » (1936, V, § 1819). Du second parti, Gougenheim, Rivenc, Michéa, Sauvageot : « [La Commission du français fondamental] juge inutile de faire enseigner le passé simple et le passé antérieur » (²1964 : 220). Au centre, Mauger table sur un frémissement médiatique : « Le passé simple a repris une vigueur nouvelle (à la troisième personne) dans cette langue particulière qui est celle des journaux et de la radio. On peut affirmer que la connaissance du passé simple est toujours nécessaire à qui veut entendre le français quotidien » (1968 : 242). La *Grammaire vivante du français* de Callamand recommande aussi de « bien connaître les formes du passé simple et le fonctionnement de ce temps par rapport au passé composé », car il reste courant « dans la littérature moderne et apparaît assez fréquemment dans les journaux » (1987 : 136). La *Grammaire du français contemporain* de la Hongroise Kelemen (1989), les *French Grammar Explained* de Nott (1998) et *Advanced French Grammar* de L'Huillier (1999) ne se résolvent pas davantage à précipiter l'acte de décès.

Rien de bien neuf au fond depuis la *Grammaire de l'Académie française* (1932 : 170) : « L'emploi de ce temps semble avoir été définitivement abandonné par la langue parlée. Elle le remplace par le passé composé. Mais il est regrettable que certains auteurs de notre temps négligent cette forme classique, qui établit une distinction utile entre deux sortes de passés. »

« Distinction utile », peut-être, mais laquelle ? Avant d'en décider, une brève plongée dans l'histoire s'avère indispensable.

COUP D'ŒIL HISTORIQUE

56 – L'indicatif latin distribuait les trois époques : 1° *praesens* 'présent', 2° *praeteritum* 'passé', 3° *futurum* 'futur', sur deux radicaux : 1° *infectum*, 2° *perfectum*, c'est-à-dire que la langue opposait dans le temps présent, le temps passé ou le temps futur, des procès non arrivés à leur terme (*infectum* = ± « imparfait », « inaccompli » ou « inachevé ») et des procès parvenus à leur terme (*perfectum* = ± « parfait », « accompli » ou « achevé »)[1].

Prenons le cas du verbe *videre* 'voir', dont les radicaux de l'*infectum* et du *perfectum* sont respectivement *vide–* et *vid–*[2].

	Infectum	Perfectum
Praesens	**vide**–o 'je vois'	**vid**–i 'j'ai vu'
Praeteritum	**vide**–bam 'je voyais'	**vid**–eram 'j'avais vu'
Futurum	**vide**–bo 'je verrai'	**vid**–ero 'j'aurai vu'

Étymologiquement, le PS *vis* provient du *praesens perfectum* 'présent achevé' *vidi*. Sémantiquement, c'est autre chose. Quand Jules César consigne après la bataille de Zéla sa formule laconique *Veni, Vidi, Vici*, il n'entend pas exprimer trois résultats présents d'actions passées (*veni* = « je suis là », *vidi* = « je suis témoin oculaire », *vici* = « je suis vainqueur ») mais traduire en effection le déplacement : *veni* = « je suis allé, j'y ai été », la prise de conscience : *vidi* = « j'ai apprécié d'un coup d'œil la situation », la victoire au combat : *vici* = « j'ai écrasé l'ennemi ». *Vidi* et ses congénères basculent dans la première colonne du tableau à côté du *praeteritum infectum* 'passé inachevé' *videbam*. Le bas latin remplira la case de plus en plus inoccupée de la deuxième colonne au moyen d'une formation analytique *habeo visum* (littéralement, *habeo* 'j'ai' + *visum* 'vu'), à la source du PC français.

Les acteurs de la pièce sont en place. Le PC moderne *ai vu* a-t-il conservé, partiellement perdu ou totalement abdiqué la valeur de *habeo*

1 Le mérite de la systématisation appartient à Varron (116-27). Au VIe siècle, Priscien remplace *infectum* par *imperfectum*, une dénomination promise à l'avenir que l'on sait en grammaire française.

2 L'exemple n'est pas pris au hasard, car le Tchèque Bahoslav désigne au XVIe siècle du nom de *vid* 'apparence' ce que les grammairiens allemands du XIXe siècle baptiseront *Aspekt*.

visum ? Serait-il à son tour en passe de devenir ou d'ores et déjà devenu un synonyme de *vidi* 'vis' ?

La réponse est négative, mais procédons par étapes en visitant « *the two extreme ends of a continuum* » (Waugh, 1987 : 25), (1) le PC à sens de présent achevé, (2) le PC à sens d'antérieur de présent.

PC À SENS DE PRÉSENT ACHEVÉ

57 – Le PC à sens de présent achevé ne donne lieu à aucune rivalité avec le PS. La condition nécessaire et suffisante est que la forme verbale reçoive l'accent sémantique sur l'auxiliaire conjugué au PRES et non sur l'auxilié conjugué au participe passé (en abrégé PP). Comparer p. ex. *Nestor est mort depuis trois jours* = « nous sommes trois jours après son décès » (accentuation de *est*) et *Nestor est mort il y a trois jours* = « son décès date de trois jours » (accentuation de *mort*), les deux acceptions superposées dans *Il y a trois jours que Nestor est mort* (= « depuis trois jours » ou « il y a trois jours »). La coexistence du futur et du futur du passé en sous-phrase fournirait si nécessaire la preuve expérimentale : *Julie a déclaré que Jules viendra* (le futur se rapporte à l'auxiliaire *a*) et *Julie a déclaré que Jules viendrait* (le futur du passé se rapporte au PP *déclaré*), etc.

58 L'environnement le plus propice au présent achevé est celui de la soixantaine de verbes prenant obligatoirement ou facultativement l'auxiliaire *être* à la voix active, verbes qui, en l'absence d'indication temporelle contraire, notifient spontanément un aboutissement : *Nestor est mort/trépassé* = « feu Nestor ».

Les verbes à auxiliaire *être* obligatoire sont (nonobstant de nombreuses infractions populaires : la comptine « J'*ai descendu* dans mon jardin / Pour y cueillir du romarin », ou vulgaires : **Marguerite a sorti/a tombé*, etc.) :

> *Advenir, devenir, redevenir, intervenir, parvenir, provenir, survenir, arriver, décéder, mourir, naître, renaître, partir, repartir* et son synonyme *retourner, rester, venir,* les deux défectifs *échoir* (PP *échu* 'arrivé à échéance'), *issir* (PP *issu* 'sorti') et, pourvu qu'ils se construisent sans complément du verbe, *descendre* (p. ex. *Thomas est descendu vs Thomas a descendu la poubelle*), *redescendre, entrer, rentrer, sortir, ressortir, tomber, retomber.* Exceptions : *aller* (réservant le sens de présent accompli à *s'en aller* : p. ex.

Charlotte est allée = « a fait l'excursion, le voyage, etc. » *vs Charlotte s'en est allée* = « n'est plus là ») et *venir* (un sujet animé compliquant le sens de présent achevé : p. ex. *Charlotte est venue* = « Ch. a été ici puis est repartie », plus difficilement « Ch. est là », *vs Le temps est venu* = « c'est le moment »).

Les verbes à auxiliaire *être* facultatif sont (liste non exhaustive et sujette à des appréciations individuelles mais – une aubaine en classe de FLE – l'auxiliaire *avoir* toujours acceptable) :

Aboutir, alunir, amerrir, atterrir, choir, convenir, disconvenir, courir, accourir, crever (au sens de « mourir »), *croître, décroître, débarquer, débouler, décamper, dégénérer, demeurer, échapper, éclore, filer* au sens de « fuir » (et *fiche/foutre le camp*), *grimper, monter* (voir un *eût monté* chez Rostand au § 88, *excursus*), *remonter, paraître, apparaître, réapparaître, disparaître, passer* (au sens de « mourir »), *trépasser, pénétrer, périr, ressusciter, résulter, sauter, subsister...*

59 – Les verbes conjugués avec l'auxiliaire *avoir* ne se prêtent au présent achevé que moyennant des conditions spéciales : cotextuelles ou contextuelles (sur la différence du cotexte et du contexte, *cf.* § 9 et § 31).

- La mise en simultanéité du PC avec un PRES ou l'amarrage de la forme verbale au présent de l'énonciation par un complément circonstanciel. Exemples littéraires (*apud* Wilmet, ^{5}2010, § 252) :

« Il me semble que j'*ai dîné* quand je le vois » (Molière) [= "sa vue me coupe l'appétit"]. « Dès qu'il *a bu* un verre de trop, il est bon à tuer » (Romains) [= "quand il est ivre"]. « Cécile *a visité*, maintenant, toutes les nations de la terre » (Duhamel) [= "est à l'heure où je vous parle rentrée d'un tour du monde"][1].

- L'ouverture d'une phase qui gomme le procès passé au bénéfice d'une séquelle interprétable : *Margot a couru* = « M. est essoufflée », ou le roi Dagobert de la chanson, qui « *a mis* sa culotte à l'envers » et s'attire la réplique « Votre Majesté *est* mal culottée », etc. À fortiori si la conséquence se répète : *Hadrien a tous les midis avalé son repas en cinq minutes* = « H. est libre après cinq minutes de déjeuner quotidiennes », etc.

1 À plus forte raison l'auxiliaire PRES à sens de futur (*cf.* § 82, *excursus*) interdira-t-il toute idée de concurrence avec le PS : *J'ai fini dans une petite heure*, etc. = « j'aurai bientôt fini », « je vais avoir fini »...

PC À SENS D'ANTÉRIEUR DE PRÉSENT

60 – Pourquoi « antérieur de présent » et non pas simplement « passé » ? Un croquis vaudra les plus longues explications.

Soit donc la ligne du temps cosmique dite « flèche du temps », en expansion continue depuis le *big bang* originel, orientée de gauche à droite dans le sens de notre écriture, dédoublée pour la lisibilité du schéma en une demi-droite supérieure recevant l'actualité A (*cf.* § 42) et une demi-droite inférieure recevant un procès présent B à hauteur de A et un procès passé C antérieur à A (les procès B et C de longueur variable mais idéalisables par un point, géométrique ou épais).

Excursus
La question de l'orientation du temps a fait l'objet de désaccords entre les physiciens, les philosophes et les linguistes. C'est qu'à l'échelle humaine la fuite du temps convertit aussi, éternellement, de droite à gauche, l'avenir (= « à venir ») en passé. Observons quand même que la langue naturelle prévoit qu'on se « tourne » vers le futur et qu'on se « retourne » vers le passé, qu'on « avance » ou qu'on « retarde » sa montre, etc.

Le tracé du PS est A ⇒ C. Le tracé théorique du PC est A ⇒ B → C.

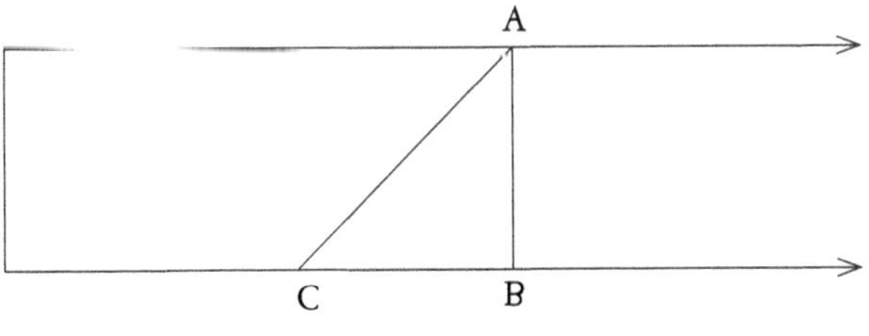

FIG. 3 – Tracés du PS et du PC.

Métaphoriquement parlant, le PC lance un pont entre l'actualité et le passé. Le PS, lui, saute un fossé. Aussi longtemps que le point B demeure sensible au sein du PC, il ne pourra y avoir de vraie synonymie avec le PS.

Comment mesurer la rémanence du point B ?

Le danger auquel n'ont pas échappé de nombreux commentateurs est celui des raisonnements impressionnistes et/ou circulaires.

- Exemple d'impressionnisme : le passé laisserait dans le présent des traces physiques ou mémorielles variant au gré des circonstances et de la sensibilité de chacun (les rôles *tangency to now* et *current relevance* de Canavan, 1990 : p. ex. *Arthur s'est cassé la jambe* = « a la jambe plâtrée » ou « conserve de l'accident une claudication » ou « garde de sa mésaventure un souvenir cuisant »).
- Exemple de circularité : l'énonciateur choisit souverainement une forme verbale PC ou PS en fonction de sa volonté de marquer ou non l'attache du passé au présent et le choix de la forme verbale serait révélatrice de cette décision.

61 – Le cotexte permet d'obvier à ce genre de subjectivité. Étudiant le moyen français, le français préclassique et le français classique, Wilmet (1970), Martin (1971), Galet (1977), Fournier (1998) ont mis en évidence, dénombrements et calculs statistiques à l'appui, trois indices objectifs.

(1) Les circonstants de type *hier, avant-hier* ou *il y a x jours (mois, années...)*, qui présupposent le « maintenant » (*hier* = « 24 heures avant aujourd'hui », etc.), entraînent moitié moins de PS que de PC, tandis que les circonstants de type *la veille, le lendemain, l'avant-veille, le surlendemain* ou *x jours (mois, années... auparavant*), qui adoptent un autre repère que le « maintenant » (*la veille* = « 24 heures avant alors », etc.), amènent six ou sept fois plus de PS que de PC. Klum (1960) retrouve dans un corpus de journaux et d'hebdomadaires contemporains une image amplifiée du phénomène en ce qui touche le PC : 196 PC *vs* 4 PS avec des complémentations du premier type (98 % de PC), et une image légèrement estompée mais claire en ce qui touche le PS : 279 PS *vs* 90 PC avec des complémentations du second type (76 % de PS).

Bref, l'expansion indubitable du PC s'accompagne d'une solide résistance du PS.

(2) Les adverbes duratifs ou itératifs tels *depuis, souvent* ou *toujours*, étendant en direction du présent l'évènement passé, entraînent le PC dans la proportion de 6 contre 1. La négation, coupant du présent l'évènement passé, multiplie au contraire les PS. Henri Estienne, le grand

grammairien-lexicographe du XVIe siècle, l'avait finement remarqué : « ...nous disons ordinairement : *je lui ai fait souventesfois plaisir*, et non pas *je lui fis souventesfois plaisir*. Et toutefois, en la négative, nous usons de tous les deux : *je ne lui ai jamais fait plaisir, je ne lui fis jamais plaisir*. Mais, tout bien considéré, il se trouvera qu'en l'affirmative, ce premier prétérit, *j'ai fait* est plus général que le second *je fis*... » (cité en graphie modernisée d'après Livet, 1859 : 440-441 ; voir aussi Fournier, 2013 : 21-22).

La perpétuation ou non des deux facteurs jusqu'en français moderne mériterait une recherche approfondie.

(3) Le PC montre une nette prédilection envers les personnes grammaticales « présentes » *je, tu*, et le PS envers la personne « absente » *il(s)/elle(s)* – les pluriels *nous, vous* souffrant d'une possible hétérogénéité : *nous = je + tu* ou *je + il(s), elle(s)* ; *vous = tu + tu* ou *tu + il(s), elle(s)*. Lorian (1989 : 16) le constate chez Montaigne, qui, dans les *Essais*, utilise avec le pronom *je* « trois fois et demie » plus de PC que de PS.

On conçoit que le PC l'ait emporté dès l'origine dans les monologues en *je* ou les dialogues en *je, tu*, reléguant petit à petit le PS aux récits. Simultanément, comme le français parlé est le domaine du *je* et du *tu* omniprésents, le PS y recule et finit par lâcher prise. Des témoignages concordants situent le point critique vers le deuxième tiers du XIXe siècle, si bien qu'à l'oral, mis à part quelques régionalismes (l'*Atlas linguistique de la France* de Gilliéron et Edmont, 1902-1910, récolte une petite poignée de PS au sud-ouest de la Normandie et en Bretagne ; Rézeau éd., 2001 : 10, mentionne un emploi du PS « encore bien vivant chez nous dans notre français coloré d'occitan »...), le PC ne laisse dorénavant au PS qu'un brelan de formules stéréotypées : *Il fut un temps* = « jadis ». *Et la lumière fut* (du latin *Et lux fuit* enchaînant sur le *Fiat lux !* 'que la lumière soit !' de *La Genèse*). *S'il en fut* = « exceptionnellement »...

Le français écrit subit à son tour la contagion. Il cantonne le PS à la troisième personne du singulier ou du pluriel, limite les flexions 1 et 2 aux homophones de la flexion 3 : *je/tu dis/fis/vins/reçus*..., ou les relègue avec les flexions 4, 5 *nous dîmes/fîmes/vînmes/marchâmes/reçûmes*..., *vous dîtes/fîtes/vîntes/marchâtes/reçûtes*... à la limite du grandiloquent ou du ridicule[1].

Le moment du bilan est venu.

1 Faisons justice d'une légende tenace : au lieu que le ridicule ait tué les *chantai, chantas, chantâmes* et *chantâtes* (où logerait-il en *thé, tas, rétame* ou *cantate* ?), c'est leur raréfaction

BILAN

62 – Le PS, ne disposant d'aucun sanctuaire (le PC à sens de présent achevé lui est inaccessible et le PC à sens d'antérieur de présent l'envahit), se voit d'emblée réduit à la défensive et n'arrête pas de céder du terrain au fil des siècles. Les professeurs de FLE seront fondés à faire l'impasse sur son apprentissage actif. En revanche, la part importante que conserve le PS en français écrit rend indispensable un apprentissage passif.

Venons-en au vrai mystère. Puisque les francophones seraient parfaitement en droit d'« employer le passé composé partout » (Cohen, 1963 : 31), pourquoi ne le font-ils pas ? À quel objectif répondent les PS ? Quels effets sont visés ou atteints ?

Les spécialistes avancent diverses motivations, qu'il nous appartient d'apprécier : (1) temporelles, (2) sémantiques, (3) expressives, (4) stylistiques.

MOTIVATIONS TEMPORELLES DU PS

63 – Les anciennes grammaires – et plusieurs manuels de FLE en gardent la trace – ont catalogué le PC « passé proche » et le PS « passé lointain ».

Henri Estienne (cité au § 61, 2) fixait le pivot à hauteur de *hier* : moins de 24 heures, PC ; plus de vingt-quatre heures, PS.

Apud Livet (1859 : 440) [graphie modernisée mais non normalisée]

> Quand nous disons : *j'ai parlé à lui et lui ai fait réponse*, cela s'entend avoir été fait ce jour là ; mais quand on dit : *je parlai à lui et lui fis réponse*, ceci ne s'entend point avoir été fait ce jour même auquel on raconte ceci, mais auparavant, sans qu'on puisse juger combien de temps est passé depuis. Car soit que j'aie fait cette réponse le jour de devant seulement, soit qu'il y ait jà cinquante ans passés ou plus, je dirai : *je lui fis réponse*…

La règle, artificielle, contredite par de multiples témoignages, devait néanmoins inspirer à la jeune Académie française un jugement sévère sur *Le Cid* (1637) et conduire Corneille à expurger ses vers au motif

---

même qui les rend insolites. Les exploitations plus ou moins comiques ont suivi : « Est-ce dans le but de lui subtiliser quelques pommes de terre que vous l'*appatâtes* ? », etc.

que certains PS auraient enfreint l'« unité de temps » de la tragédie, *i.e.* l'obligation de faire tenir en une journée les péripéties et les rebondissements de l'intrigue. Exemple : « Je l'avoue entre nous, quand je lui *fis* l'affront / J'*eus* le sang un peu chaud et le bras un peu prompt » (le père de Chimène vient de souffleter le père de Rodrigue), tristement affadis en « Je l'avoue entre nous, mon sang un peu trop chaud / S'*est* trop *ému* d'un mot et l'*a porté* trop haut » (II, 1). « Interdit d'interdire » (le *leitmotiv* de Delbart, 1996) et protégez-nous des censeurs…

D'assouplissement en assouplissement, la « loi des vingt-quatre heures » s'est muée au XVIIIe siècle en « loi de la période » (*ce jour/mois/siècle/millénaire…-ci* + PC *vs ce jour/mois/siècle/millénaire…-là* + PS). Girard (1747) compare ainsi *J'ai fait de la bonne besogne* et *Je fis tout ce que je pus, et je perdis mes peines.*

Les vrais principes de la langue française (chap. 8, 22-23)

> La première de ces manières est le Prétérit du verbe. La seconde est ce qu'on nomme Aoriste ; dont la seule définition suffit pour empêcher une méprise entre ces deux temps assez fréquente dans quelques provinces, où l'on dit souvent *je fis* pour *j'ai fait*, et réciproquement *j'ai fait* pour *je fis*. Dès qu'on sait que le prétérit doit paraître lorsqu'il s'agit de marquer un événement passé dans le période de temps qui n'est pas encore fini, et que c'est à l'aoriste à figurer lorsqu'il est question de représenter un événement passé dans un période de temps qui ne subsiste plus lui-même, on n'a besoin que du bon sens pour distinguer les occasions où chacun doit être employé… (cité en graphie modernisée, le masculin de *période* ayant été conservé) [ce « bon sens » n'empêchera pas l'abbé de pécher contre sa propre doctrine en écrivant « Le combat que nous *avons donné* le dix *a été* sanglant » (455) ou « Si César avait eu la justice de son côté, Caton ne se serait pas déclaré pour Pompée : non seulement il lui *a refusé* sa protection, mais il lui *a* encore *rendu* de mauvais services » (459)].

Au XIXe siècle, la grammaire scolaire franchit le dernier pas : « pour un temps dans lequel on n'est plus, on peut également (…) dire : *Je vous écrivis* ou *Je vous ai écrit hier…* » (Noël et Chapsal, 1823, § 553), mais « on ne dira pas : *Je reçus une lettre cette année, ce mois, cette semaine, aujourd'hui* ; car on est encore dans le temps dont il s'agit » (*ibid.*, § 552).

Ne subsiste désormais que le sentiment vague d'une hiérarchisation chronologique du PS et du PC. C'est en grande partie un trompe-l'œil, n'importe quel procès plus ancien ayant évidemment moins de chances d'établir des liens avec le présent.

MOTIVATIONS SÉMANTIQUES DU PS

64 – Le PS peut servir à signaler expressément une solution de continuité. Racine trouvait là un motif suffisant pour braver la « loi des vingt-quatre heures » (et l'occasion d'une préciosité : le flux qui vient de projeter au rivage l'hydre envoyée contre Hippolyte par Neptune reflue d'horreur) : « Cependant sur le flot de la plaine liquide, / S'élève à gros bouillons une montagne humide ; / L'onde approche, se brise, et vomit à nos yeux, / Parmi des flots d'écume, un monstre furieux. / (...) La terre s'en émeut, l'air en est infecté ; / Le flot qui l'*apporta* recule épouvanté » (*Phèdre*, V, 6).

La possibilité subsiste en français contemporain. On sait qu'Albert Camus a presque entièrement rédigé son roman *L'Étranger* au PC : « Aujourd'hui, Maman *est morte* », etc. (voir la citation au § 65). On sait moins que sept PS lui ont échappé, notamment celui-ci : « Au début de ma détention, pourtant, ce qui a été le plus dur, c'est que j'avais des pensées d'homme libre. (...) Mais cela *dura* quelques mois. Ensuite, je n'avais que des pensées de prisonnier » (LP, 120). La volonté de marquer une rupture forte semble établie.

MOTIVATIONS EXPRESSIVES DU PS

65 – Retournons au schéma du § 60. Le tracé AC du PS ne mêle rien de présent au temps passé. De ce passé homogène résulte une triple expressivité : 1° l'objectivité de la narration (le *moi* intime du narrateur ne colore pas la relation des faits), 2° la linéarité du récit (les évènements s'enchaînent les uns aux autres plutôt que de se repérer isolément sur l'actualité), 3° une certaine vigueur dans la manière de raconter (les PS se débarrassent de la traîne que leur adjoint le tracé AB du PC).

Les ouvertures des deux romans *La peste* et *L'Étranger* sont parlantes à cet égard. Elles opposent un cheminement rectiligne et en apparence dépassionné de l'histoire (au PS) à une progression en ligne brisée de l'anecdote (au PC).

> Le matin du 16 avril, le docteur Bernard Rieux *sortit* de son cabinet et *buta* sur un rat mort, au milieu du palier. Sur le moment, il *écarta* la bête sans y prendre garde et *descendit* l'escalier. Mais, arrivé dans la rue, la pensée lui *vint* que ce rat n'était pas à sa place et il *retourna* sur ses pas pour avertir le concierge. Devant la réaction du vieux M. Michel, il *sentit* mieux ce que sa découverte avait d'insolite (*La peste*, LP, 15).

> Aujourd'hui, maman *est morte*. Ou peut-être hier, je ne sais pas. J'*ai reçu* un télégramme de l'asile : « Mère décédée. Enterrement demain. Sentiments distingués. » Cela ne veut rien dire. C'était peut-être hier. L'asile de vieillards est à Marengo, à quatre-vingts kilomètres d'Alger. Je prendrai l'autobus à deux heures et j'arriverai dans l'après-midi. Ainsi, je pourrai veiller et je rentrerai demain soir. J'*ai demandé* deux jours de congé à mon patron et il ne pouvait pas me les refuser avec une excuse pareille. Mais il n'avait pas l'air content. Je lui *ai* même *dit* : "Ce n'est pas de ma faute". Il n'*a* pas *répondu*. J'*ai pensé* alors que je n'aurais pas dû lui dire cela. En somme, je n'avais pas à m'excuser. C'était plutôt à lui à me présenter ses condoléances. Mais il le fera sans doute après-demain quand il me verra en deuil. Pour le moment, c'est un peu comme si maman n'était pas morte. Après l'enterrement, au contraire, ce sera une affaire classée et tout aura revêtu une allure plus officielle. J'*ai pris* l'autobus à deux heures. Il faisait très chaud. J'*ai mangé* au restaurant, chez Céleste, comme d'habitude. Ils avaient tous beaucoup de peine pour moi et Céleste m'*a dit* : "On n'a qu'une mère." Quand je *suis parti*, ils m'*ont accompagné* à la porte. J'étais un peu étourdi parce qu'il *a fallu* que je monte chez Emmanuel pour lui emprunter une cravate noire et un brassard. Il *a perdu* son oncle, il y a quelques mois. J'*ai couru* pour ne pas manquer le départ (*L'Étranger*, LP, 9-10).

Quatre des sept PS de *L'Étranger* n'ont pas besoin non plus d'autre explication que la rapidité d'une réaction ou d'une riposte : « ...la couleur rouge sang dans ce visage blafard me *frappa*. L'ordonnateur nous *donna* nos places » (LP, 24). « "Pourquoi avez-vous attendu entre le premier et le second coup ?" *dit*-il alors » (LP, 106). « Quand je suis entré, le bruit des voix qui rebondissaient contre les grands murs nus de la salle, la lumière crue qui coulait du ciel sur les vitres et rejaillissait dans la salle, me *causèrent* une sorte d'étourdissement » (LP, 115)[1]. Si l'expressivité le requiert, le PS force la main de l'écrivain. On en vient à soupçonner que Camus, quoi qu'aient prétendu Sartre (dans *Situations* I, 117-118) ou Robbe-Grillet (cité par Klum, 1960 : 171, note), n'a pas prémédité le choix du PC, idéalement accordé à l'atonie du protagoniste.

Excursus

Les anciennes appellations de passé « défini » et de passé « indéfini » sont vraisemblablement associées à cette impression d'énergie du PS et de mollesse du PC. Deux « exercices de style » de Raymond Queneau (voir Delbart, 1996) juxtaposent la version au PS du fait-divers, nerveuse, saccadée : « Ce

---

1 Voir le cinquième PS au § 64 : *dura*, le sixième : *passèrent* (LP, 37) et le septième : *arrivèrent* (LP, 40) étant transplantés, avec le texte où ils figuraient, d'un roman laissé inachevé.

fut midi. Les voyageurs *montèrent* dans l'autobus. On *fut* serré. Un jeune monsieur *porta* sur sa tête un chapeau entouré d'une tresse, non d'un ruban. Il *eut* un long cou. Il se *plaignit* auprès de son voisin des heurts que celui-ci lui *infligea*. Dès qu'il *aperçut* une place libre, il se *précipita* vers elle et s'y *assit*. Je l'*aperçus* plus tard devant la gare Saint-Lazare. Il se *vêtit* d'un pardessus et un camarade qui se *trouva* là lui *fit* cette remarque : il *fallut* mettre un bouton supplémentaire »..., et la version au PC, languissante, étirée : « Je *suis monté* dans l'autobus de la porte Champerret. Il y avait beaucoup de monde, des jeunes, des vieux, des femmes, des militaires. J'*ai payé* ma place et puis j'*ai regardé* autour de moi. Ce n'était pas très intéressant. J'*ai* quand même *fini* par remarquer un jeune homme dont j'*ai trouvé* le cou trop long. J'*ai examiné* son chapeau et je me *suis aperçu* qu'au lieu d'un ruban il y avait un galon tressé. Chaque fois qu'un nouveau voyageur *est monté* il y *a eu* de la bousculade. Je n'*ai* rien *dit*, mais le jeune homme au long cou *a* tout de même *interpellé* son voisin. Je n'*ai* pas *entendu* ce qu'il lui *a dit*, mais ils se *sont regardés* d'un sale œil. Alors, le jeune homme au long cou *est allé* s'asseoir précipitamment. En revenant de la porte Champerret, je *suis passé* devant la gare Saint-Lazare. J'*ai vu* mon type qui discutait avec un copain. Celui-ci *a désigné* du doigt un bouton juste au-dessus de l'échancrure du pardessus. Puis l'autobus m'*a emmené* et je ne les *ai* plus *vus*. J'étais assis et je n'*ai pensé* à rien ».

MOTIVATIONS STYLISTIQUES DU PS

66 – Lorian (1992) a mis en évidence le bénéfice ponctuel que Georges Perec retire de la sous-représentation du PC – et de la surreprésentation consécutive du PS – à seule fin de supprimer la lettre *e* de son roman *La disparition*.

Au-delà des contorsions lipogrammatiques, le PS offre trois ressources permanentes à la versification : 1° des rimes plus riches, 2° l'économie métrique éventuelle d'une syllabe par rapport au PC, 3° l'évitement d'un hiatus si le verbe commence par une voyelle (Ch. Muller, 1970, avait supputé une pareille échappatoire dans le vers de Racine cité § 64 : « Le flot qui l'*apporta*... »).

L'exploitation stylistique majeure reste cela dit à évoquer.

Une fois sorti du français parlé (*cf.* § 61, 3), le PS s'est chargé à son corps défendant d'une valeur littéraire ajoutée. Il devient une des composantes du « rituel des Belles-Lettres » (Barthes). Les journalistes sportifs en font une ample consommation. Les enfants que les instituteurs initient à la rédaction émaillent leurs pages de formes incongrues : **je prenai*, **il disa*, **nous partirent*, « Il lui *assénit* son poing sur la figure » (sic)…

67 – Faut-il conclure ?

En 1959, dans un article qui a recueilli des adhésions enthousiastes, Benveniste attribuait le PC au *Discours* (le lieu du temps présent, du temps futur, des personnes 1 et 2, des adverbes du type *maintenant*) et le PS au *Récit* (le lieu du temps passé, de la personne 3 et des adverbes du type *alors*). Weinrich (1964), changeant l'étiquette du flacon, les affecte au *Monde commenté* (allemand *gesprochene Welt*) ou au *Monde narré* (allemand *erzählte Welt*). Malgré l'engouement d'une certaine « linguistique textuelle », c'était réduire l'iceberg à sa petite pointe émergée. Le FLE a besoin de directives moins floues, faute de quoi il se condamnerait à étendre au XXIe siècle le verdict de l'humaniste Henri Estienne : « De cent étrangers à grand peine s'en trouvera il dix qui ne heurtent, voire choppent à cette différence de nos deux prétérits… » (*apud* Livet, 1859 : 440, en graphie modernisée).

RÉCAPITULATION

68 – Le protocole instructionnel complet demande à être différé au terme du chapitre suivant (§ 85), car une nouvelle forme verbale entre en piste : l'IMP. D'« émergence tardive (…) par rapport au passé composé (…) dans l'interlangue de l'apprenant de diverses langues maternelles » (Howard, 2005), il concurrence le PS et le PC à l'écrit, le PC à l'oral.

Synthétisons au moins les interrogations du début et nos réponses.

Le PS est-il indispensable ? Non. Le PC suffit-il à le suppléer ? Pas tout à fait, voilà le paradoxe. Le doublet PS/PC offre une palette de nuances chronologiques, sémantiques, expressives ou stylistiques dont chaque usager aura le loisir de bénéficier.

En ce qui regarde l'enseignement-apprentissage aux non-francophones, une procédure par étapes est envisageable.

Première étape. Le PS pourrait ne jamais s'utiliser à l'écrit. Puisque les francophones cultivés ne profitent pas (ou pas encore) de cette latitude, sa connaissance *en version* demeure indispensable. Pour qui souhaite pratiquer le PS *en thème*, deux précautions s'imposent.

1. Un PC exprimant le résultat présent d'une action passée est incommutable avec un PS.
2. Les pronoms *je, tu, nous, vous* compliquent les choses au point que l'utilisateur devra impérativement se demander si le recours au PS en vaut la peine.

Deuxième étape. Le PS a disparu des conversations. Sa réintroduction demande du doigté. À petites doses, il signale ou parodie un énoncé académique. À fortes doses, il donnerait au propos une allure livresque.

COMPLÉMENT DIDACTIQUE

La confrontation du PC et du PS est une des plus propices au prolongement de l'analyse grammaticale par l'analyse littéraire.

Illustrons la démarche dans l'œuvre du chanteur-poète Georges Brassens. Elle renverrait déjà dos à dos les conservateurs et les progressistes du § 55, puisqu'on y compte 324 PS répartis dans 72 chansons (une moyenne de 4, 5), sans que la date des disques paraisse jouer aucun rôle et du coup que l'hypothèse d'une influence méridionale subie durant l'enfance – voir la remarque de Rézeau au § 61, 3 – acquière une quelconque plausibilité[1].

Excursus

Georges Brassens est né (faudrait-il écrire « naquit » ?) à Sète le 22 octobre 1922. Il monte à Paris en février 1940. Douze années de vaches maigres puis le succès, fulgurant, jamais démenti. Le prix de l'Académie Charles Cros (1954), le grand prix de poésie de l'Académie française (1967) l'installent troubadour national. Il meurt d'un cancer le 29 octobre 1981. Le *Petit*

1 À l'intention de ceux qui croiraient à la persistance d'empreintes méridionales, Wilmet ([5]2010, § 260, 2) verse au dossier une remarque que Jules Romains (*alias* Louis Farigoule, né à Saint-Julien-Chapteuil, près du Puy-en-Velay) intégrait à la trame d'un de ses romans : « À mesure que son récit l'échauffait, la teinte méridionale de sa voix sortait et chatoyait. Cependant que le parfait défini [*i.e.* le PS] et autres temps nobles du verbe se glissaient dans la phrase. Soudain, elle s'avisait de ses involontaires élégances grammaticales, et revenait aux façons de Paris. Du même coup, son joli accent rentrait sous terre » (*Les hommes de bonne volonté*, coll. Rencontre, V, 137).

Larousse l'immortalise en quelques lignes : « Auteur-compositeur et chanteur français (...), auteur de chansons poétiques, pleines de verve et de non-conformisme. »
Brassens aura eu le temps de graver durant sa vie douze disques grand-format, comportant 135 chansons : 16 mises en musique de poèmes préexistants et 119 de sa main. Les textes en ont été publiés dans le recueil *Poèmes et chansons* (Paris, Éditions musicales 57, 1987), d'où seront extraites nos citations (débarrassées des apocopes).

Ces PS mettent en jeu 135 verbes, indépendamment des régularités ou des irrégularités, des facilités ou des difficultés de la conjugaison.

Pour information (les extraits ont été reproduits aux pages 499-512 du numéro 61, année 1996, de la *Revue de Linguistique Romane*) : *faire* (38), *être* (21), *avoir* (19), *mettre* (15), *dire* (11), *prendre* (10), *aller* (9), *venir* (8), *voir* (7), *courir* et *tomber* (6), *laisser* et *partir* (5), *offrir, passer, recevoir* et *refuser* (4), *apercevoir, attendre, connaître, donner, recueillir, rendre* et *reprendre* (3), *advenir, brûler, couvrir, creuser, descendre, s'écrier, enseigner, entendre, faucher, jeter, mener, pendre, pouvoir, répondre, revenir* et *valoir* (2), *abandonner, abattre, accumuler, accélérer, acquérir, adopter, aider, ajouter, apparaître, apprendre, armer, avaler, baisser, botter, brandir, commencer, comporter, comprendre, conduire, consommer, convier, coucher, couper, cueillir, décevoir, dégeler, demander, dévoiler, devoir, doter, durer, effacer, effeuiller, emboîter, employer, emporter, encourager, s'enfuir, engager, entonner, entraîner, entrer, s'envoler, épouser, épuiser, estourbir, étendre, étrenner, expirer, fermer, fuir, immoler, investir, lever, montrer, moucher, mourir, oser, oublier, ouïr, ouvrir, paraître, perdre, périr, plaindre, pleurer, poser, prouver, redessiner, remettre, rentrer, répliquer, résoudre, retrousser, rêver, rigoler, ruer, rugir, saisir, savoir, sonner, sortir, souffleter, souffrir, soupirer, suivre, tendre, tenir, toucher, tourner, trousser, trouver, user, vieillir* et *vouloir* (1).

Détaillons maintenant le corpus. Comme attendu (*cf.* § 61, 3), la troisième personne est largement majoritaire : 229 PS de flexion 3 et 25 PS de flexion 6 (près de 80 % du total). Restent quand même 60 PS avec pronom personnel sujet *je* (dont 46 homophones de la flexion 3), 4 PS avec *nous* et, pourcentage modeste mais suffisant à prouver – contre Benveniste et Weinrich (*cf.* § 67) – que la deuxième personne ne dresse au PS nul barrage infranchissable, 4 PS avec *vous* et 2 PS avec *tu*.

L'examen des corrélations verbo-adverbiales n'a pas davantage de quoi surprendre (*cf.* § 61, 1 et 2).

– L'unique complément du PS qui présuppose le « maintenant » est l'opacifié *jadis* = « il y a des jours et des jours », compris

« anciennement… » : « Mélancolique, elle va / À travers la forêt blême / Où jadis elle *rêva* / De celui qu'elle aime… » (V, 7). « Et c'est là que, jadis, à quinze ans révolus, / À l'âge où s'amuser tout seul ne suffit plus, / Je *connus* la prime amourette… » (IX, 1)[1].

– Des douze compléments duratifs-itératifs accompagnant un PS, deux soulignent la rapidité du procès (*en un tournemain* et *en une heure* : II, 11 et XII, 2), neuf occupent un laps de temps dont le terminus échoit avant le présent (*chemin faisant* : I, 8, *tant que le beau temps* : IV, 2, *parfois* : V, 7, *toujours* : IX, 10, *un soir* : XI, 5, *jusqu'à l'aurore* : XI, 5, *un an* : XI, 5, *vingt fois* [bis] : XII, 8), et l'adverbe *souvent* du douzième exemple : « Le jeu dut plaire à l'ingénue, / Car à la fontaine, souvent, / Ell' s'*alla* baigner toute nue / En priant Dieu qu'il fît du vent » (VII, 3), concernerait autant l'infinitif *baigner* que le coverbe *alla* (noter au surplus l'atmosphère archaïsante : *s'alla baigner*, non *alla se baigner*, et subjonctif 2 *fît*). À contrario, la suppression d'un complément duratif peut provoquer le changement du PC en PS. Dans un brouillon retrouvé après sa mort, Brassens écrit : « Il *a cherché* une semaine entière / Le platane où l'année dernière / Avec sa belle il avait tracé / Leurs prénoms dans un cœur enlacés » ; puis il biffe *une semaine entière* et les deux premiers vers deviennent : « Il *chercha* le pauvre insensé / Le vieux platane où l'an passé… ».

Qu'en est-il à présent des motivations (1) temporelles (§ 63), (2) sémantiques (§ 64), (3) expressives (§ 65), (4) stylistiques (§ 66) du PS ?

(1) Motivations temporelles. Lisons Brassens (le numéro du disque en chiffres romains, celui de la chanson en chiffres arabes).

[1] Pour offrir aux filles des fleurs,
Sans vergogne,
Nous nous *fîmes* un peu voleurs (…).
Les sycophantes du pays,
Sans vergogne,
Aux gendarmes nous *ont trahis* (…).
Et l'on *vit* quatre bacheliers

1 *Jadis* attesté aussi avec le PC : « Comme jadis *a fait* un roi, / Il serait bien fichu, je crois, / De donner le trône et le reste / Contre un seul cheval camarguais / Bancal, vieux, borgne, fatigué, / C'est un modeste » (XII, 5).

Qu'on emmène, les mains liées… (IX, 5) [le PC *ont trahis* postérieur au PS *fîmes* mais antérieur au PS *vit* : 1° le vol, 2° la délation, 3° la capture].

[2] Ce pieux flambeau qui vacille
Mélanie se l'*est octroyé*,
Alors le saint, cet imbécile,
Laissa le marin se noyer (XII, 14) [le PS *laissa* résulte du PC *s'est octroyé*].

Le réel intérêt des successions PC/PS ou PS/PC est de baliser deux itinéraires d'aller et de retour. Premier parcours : le PC, conformément à sa nature de passé-pont, dégage un procès de l'actualité, dont le procès au PS se trouve dès lors isolé (extraits 3, 4, 5, 6).

[3] J'*ai perdu* la tramontane
En perdant Margot,
Qui *épousa*, contre son âme,
Un triste bigot… (II, 6).

[4] J'*ai marqué* d'une croix blanche
Le jour où l'on *s'envola*,
Accrochés à une branche,
Une branche de lilas (IV, 5).

[5] Laissez-les raconter qu'en sortant de calèche
La brise *a fait* voler votre robe et qu'on *vit*… (VIII, 7).

[6] « Cher Monsieur, m'*ont*-ils *dit*, vous en êtes un autre »,
Lorsque je *refusai* de monter dans leur train (IX, 4).

Second parcours : le PS isole un procès passé et le PC comble le fossé en direction de l'actualité (extraits 7, 8, 9).

[7] Mais *vint* l'automne, et la foudre,
Et la pluie, et les autans
Ont changé mon arbre en poudre… (IV, 2).

[8] Quand tout *fut consommé*, je leur *ai dit* : « Messieurs,
Allons faire à présent la tournée des boxons ! » (VIII, 2).

[9] Prince des monte-en-l'air et de la cambriole,
Toi, qui *eus* le bon goût de choisir ma maison,
Cependant que je colportais mes gaudrioles,
En ton honneur j'*ai composé* cette chanson (XI, 2).

(2) Motivations sémantiques. La coupure serait plausiblement à la base des PS suivants (extraits 10, 11, 12, 13).

[10] Mais bêtement, même en orage,
Les routes vont vers des pays ;
Bientôt le sien *fit* un barrage
À l'horizon de ma folie ! (I, 8).

[11] Le temps *passa* sur les mémoires,
On *oublia* l'événement,
Seuls des vieux racontent encore
À leurs petits enfants... (II, 2).

[12] Si je *connus* un temps de chien, certes,
C'est bien le temps de mes vingt ans !
Cependant, je pleure sa perte,
Il est mort, c'était le bon temps ! (VI, 10).

[13] Et depuis ce jour-là, moi, le fier, le bravache,
Moi, dont le cri de guerre *fut* toujours « Mort aux vaches ! »
Plus une seule fois je n'ai pu le brailler (IX, 10).

(3) Motivations expressives. Les chansons de Brassens produisent toutes les illustrations souhaitables.

– La valeur d'**objectivité** se perçoit chaque fois que l'auteur entend conférer à son récit des allures de chronique.

Exemples : « Il paraît que cette hécatombe / *Fut* la plus belle de tous les temps » (I, 6). « La mort *faucha* les autres, / Braves gens, braves gens, / Et me *fit* grâce à moi, / C'est immoral et c'est comme ça » (II, 10). « Jamais sur terre il n'y *eut* d'amoureux / Plus aveugle que moi... » (III, 4). « On conte que j'*eus* / La tétée au jus / D'octobre » (IV, 9). « Les bons enfants / De la rue de Van- / Ves à la Gaîté / L'un comme l'au- / Tre au gré des flots / *Furent* emportés » (V, 1). « Témoin : l'abbesse de Pourras, / Qui *fut*, qui reste et restera / La plus glorieuse putain / De moines du Quartier Latin » (IX, 11). « Ils sont loin mes débuts où, manquant de pratique, / Sur des femmes de flic je *mis* mon dévolu » (XI, 11). « La seule chose un peu sincère / Dans cette histoire de faussaire / Et contre laquelle il ne faut / Peut-être pas s'inscrire en faux, / C'est mon penchant pour elle et mon / Gros point du côté du poumon / Quand amoureuse elle *tomba* / D'un vrai marquis de Carabas » (XII, 10).

– Les PS se groupent par **pans narratifs**. Une moyenne, on l'a vu, de quatre et demi, mais sept chansons dépassent la dizaine : onze PS d'affilée dans *Brave Margot* et *Le mauvais sujet repenti* (II, 2 et II, 11), douze dans *L'assassinat* (VII, 11), treize dans *Grand-Père* (IV, 7), seize dans *Le grand chêne* et *La rose, la bouteille et la poignée de mains* (IX, 8 et X, 8), dix-huit dans *La fessée* (IX, 3). Les PC, eux, reçoivent mission de casser l'emballement des PS ou des PRES « narratifs ».

Exemples : « Quand tout fut consommé, je leur *ai dit* : "Messieurs, / Allons faire à présent la tournée des boxons !" / Mais ils m'*ont regardé* avec de pauvres yeux, / Puis ils m'*ont embrassé* d'une étrange façon » (VIII, 2). « Il pleuvait fort sur la grand-route, / Elle cheminait sans parapluie. / J'en avais un, volé, sans doute, / Le matin même à un ami ; / Courant alors à sa rescousse, / Je lui propose un peu d'abri. / En séchant l'eau de sa frimousse, / D'un air très doux, elle m'*a dit* "oui" » (I, 8).

– La vivacité transparaît un peu partout.

Exemples : « Dès que la féminine engeance / *Sut* que le singe était puceau, / Au lieu de profiter de la chance, / Elle *fit* feu des deux fuseaux ! » (I, 3). « Lors, montant sur ses grands chevaux, / La Mort *brandit* la longue faux / D'agronome / Qu'elle serrait dans son linceul, / Et *faucha* d'un seul coup, d'un seul, / Le bonhomme… » (IV, 3).

(4) Motivations stylistiques. On ne saurait exclure que Brassens ait profité en recourant au PS d'un maximum de facilités en matière de versification.

– Trente-cinq PS sur les 324 terminent un vers. Voici les rimes (soustraction faite des trois PS passifs : *fut épuisé, furent usés, fut rendu*) : *accéléra/magistrat* (disque I), *chat/adopta, colère/immolèrent, eûmes/plumes* (disque II), *prit/nombril* (disque III), *paru/mourut, s'envola/lilas, acquit/qui, eus/jus, refusa/a-(mygdales)* (disque IV), *va/rêva* (disque V), *prit/malappris, dit/petit* (disque VI), *fis/suffi* (bis), *exprima/montra, pendit/paradis* (disque VII), *partîtes/susdite, vit/vie, fin/revins*, (disque VIII), *âme/rigolâmes, entendit/petit, souffrit/patrie* (disque IX), *étrenna/incarnat, offris/mépris* (disque X), *menèrent/ Apollinaire, conclue/eut, redessina/Iéna, prit/saintes-Maries, comédie/descendit, tomba/Carabas, put/but* (disque XII).
– Un PS plus court que le PC correspondant s'intègre à une suite de PC comptant souvent le même nombre de syllabes que l'auraient fait les PS. Extrait 14 : *ouvris* plutôt que *as ouvert* (deux pieds ~ trois pieds) *vs m'as donné, m'as souri* (les trois pieds de *me donnas, me souris*). Extrait 15 : *offris* plutôt que *ai offert* (deux pieds ~ trois pieds) *vs j'ai couru* (les trois pieds de *je courus*).

[14] Elle est à toi, cette chanson,
Toi, l'Auvergnat qui, sans façon,
M'as donné quatre bouts de bois
Quand, dans ma vie, il faisait froid,

Toi qui m'as donné du feu (...).
Elle est à toi, cette chanson,
Toi, l'Hôtesse qui, sans façon,
M'as donné quatre bouts de pain
Quand, dans ma vie, il faisait faim,
Toi qui m'*ouvris* ta huche (...).
Elle est à toi, cette chanson,
Toi, l'Étranger qui, sans façon,
D'un air malheureux m'as souri
Lorsque les gendarmes m'ont pris,
Toi qui n'as pas applaudi... (III, 1).

[15] Quand j'ai couru chanter ma petite chanson pour Marinette (...).
Quand j'ai couru porter mon pot de moutarde à Marinette (...).
Quand j'*offris* pour étrennes une bicyclette à Marinette (...).
Quand j'ai couru, tout chose, au rendez-vous de Marinette (...).
Quand j'ai couru brûler la petite cervelle à Marinette (...)
Quand j'ai couru, lugubre, à l'enterrement de Marinette... (III, 3).

– *Accéléra* ou *adopta* (I, 3 : « ...le quadrumane *accéléra* / Son dandinement... » ; II, 2 : « ...trouvant dans l'herbe un Petit chat, / Qui venait de perdre sa mère, / L'*adopta* ») préviennent *a accéléré*, *a adopté*, etc. (revoir la liste des verbes). Euphonie, oui, mais aussi cacophonie volontaire dans l'allitération en [t] aux vers 1-3 de *Tonton Nestor* : « Tonton Nestor, / Vous *eûtes* tort, / Je vous le dis tout net » (VI, 2), et l'allitération en [z] aux vers 4-5, qu'aurait émoussée un PS *mîtes* : « Vous avez mis / La zizanie / Aux noces de Jeannette » (*ibid.*).
Brassens use surtout de la littérarité du PS dans les registres de l'archaïsme, de la distanciation pudique, de la grandiloquence comique.
– Nous avions déjà touché un mot de la montée du pronom complément devant l'auxiliaire : *s'alla baigner*. Il ne s'agit pas d'un hapax (extrait 16).

[16] Quand même je vivrais jusqu'à la fin des temps,
Je garderais toujours le souvenir content
Du jour de pauvre noce où mon père et ma mère
S'*allèrent* épouser devant Monsieur le Maire (IV, 4).

Autres traits archaïsants : l'omission du sujet (extraits 17 et 18, en harmonie avec le climat de rengaine ou de complainte populaires) et l'emploi du pronom *que* au sens de « où » rappelant La Fontaine : « Du temps *que* les bêtes parlaient... » (extrait 19).

[17] Avec des pétales de roses,
Un bout de corsage lui *fis*.
La belle n'était pas bien grosse :
Une seule rose a suffi.
Avec le pampre de la vigne,
Un bout de cotillon lui *fis*.
Mais la belle était si petite
Qu'une seule feuille a suffi (VII, 3).

[18] *Mirent* tout sens dessous,
Trouvèrent pas un sou,
Mais des lettres de créanciers,
Mais des saisies d'huissiers (VII, 11).

[19] Et, le matin qu'on la pendit,
Elle *fut* en paradis (*Ibid.*).

– Le *vous* « de politesse » remplaçant le *tu* « de familiarité » à l'adresse de la femme aimée opère une mise à distance que le PS parachève (extrait 20).

[20] Un vingt-e-deux septembre, au diable vous *partîtes*,
Et, depuis, chaque année, à la date susdite,
Je mouillais mon mouchoir en souvenir de vous... (VIII, 5).

– Sollicitant toute la gamme du français commun au français le plus châtié, Brassens se plaît à mélanger les « niveaux de langue » et à provoquer des collisions inattendues (extrait 21).

[21] La cane
De Jeanne
Ne laissant pas de veuf,
C'est nous autres qui *eûmes*
Les plumes,
Et l'œuf (II, 5) [le populaire *nous autres* préféré à *nous*].

Selon la recette éprouvée du genre burlesque, le PS solennise la médiocrité ambiante (voir l'extrait 9, dédié à un cambrioleur promu *ipso facto* « gentleman cambrioleur » façon Arsène Lupin) ou les facéties d'un ancêtre égrillard (extrait 22).

[22] ...Qu'est-ce qui vous *prit*,
Vieux malappris,

D'aller, sans retenue,
Faire un pinçon
Cruel en son
Éminence charnue. (...)
Voilà mechef,
Que, derechef,
Vous *osâtes* porter
Votre fichue
Patte crochue
Sur sa rotondité (VI, 2).

Les dix-huit PS de *La fessée* désacralisent graduellement les conventions du deuil et confèrent au vaudeville des accents d'épopée (extrait 23).

[23] Pour endiguer ses pleurs, pour apaiser ses maux,
Je me *mis* à blaguer, à sortir des bons mots,
Tous les moyens sont bons aux médecins de l'âme...
Bientôt, par la vertu de quelques facéties,
La veuve se tenait les côtes, Dieu merci !
Ainsi que des bossus tous deux nous *rigolâmes* (IX, 3).

Allons, loin d'être ennemies, la linguistique et la littérature ne demandent qu'à faire bon ménage.

BIBLIOGRAPHIE SÉLECTIVE

BARTHES, Roland, *Nouveaux essais critiques*, Paris, Seuil, s.d.

BENVENISTE, Émile, « Les relations de temps dans le verbe français », dans *Problèmes de linguistique générale*, Paris, Gallimard, 1966, p. 237-250 [article original de 1959].

CALLAMAND, Monique, *Grammaire vivante du français*, Paris, Larousse, 1987.

CANAVAN, John R., « On the English Perfect Tense and Current Relevance Implicatures », dans *Papers and Studies in Contrastive Linguistics*, 26, 1990, p. 15-28.

COHEN, Marcel, *Nouveaux regards sur la langue française*, Paris, Éditions sociales, 1963.

DAMOURETTE, Jacques, PICHON, Édouard, *Des mots à la pensée. Essai de grammaire de la langue française*, Paris, 1911-1936 (vol. V).

DELBART, Anne-Rosine, « *Interdit d'interdire.* Sur quelques abus d'autorité dans les manuels et les grammaires FLE », dans *Le Langage et l'Homme*, 31, 1996, p. 303-311.

DELBART, Anne-Rosine, « Trois *Exercices de style* ou l'humour "des passés" », dans *Temps Mêlés*, 150, 1996, p. 171-178.

FOURNIER, Jean-Marie, *Histoire des théories du temps dans les grammaires françaises*, Lyon, ENS Éditions, 2013.

FOURNIER, Nathalie, *Grammaire du français classique*, Paris, Belin, 1998.

GALET, Yvette, *Les corrélations verbo-adverbiales, fonction du passé simple et du passé composé, et la théorie des niveaux d'énonciation dans la phrase française du XVIIe siècle*, Lille-Paris, Atelier de reproduction des thèses de l'Université de Lille III-Champion, 1977, 2 vol.

GILLIÉRON, Jules, EDMONT, Edmond, *Atlas linguistique de la France. 1902-1910*, Paris, Champion, s.d., 9 volumes.

GOUGENHEIM, Georges, RIVENC, Paul, MICHÉA, René, SAUVAGEOT, Aurélien, *L'élaboration du Français fondamental*, Paris, Didier, ^{2}1964.

Grammaire de l'Académie Française, Paris, Firmin-Didot, 1932.

HOWARD, Martin, « L'emploi de l'imparfait par l'apprenant du français », dans *Cahiers Chronos*, 14, 2005, p. 175-197.

KELEMEN, Jolán, *Grammaire du français contemporain*, Budapest, Tankönyvkiadó, 1989.

KLUM, Arne, *Verbe et adverbe*, Stockholm, Almqvist & Wiksell, 1960.

L'HUILLIER, Monique, *Advanced French Grammar*, Cambridge, University Press, 1999.

LIVET, Charles-Louis, *La grammaire française et les grammairiens du XVIe siècle*, Paris, Didier, 1859.

LORIAN, Alexandre, « Montaigne : Que l'Essay est faict d'histoyre(s) et de commentaires », dans *Hebrew University Studies in Literature and the Arts*, 16, 1989, p. 5-21.

LORIAN, Alexandre, « Lipogrammatie et linguistique », dans *Revue de Linguistique Romane*, 56, 1992, p. 5-19.

MARTIN, Robert, *Temps et aspect*, Paris, Klincksieck, 1971.

MAUGER, Gaston, *Grammaire pratique du français d'aujourd'hui*, Paris, Hachette, 1968.

MULLER, Charles, « Passé simple et passé composé dans le vers classique », dans *Travaux de Linguistique et de Littérature*, 8, 1970, p. 219-222.

NOËL, François-Joseph-Michel, CHAPSAL, Charles-Pierre, *Nouvelle grammaire française*, Paris, 1823.

NOTT, David, *French Grammar Explained*, London, Hodder & Stoughton, 1998.

RÉZEAU, Pierre éd., *Dictionnaire des régionalismes de France*, Bruxelles, Duculot, 2001.

WAUGH, Linda, « Marking time with the *passé composé* : toward a theory of the perfect », dans *Linguisticae Investigationes*, 11, 1987, p. 1-47.

WEINRICH, Harald, *Tempus. Besprochene und erzählte Welt*, Stuttgart, Kohlhammer, 1964.

WILMET, Marc, *Le système de l'indicatif en moyen français*, Genève, Droz, 1970.

WILMET, Marc, *Grammaire critique du français*, Bruxelles-Paris, Duculot, [5]2010 (§ 251-265 et 273-274).

L'IMPARFAIT

INTRODUCTION

69 – Dans sa *Lettre à Thibaudet sur le style de Flaubert*, Marcel Proust montait en épingle l'« éternel imparfait » du romancier. La grammaire française n'est pas en reste[1]. Plusieurs diachroniciens ont retracé le « fascinant parcours » (Labeau, 2005 : 79) qui voit l'IMP progresser de siècle en siècle, évincer au tournant du Moyen Âge et de la Renaissance le PS des descriptions[2], gagner à l'époque moderne la narration – le « style artiste », justement, des Flaubert, Goncourt, Maupassant, Zola… – et y rivaliser aujourd'hui avec le PS et le PC. Les synchroniciens répertorient les emplois actuels de ce « caméléon » (selon la jolie formule du Danois Holger Sten), multipliant à l'envi les étiquettes : IMP duratifs, itératifs, pittoresques, illocutoires, préludiques, hypocoristiques, forains, anticipatifs, de clôture, de rupture, de politesse, d'hypothèse, historiques, dramatiques, biographiques, impressionnistes, oniriques, etc., etc. (Krell, 2001 : IMP « de commentaire » ; Delbart, 2002 : IMP « d'aperture » ; Rosier, 2005 : IMP « ventriloque »… – une liste largement ouverte à l'ingéniosité de chacun). Faut-il après cela s'étonner du « désespoir des apprenants étrangers » (Labeau, *ibid.*) ou, disons, d'un assez compréhensible désarroi ?

L'ambition des lignes qu'on va lire serait comme toujours de leur faciliter la tâche.

1 Première ébauche dans « L'imparfait : une affaire d'instruction(s) », in *Cahiers Chronos*, 14 (2005), 157-173.

2 Au XVIe siècle, Henri Estienne se sent encore tenu de condamner l'emploi du « prétérit au lieu de l'imparfait » : « Ne dites donc pas : *ce cheval fut bon* (…), mais bien : *ce cheval était bon…* » (cité en graphie modernisée d'après Livet, 1859 : 442). Queneau tire des PS abusifs un parti comique pour l'*Exercice de style* mentionné au chapitre 4 (§ 65, *excursu*) : « Un jeune monsieur *porta* sur sa tête un chapeau entouré d'une tresse, non d'un ruban. Il *eut* un long cou », etc.

70 – Confrontés à une pareille luxuriance, les professeurs de FLE n'ont guère que trois portes de sortie.

(1) Ou ils s'adonnent à de copieux inventaires. Les chapitres précédents ont montré que notre idéal était ailleurs. Bres en ferait presque une question d'éthique (2005 : 3).

> Personne parmi nous, je crois, n'oserait aujourd'hui défendre bec et ongles [l'option taxinomique] : on ne peut manquer de la percevoir comme une défaite de la linguistique, en ce que son objet est de trouver, comme toute science, des régularités sous le réel des faits, infiniment changeant et chatoyant.

(2) Ou ils cherchent à tirer du chapeau d'une *signification* primaire (un IMP déclaré prototypique) l'éventail des *sens* secondaires (un ruban ou une farandole d'IMP censément dérivés). C'est la position de compromis, entre autres, de la *Grammaire d'aujourd'hui* d'Arrivé, Gadet et Galmiche ou du *Bon usage* de Grevisse puis Goosse. La vérité oblige à reconnaître que les « dérivations », qui vont du temps au mode (Arrivé, Gadet, Galmiche ci-dessous) ou du temps passé au temps présent et au temps futur (Grevisse-Goosse ci-dessous), ont du mal à convaincre.

La grammaire d'aujourd'hui (1986 : 483)

> Pourvu à la fois de valeurs temporelles et de valeurs modales, l'imparfait constitue-t-il une forme unique ? Et est-il possible de repérer un trait commun entre ses valeurs temporelles et ses valeurs modales ? On se contentera ici de signaler le problème, et d'indiquer l'une des solutions le plus fréquemment données : l'imparfait marquerait *dans tous les cas* que le procès est hors du champ d'observation de l'énonciateur, qu'il se situe dans le champ passé (d'où ses valeurs temporelles) ou dans un champ imaginaire (d'où ses valeurs modales).

Le bon usage ([15]2011, § 881)

> **a) Valeur générale.** L'imparfait montre un fait en train de se dérouler dans une portion du passé, mais sans faire voir la fin du fait (ni souvent le début). (...)
> Étant donné cette valeur générale, l'imparfait convient bien pour des faits qui se répètent (...). Il convient aussi pour la description, pour peindre les circonstances, le milieu où un fait se produit (...).
> N.B. Avec un verbe principal au passé, le verbe d'une proposition (surtout conjonctive essentielle, parfois relative) peut être à l'imparfait alors qu'il exprime un fait qui dure encore au moment de la parole ou même qui est vrai dans tous les temps (...).

> **(b) Emplois particuliers** (...).
> 1° (...) On met aussi à l'imparfait un fait qui devait être la conséquence inévitable d'un autre fait (qui ne s'est pas produit). L'imparfait équivaut ici à un conditionnel passé (...).
> 2° L'imparfait narratif ou historique, au contraire de la valeur fondamentale, marque un fait non répété qui a lieu à un moment précis du passé (indiqué par un complément de temps) (...).
> 3° Surtout dans l'oral, un fait commencé avant qu'on parle, est présenté sous son aspect passé.
> Il s'emploie surtout avec quelques verbes introduisant un infinitif et jouant le rôle de semi-auxiliaire : (...) *Je venais vous féliciter, vous remercier. Je passais, j'entrais vous dire bonjour.*
> 4° L'imparfait s'emploie obligatoirement après le *si* conditionnel pour marquer un fait hypothétique présent ou futur (...).
> 5° Limité à un type particulier de communication (avec les petits enfants et les animaux familiers), l'imparfait hypocoristique ou mignard (avec transposition de personnes) exprime un fait qui, objectivement, se rapporte au moment où l'on parle...

(3) Ou ils prennent résolument contre la polysémie le parti de la *monosémie*, comprenez d'un IMP immuable au milieu des réalisations discursives les plus disparates.

Saussure et Sthioul (2005 : 105)

> ...décrire la signification d'un temps verbal revient à établir la procédure que l'allocutaire applique lorsqu'il interprète un énoncé contenant ce temps. Pour mettre en évidence ce qu'il y a de commun derrière la variété des emplois, on fera l'hypothèse qu'un temps verbal peut être décrit à l'aide de formules spécifiques (...) et que la tâche de l'allocutaire est de leur assigner une valeur. Pour l'imparfait, cette sémantique de base est d'une part une rupture de l'ancrage référentiel relativement à la situation d'énonciation et d'autre part une inclusion de ce point de repère relativement à l'événement où la situation est dénotée.

Il s'agirait de « faire la démonstration que le multiple du discours n'est qu'une apparence, et que de fait, dans tous ses emplois, l'imparfait a une et une seule valeur, toujours la même, la sienne... » (Bres, 2005 : 3).

Le *hic* est évidemment de la débusquer. Une prise de conscience de la place que l'IMP occupe dans le système du verbe mène à la solution.

L'IMPARFAIT DANS LE SYSTÈME DU VERBE

71 – N'importe quelle forme verbale se définit au triple point de vue (1) du mode, (2) du temps, (3) de l'aspect.

MODE

72 – Reprenons les trois modes du français (dégraissés de l'impératif, du conditionnel et du gérondif : *cf.* § 42). La variable *mode* décrit les propriétés d'un repère arbitrairement fixé sur la ligne mobile du temps.

Il en est de trois sortes.

(1) Repère LIEU (abréviation L) : un point dépourvu de référence à toute personne ou à toute époque. Le mode 1° impersonnel et 2° inactuel (mode 1 ou, en condensé, mode impersonnel) comporte les trois formes simples de p. ex. l'infinitif *marcher* (abusivement dit « présent »), du participe 1 *marchant* (lui aussi abusivement dit « présent ») et du participe 2 *marché* (couramment dit « passé »).

Excursus

Le « vrai » participe passé est dans la tradition grammaticale française la forme composée *ayant marché*, dont *marché* ne serait qu'une « forme courte » (ou, pire, p. ex. *un tableau peint* n'étant pas un tableau *ayant peint* mais un tableau *ayant été peint*, la « forme courte » du participe passé passif). La composition *eu marché* de *marché* est complètement ignorée.

Cette assimilation de *passé* à *composé* se retrouve avec l'infinitif « passé » *avoir marché*, le conditionnel « passé » *aurais marché*, le subjonctif « passé » *aie marché*. Elle a comme corollaire l'utilisation de *présent* = « simple » pour l'infinitif *marcher*, le participe *marchant*, le conditionnel *marcherais*, le subjonctif *marche/marchions* ; et indirectement, *présent* une fois capté par le subjonctif *marche/marchions* et *passé* par le subjonctif *aie marché*, celle d'*imparfait* = « simple » pour le subjonctif *marchasse* et de *plus-que-parfait* = « composé » – sautant le stade du *parfait*, chasse gardée du latin (*cf.* § 56) – pour le subjonctif *eusse marché*.

Simple est appliqué judicieusement au « passé simple » *marchai*, au « futur simple » *marcherai*, et *composé* au « passé composé » *ai marché*, mais l'association de *composé* à *passé* au lieu de *présent* (*cf.* § 54) oblige *eus marché* à se rabattre sur « passé antérieur », qui déteint sur le « futur antérieur » *aurai marché* composant *marcherai*.

(2) Repère PERSONNE (abréviation P) : un lieu L enrichi d'une personne 1, 2 ou 3. Le mode 1° personnel mais toujours 2° inactuel (mode 2 ou mode subjonctif) comporte les deux formes simples de p. ex. le subjonctif 1 *marche/marchions* (abusivement dit « présent » : *cf.* § 42) et du subjonctif 2 (abusivement dit « imparfait », que l'étiquette soit comprise temporellement « passé » : *cf.* § 73, 2, ou aspectuellement « non arrivé à son terme » : *cf.* § 74, 2).

(3) Repère ACTUALITÉ (abréviation A : *cf.* § 42) : superposition d'une époque *maintenant* à un lieu L transformé *ipso facto* en *ici* et à une personne P transformée en *moi*. Le mode 1° personnel et 2° actuel (mode 3 ou mode indicatif) comporte les cinq formes simples de l'indicatif présent p. ex. *marche/marchons*, du passé 1 *marchai* (dit trop largement « passé simple », car l'IMP mériterait aussi l'appellation), du passé 2 *marchais* (dit « imparfait » afin de le distinguer de son équivalent temporel *marchai*), du futur 1 *marcherai* (dit « futur simple » par symétrie avec *marchai*) et du futur 2 *marcherais* (abusivement dit « conditionnel » suite à la contamination du mode par la modalité : voir le *Complément didactique* au chapitre 3, et « présent » au sens de « simple » sur le modèle de l'infinitif « présent » *marcher*, du participe « présent » *marchant*, du subjonctif « présent » *marche/marchions*).

Nous avons chemin faisant adopté la nomenclature simplifiée de Wilmet (1997), également reprise par Van Raemdonck et Detaille (2011). Un tableau complétant celui du § 43 la résume.

Mode	Formes simples	Terminologie traditionnelle	Simplification
Mode 1 (impersonnel)	marcher	Infinitif présent	Infinitif
	marchant	Participe présent	Participe 1
	marché	Participe passé (forme courte)	Participe 2
Mode 2 (subjonctif)	marche/marchions	Subjonctif présent	Subjonctif 1
	marchasse	Subjonctif imparfait	Subjonctif 2
Mode 3 (indicatif)	marche/marchons	Indicatif présent	Présent
	marchai	Passé simple	Passé 1
	marchais	Imparfait	Passé 2
	marcherai	Futur simple	Futur 1
	marcherais	Conditionnel présent	Futur 2

Mode	Formes composées	Terminologie traditionnelle	Simplification
Mode 1 (impersonnel)	avoir marché	Infinitif passé	Infinitif composé
	ayant marché	Participe passé	Participe 1 composé
	eu marché	—	Participe 2 composé
Mode 2 (subjonctif)	aie marché	Subjonctif passé	Subjonctif 1 composé
	eusse marché	Subjonctif plus-que-parfait	Subjonctif 2 composé
Mode 3 (indicatif)	aie marché	Passé composé	Présent composé
	eus marché	Passé antérieur	Passé 1 composé
	avais marché	Plus-que-parfait	Passé 2 composé
	aurai marché	Futur antérieur	Futur 1 composé
	aurais marché	Conditionnel passé	Futur 2 composé

TEMPS

73 – La variable *temps* décrit l'orientation du procès qu'exprime le verbe – et que véhicule « de gauche à droite » le temps cosmique : *cf.* § 60 – par rapport aux trois repères L (mode 1), P (mode 2), A (mode 3).

1. Procès arrivant au repère L ou *temps incident* (= « qui tombe sur », « qui s'approche ») de *marcher*, procès mi-arrivant mi-arrivé ou *temps adjacent* (= « qui est au contact ») de *marchant*, procès quittant le repère ou *temps décadent* (= « qui se retire, s'éloigne ») de *marché*.
2. Procès épousant au départ du repère P une trajectoire montante ou *temps prospectif* de *marche/marchions*, procès prenant au départ du repère P une trajectoire descendante ou *temps rétrospectif* de *marchasse*.
3. Procès contemporain du repère A ou *temps présent* de *marche/marchons*, procès antérieur au repère A ou *temps passé* de *marchai*, procès postérieur au repère A ou *temps futur* de *marcherai*. Le français intègre à ce sous-système repéré sur l'actualité « moi-ici-maintenant » A un sous-système repéré sur une actualité dépassée A' (un mixte de « moi » et de « non-moi », de « ici » et de « là », de « maintenant » et de « alors »), qui sert à *marchais* (le procès à la fois de *temps passé* relativement à

l'actualité A et contemporain de l'actualité A') [c'est l'origine de la dénomination longtemps en faveur de « présent dans le passé »] et à *marcherais* (le procès postérieur à l'actualité A' et indifférent à l'actualité A, donc ni passé, ni présent ni futur mais de *temps futur du passé*).

Aux neuf temps précités, mutuellement exclusifs, les formes composées ajoutent une dimension temporelle.

- Les auxiliaires *avoir* ou *être* (et leurs homologues *venir de, ne faire que de...* + infinitif dégradés « semi-auxiliaires » : *cf.* § 105) ajoutent un *temps antérieur* : p. ex., au mode indicatif – on adaptera aux temps incident, adjacent, décadent du mode impersonnel et aux temps prospectif, rétrospectif du mode subjonctif –, *Sophie a/eut/avait/aura/aurait marché* = « la marche de S. précède un moment présent, passé, futur ou futur du passé ».
- Le symétrique *aller* + infinitif (limité au PRES et à l'IMP) et ses homologues *devoir, faillir, pouvoir, savoir, avoir à, être sur le point de...* ajoutent un *temps postérieur* : p. ex. *Sophie va/allait marcher* et *Sophie est/fut/était/sera/serait sur le point de marcher* = « la marche de S. succède à un moment présent, passé, futur ou futur du passé », etc.
- Les auxiliaires *être en train de* et ses homologues *ne faire que, commencer à, continuer à, se mettre à, achever de, commencer par, finir par...* ajoutent un *temps simultané* : p. ex. *Sophie est/fut/était/sera/serait en train de marcher* = « la marche de S. coïncide avec un moment contemporain du présent, du passé, du futur ou du futur du passé », etc. (ce cumul de temps simultané et de temps présent, passé, futur, futur du passé rentable dans par exemple *Sophie est/fut/était/sera/serait en train de fumer* = « S. grille/grilla/grillait/grillera/grillerait une cigarette » *vs Sophie fume/fuma/fumait/fumera/fumerait* = « S. est, fut, était, sera ou serait fumeuse »), etc.

ASPECT

74 – La variable *aspect* décrit une des deux situations du repère L, P, A ou A' face au procès.

Excursus
On s'occupe ici de l'aspect grammatical, lié à la forme du verbe, non de l'aspect lexical – l'*Aktionsart* 'mode d'action' des grammairiens allemands –, lié au sens du verbe et sélectionnant en partie les auxiliaires et les compléments : ASPECT STATIQUE (*avoir, être, ignorer, savoir, aimer* [au sens platonique], *détester*… ne marquent par eux-mêmes aucune progression du procès) *vs* ASPECT DYNAMIQUE **imperfectif** ou **atélique** : *dormir, marcher*, etc. (le procès existe dès le début : commencer à dormir ou à marcher, c'est si peu que ce soit avoir dormi ou marché), **perfectif** ou **télique** : *naître, mourir, sortir*, etc. (le verbe n'a d'existence qu'à la fin du procès : commencer à naître, à mourir ou à sortir n'est ni être né ni être mort ni être sorti).

1. Repère intérieur, coupant le procès en deux tronçons : *aspect sécant* de *marchant* (repère L), *marche/marchons* (repère A), *marchions* (repère A').
2. Repère extérieur, saisissant le procès en bloc : *aspect global* de *marcher* et *marché* (repère L), de *marche/marchions* et *marchasse* (repère P), de *marchai* et *marcherai* (repère A), de *marcherais* (repère A')[1].

Aux deux aspects précités, mutuellement exclusifs, les formes composées additionnent une dimension aspectuelle.

1 L'aspect purement global du FS et du COND a été mis en doute (Leeman, 2001 ; Bres, 2003…) sous prétexte qu'ils partagent la compatibilité du PRES et de l'IMP avec les adverbes *déjà* et *depuis*, les conjonctions *comme* et *pendant que* ou l'auxiliaire *être en train de*, les uns et les autres largement interdits au PS : *Pendant que Nicolas dormira/dormirait, Margot rentrera/rentrerait vs* *Pendant que Nicolas dormit, Margot rentra* (sauf parallélisme absolu : *Tout le temps que/ ?pendant que Nicolas dormit, Margot le regarda*… [le point d'interrogation antéposé signalant une acceptabilité douteuse]) ou *Nicolas sera/serait déjà en train de dormir quand Margot rentrera/rentrerait vs* *Nicolas fut déjà en train de dormir quand Margot rentra*, etc. La raison, invoquée par Wilmet ([5]2010, § 319, rem.), ne serait-elle pas tout bonnement qu'à la différence du temps passé, qui profite du doublet PS/IMP : *Nicolas était déjà en train de dormir quand Margot rentra*, etc., le temps futur et le temps futur du passé – aussi le temps incident ou décadent du mode impersonnel : *être en train de dormir, déjà dormi*…, le temps prospectif ou rétrospectif du mode subjonctif : *Avant que Nicolas soit/fût en train de dormir, Margot est entrée/entra*… – doivent bien s'accommoder de ces alliances ?

- Les auxiliaires *avoir* ou *être* (et *venir de, ne faire que de*... + infinitif) ajoutent un *aspect excursif* – dit aussi « transcendant » ou « extensif » – de dépassement de la borne finale du procès : p. ex., au mode indicatif, *Valérie a/eut/avait/aura/aurait marché* = « V. est/fut/était/sera/serait dans une phase succédant à la marche ».
- Les auxiliaires de type *aller* ajoutent un *aspect précursif* : p. ex. *Valérie va/allait marcher* et *Valérie est/fut/était/sera/serait sur le point de marcher* = « V. est/fut/était/sera/serait dans une phase préalable à la marche », etc.
- Les auxiliaires de type *être en train de* ajoutent un *aspect cursif* : p. ex. *Valérie est/fut/était/sera/serait en train de marcher* = « V. est/fut/était/sera/serait dans une phase interne à la marche », etc.

Nous sommes en mesure de nous recentrer sur l'IMP.

À L'ÉPREUVE DE LA VALEUR UNIQUE

75 – L'IMP allie la variable *temps passé* à la variable *aspect sécant*. Sur le schéma ci-dessous, son tracé, lisible de haut en bas et de bas en haut, correspond, pour le temps (*cf.* § 73), à A ⇒ A'⇒ C, pour l'aspect (*cf.* § 74), à A'⇐ C. En une formule, A ⇒ A'⇔ C[1].

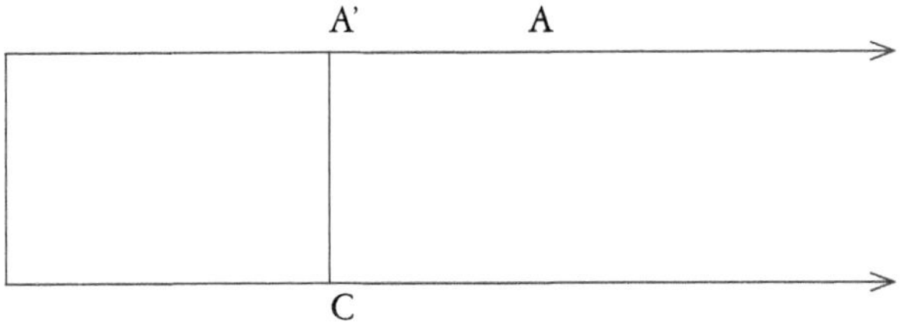

FIG. 4 – Schéma de l'IMP.

1 Le parcours A ⇒ A'⇔ C réinterprète la formule R ≠ S et R ⊂ E de Reichenbach (1947), l'actualité A de l'énonciation correspondant à S (abréviation de *speech point*), l'actualité seconde A' à R (abréviation de *reference point*), le procès C à E (abréviation de *event*).

Le choix de l'IMP devra satisfaire deux interrogations : (1) pourquoi le temps passé ? (C antérieur à A), (2) pourquoi l'aspect sécant (A' intérieur à C) ?

POURQUOI LE TEMPS PASSÉ ?

76 – Partons d'un exemple.

[1] Vous souvint-il du soir où Christian vous parla
Sous le balcon ? Eh bien ! Toute ma vie est là :
Pendant que je restais en bas, dans l'ombre noire,
D'autres montaient cueillir le baiser de la gloire !
C'est justice, et j'approuve au seuil de mon tombeau :
Molière a du génie et Christian *était* beau ! (E. Rostand, *Cyrano de Bergerac*, V, 6).

Sans rien savoir de la pièce de Rostand, un lecteur comprendra qu'à l'actualité (A) Molière vit et que Christian, le mari de Roxane, à qui Cyrano prêtait sa voix et sa plume, est mort… ou qu'il a enlaidi. La distance séparant le procès de l'actualité (l'intervalle A-A' sur le schéma du § 75) n'importe pas. Les extraits 2, 3, 4, 5 diminuent ainsi la fourchette d'un demi-siècle à quelques années, à une nuit et à un instant.

[2] Je n'*avais* pas huit ans, lorsque je suis descendu, tenez ! juste dans le Voreux, et j'en ai cinquante-huit, à cette heure. Calculez un peu… (Zola, *Germinal*, LP, 57).

[3] Quelques années s'étaient écoulées : l'époque où j'avais rencontré Adrienne devant le château n'*était* déjà plus qu'un souvenir d'enfance (G. de Nerval, *Les filles du feu*, LP, 145).

[4] Drôle de rêve : je me *trouvais* seul au milieu d'une forêt très sombre ; il avait plu, et maintenant il *pleuvait* encore, pas du ciel, mais des arbres, par saccades lourdes, sous la présidence du vent (P. de Duve, *Cargo Vie*, LP, 35) [ne pas se tromper à l'adverbe *maintenant* = « alors » ; voir un second exemple dans l'extrait 35 : « on s'apercevait maintenant »].

[5] Je te *croyais* couchée. À qui écris-tu ? Viens un moment, s'il te plaît (G. Marcel, *Un homme de Dieu*, LP, 98) [à rapprocher de l'exclamation *Il ne manquait plus que ça !* = « ça manquait jusqu'ici et, le bouquet, ça ne manque plus »].

Un pas de plus et l'IMP prévaut sur un PRES ou sur un FUT objectivement possibles.

– *Tu étais là ?* = « de l'endroit où tu es, as-tu assisté à la scène ? ». *Tiens, il pleuvait !* = « il pleut, mais j'aurais pris mon parapluie si je m'en étais avisée à temps ». *Comment s'appelait encore votre mari* = « j'ai son nom sur le bout de la langue » (nul besoin que la conjointe soit veuve ou divorcée).

– *Dommage de partir alors qu'il y avait un beau spectacle ce soir* = « une occasion hélas perdue », etc.

La syntaxe (l'IMP sous la dépendance d'un PS ou d'un PC : extraits 6, 7) ou la psychologie (extraits 8, 9, 10) découvrent les causes de la prédilection temporelle affichée.

[6] La dame au nez pointu répondit que la terre
Était au premier occupant (La Fontaine, *Fables*, VII, 16) [la perpétuation de la maxime au-delà de son responsable occasionnel (la belette, « dame au nez pointu ») légitimerait qu'un PRES *est* rompe l'attraction mécanique du PS matriciel *répondit* (voyez d'ailleurs La Fontaine, *Fables*, V, 20 : « Il m'a dit qu'il ne *faut* jamais / Vendre la peau de l'ours qu'on ne l'ait mis par terre ») ; mais l'extrait suivant semble indiquer que l'IMP, fût-il de portée moins large, fait figure en français contemporain de forme non marquée[1]].

[7] Quand je levai la main pour la deuxième fois,
Le cœur n'y était plus, j'avais perdu la foi,
Surtout qu'elle s'était enquise, la bougresse :
« Avez-vous remarqué que j'*avais* un beau cul ? »
Et ma main vengeresse est retombée vaincue !
Et le troisième coup ne fut qu'une caresse... (G. Brassens, *Poèmes et chansons*, IX, 3).

[8] – Ah que de choses sont mortes... qui sont nées !
Pourquoi vous être tu pendant quatorze années,
Puisque, sur cette lettre où lui n'était pour rien,
Ces pleurs étaient de vous ?
(*Cyrano lui tend la lettre*)
– Ce sang *était* le sien (E. Rostand, *Cyrano de Bergerac*, V, 5) [le sang de Christian qui macule la lettre a justifié « pendant quatorze années » le mutisme de Cyrano].

[9] – Le fils me répondra des mépris de la mère :
La Grèce le demande, et je ne prétends pas
Mettre toujours ma gloire à sauver des ingrats.

1 Nonobstant Saussure et Sthioul (2005 : 115, n. 10) : « ...c'est bien l'imparfait qui nous paraît être la forme marquée », en désaccord avec Damourette et Pichon, pour qui la « non-concordance » serait « étonnante » (1936, § 1721) chez – j'en profite pour donner un échantillon de leur style savoureux – « tout indigène de France n'ayant pas subi d'influence allogène » (*ibid.*, § 1723).

– Hélas ! il mourra donc ! Il n'a pour défense
Que les pleurs de sa mère et que son innocence…
Et peut-être après tout, en l'état où je suis,
Sa mort avancera la fin de mes ennuis.
Je *prolongeais* pour lui ma vie et ma misère ;
Mais enfin sur ses pas j'irai revoir son père (Racine, *Andromaque*, I, 4) [la veuve d'Hector abdique expressément sa volonté de vivre = « fini de lutter »].

[10] *J'avais* autre chose à te dire. À propos de ce que Francis est venu m'apprendre tout à l'heure (G. Marcel, *Un homme de Dieu*, LP, 55) [retour à l'intention momentanément interrompue].

Excursus
La préférence inverse – le temps futur ou le temps présent choisis au détriment du temps passé – engendre le FUT dit « historique », le PRES dit « historique » et le PRES parfois dit « de fiction », autant de FUT et de PRES normaux qui résultent en fait d'une péripétie cotextuelle et/ou contextuelle (cotextuelle : le FUT « historique », cotextuelle et contextuelle : le PRES « historique », contextuelle : le PRES « de fiction »).
– Les FUT jusque-là simplement repérés sur une actualité antérieure à T_0 (*cf.* § 42, *excursus*) deviennent « historiques » quand un saut d'actualité les amène à côtoyer des passés. Exemple (dans *Metro*, 31 juin 2001 : 5) : « Le 21 juin 1943, le chef de la Résistance française, Jean Moulin, est victime d'une trahison et arrêté par la Gestapo à Caluire, dans la banlieue de Lyon. Il *sera* torturé et interrogé par les nazis, notamment par Klaus Barbie, mais ne *livrera* aucun secret sur le réseau de la Résistance. Épuisé et malmené, il *mourra* ensuite le 8 juillet, à l'âge de 43 ans, alors qu'on le *transportait* en Allemagne. » Une première actualité (A1), fixée au 21 juin 1943, prend en charge le PRES *est* (un PRES actualisé, à ne pas confondre avec le PRES « historique » ci-dessous) et les FS *sera, livrera, mourra* ; puis l'énonciateur (actualité A2) reprend à son compte l'IMP *transportait*, enserrant *mourra* à hauteur d'une actualité dépassée (A'2). Des PRES successifs sur une actualité A mobile étaient possibles : « Le 21 juin 1943, le chef de la Résistance française, Jean Moulin, *est* victime d'une trahison et arrêté par la Gestapo à Caluire, dans la banlieue de Lyon. Il *est* torturé et interrogé par les nazis, notamment par Klaus Barbie, mais ne *livre* aucun secret sur le réseau de la Résistance. Épuisé et malmené, il *meurt* ensuite le 8 juillet, à l'âge de 43 ans, alors qu'on le *transporte* en Allemagne. »
– Les PRES « historiques » (et leur assez rare pendant de FUT dits « prophétiques ») localisent au présent et au passé (ou au présent et au futur) des procès contemporains sans indiquer un changement d'actualité A1 vers A2. Exemple : « À la porte de la salle / Ils entendirent du bruit : / Le Rat de ville *détale* ; / Son camarade le *suit* » (La Fontaine, *Fables*, I, 9) [l'actualité A du PS *entendirent* (AC sur le schéma du § 60) sert aux PRES *détale* et *suit* (AB sur le schéma)].
[N.B. Dans l'exemple du paragraphe précédent, un PRES *transporte* – d'aspect sécant comme l'IMP – serait imputable à l'abandon du temps futur (*cf.* § 82,

excursus) : « Épuisé et malmené, il mourra ensuite le 8 juillet, à l'âge de 43 ans, alors qu'on le *transporte* en Allemagne »].
– Les PRES « de fiction » se donnent des airs de reportage en direct aussitôt démenti par l'absence de situation probante. « Histoires drôles » ou récits sérieux, le canevas en est stéréotypé. Exemples : « Un homme et une femme ne se *connaissent* pas et *doivent* partager le même wagon-lit... » (source Google). « Un homme *est* étendu sur la terre, sans sentiment, sans voix, sans chaleur, sans mouvement. On le *tourne*, on le *retourne*, on l'*agite*, le feu lui *est* appliqué, rien ne l'*émeut*... » (Diderot, *Pensées philosophiques*, LI). « Un soldat jeune, bouche ouverte, tête nue / Et la nuque baignant dans le frais cresson bleu, / *Dort*... » (Rimbaud, *Le Dormeur du val*).

77 – Le chapitre délicat est celui où le temps passé est préféré au temps futur du passé : les emplois que la littérature grammaticale nomme « modaux » (souvenir du conditionnel classé mode et nouveau témoignage de confusion de la modalité et du mode). Au premier rang, l'IMP derrière un *si* d'hypothèse, que le français populaire et le français enfantin troquent volontiers contre une forme en *-rais* (dorénavant COND). On se souvient du Petit Gibus dans le film d'Yves Robert tiré de *La guerre des boutons* de Louis Pergaud : « Si j'*aurais* su, j'aurais pas venu », et de l'antienne scolaire inlassablement serinée aux oreilles de générations d'écoliers : « Après *si*, pas de *r* ».

Schématiquement, A ⇒ A'⇒ C l'emporte sur A ⇒ A'⇒ D-B-E (les traits d'union solidarisent en un procès futur du passé les procès D passé, B présent, E futur) :

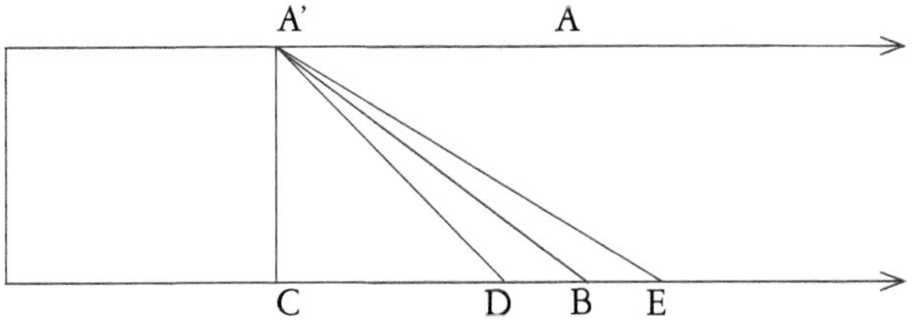

FIG. 5 – Emplois modaux.

Les exemples semblables aux suivants, empruntés à différents registres, ont de quoi interpeller et ils n'y ont pas manqué (extraits 11, 12, 13, 14).

[11] La belle, si tu *voulais* (bis),
Nous dormirions ensemble, lon la,

Nous dormirions ensemble (chanson populaire du XVIIIe siècle) [le constat et les raisonnements s'adaptent *mutatis mutandis* au PQP (p. ex. Paul Fort : « Si le Bon Dieu l'*avait voulu* – lanturlurette, lanturlu –, j'aurais connu la Cléopâtre, et je ne t'aurais pas connue »), c'est-à-dire à un IMP composé en lieu et place du COND composé].

[12] J'ai déjà eu tort de vous en parler et vous me le faites assez sentir en ce moment. Ce qui n'eût été que de la candeur avec tout autre, devient une étourderie avec vous, et me mènerait à une noirceur, si je *cédais* à votre demande (Ch. de Laclos, *Les liaisons dangereuses*, LP, 167).

[13] Si je vous le *disais*, pourtant, que je vous aime,
Qui sait, brune aux yeux bleus, ce que vous en diriez ? (Musset, *Œuvres complètes*, coll. Rencontre, VI, 30).

[14] Si jeunesse *savait*, si vieillesse *pouvait* (proverbe) ou Si j'*étais* roi (titre d'un opéra comique), etc. [la non-expression de la conséquence déploie une gamme infinie de possibilités].

Deux observations prouvent que la conjonction *si* et l'IMP ont partie liée et que l'interdiction vise exclusivement le COND.

- Le remplacement de *si* par *au cas où, des fois que* (familier), *pour peu que*, etc., ou encore la suppression de toute conjonction annulent l'IMP (p. ex. *Au cas où tu voudrais…, Des fois que tu voudrais…* et *Pour peu que tu veuilles* ou *Je vous dirais que je vous aime, qui sait ce que vous en diriez ?*).
- Le subjonctif 2 composé à sens de « conditionnel passé » était courant en ancien français (p. ex. Villon, *Le Testament*, XXVI : « …se j'*eusse estudié* / Ou temps de ma jeunesse folle… » = "si j'avais étudié") et reste un archaïsme toléré dans la sous-phrase (p. ex. Brassens, *Poèmes et chansons*, IV, 7 : « S'il *eût pu* revivre un instant, / Grand-père aurait été content / D'aller à sa dernière demeure / Comme un empereur » = "s'il avait pu").

La clé de l'énigme n'apparaîtra qu'après un sérieux examen de l'aspect. Rendez-vous au § 82.

POURQUOI L'ASPECT SÉCANT ?

78 – La vision sécante d'un procès a pour résultat d'en estomper les limites, de convertir, si l'on veut, le segment | —— | en une droite

(|)——(|). Privés de contours, les évènements passés flottent, baignent dans un certain vague, se prêtent excellemment à rapporter des rêves ou à nourrir des rêveries (extraits 15 et 16 [en plus de l'extrait 4 au § 76]).

[15] Puis renaissait le souvenir d'une nouvelle attitude ; le mur *filait* dans une autre direction : j'*étais* dans ma chambre, chez Mme de Saint-Loup, à la campagne… Ces évocations tournoyantes et confuses ne duraient jamais que quelques secondes ; souvent ma brève incertitude du lieu où je me trouvais ne distinguait pas mieux les unes des autres les diverses suppositions dont elle était faite, que nous n'isolons, en voyant un cheval courir, les positions successives que nous montre le kinétoscope (Proust, *apud* Wilmet, [5]2010, § 289).

[16] Emma ne dormait pas, elle faisait semblant d'être endormie ; et, tandis [que Charles] s'assoupissait à ses côtés, elle se réveillait en d'autres rêves. Au galop de quatre chevaux, elle *était* emportée depuis huit jours vers un pays nouveau, d'où ils ne reviendraient plus. Ils *allaient*, ils *allaient*, les bras enlacés, sans parler. Souvent, du haut d'une montagne, ils *apercevaient* tout à coup quelque cité splendide avec des dômes, des ponts, des navires, des forêts de citronniers et des cathédrales de marbre blanc, dont les clochers aigus *portaient* des nids de cigognes. On *marchait* au pas à cause des grandes dalles, et il y *avait* par terre des bouquets de fleurs que vous *offraient* des femmes habillées en corset rouge. On *entendait* sonner des cloches, hennir des mulets… (Flaubert, *ibid.*).

À lui seul, le jeu n'en vaudrait pas la chandelle. Le principal intérêt de l'aspect sécant se révèle dans la concurrence de l'IMP avec le PS (de temps passé et d'aspect global) et le PC (de temps présent antérieur et d'aspect sécant excursif : les « présent achevé » et « antérieur de présent » des § 57-61).

En schéma, A ⇒ A'⇒ C (IMP) *vs* A ⇒ C (PS) ou A ⇒ B ⇒ C (PC).

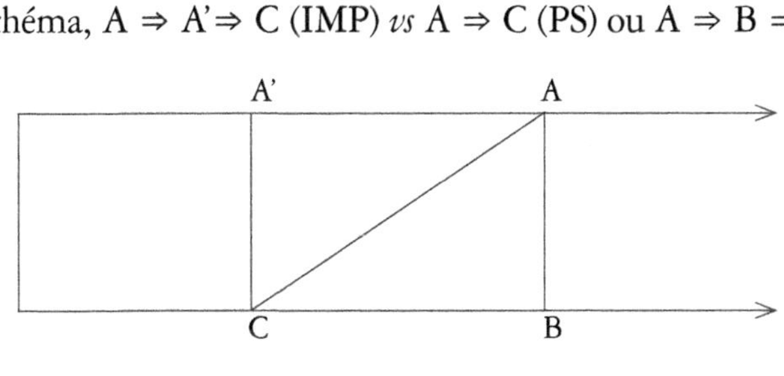

FIG. 6 – L'IMP, le PS et le PC.

Le parcours A ⇒ A'⇒ C effectue un détour par A' avant de parvenir au procès C, qu'atteignent immédiatement le PS et médiatement le

PC. Nous avons commenté l'intérêt du point B (§ 60 sv.). Quels motifs poussent maintenant un énonciateur à la complication d'une actualité A' suscitée ou ressuscitée ?

Ils sont de nature (1) logique, (2) sémantique, (3) expressive.

Motifs logiques

79 – L'ouverture **initiale** du procès offre à l'IMP l'occasion de déborder d'un ou plusieurs évènements contemporains, auxquels il fournit le cadre général (extrait 17), des antécédents (extrait 18), un décor (extrait 19), une ambiance (extrait 20), un arrière-plan descriptif (extrait 21), une cause (extrait 22), une opposition surmontée (extrait 23), etc.

[17] Il *était* une fois… (le prélude habituel des contes de fées) ou Ce siècle *avait* deux ans… (Hugo) [1802, la date de naissance de l'écrivain, entame le recueil *Les feuilles d'automne*].

[18] Nous *étions* à l'étude, quand le proviseur entra, suivi d'un nouveau habillé en bourgeois et d'un garçon de classe qui *portait* un grand pupitre. Ceux qui *dormaient* se réveillèrent, et chacun se leva, comme surpris dans son travail (Flaubert, *Madame Bovary*, LP, 21).

[19] Quand nous avons vu la Maison, nous avons éprouvé un soulagement délicieux : il *existait* donc, cet endroit auquel nous *aspirions* depuis notre enfance (A. Nothomb, *Les catilinaires*, Paris, Albin Michel, 1995, 11).

[20] Nous nous arrêtâmes un moment devant la barrière. Le temps des lilas *approchait* de sa fin ; quelques-uns *effusaient* encore en hauts lustres mauves les bulles délicates de leurs fleurs, mais dans bien des parties du feuillage (…) se *flétrissait*, diminuée et noircie, une écume creuse, sèche et sans parfum (M. Proust, *Du côté de chez Swann*, LP, 244).

[21] Tous s'arrêtèrent, saisis par la grandeur hautaine des larges perrons, des vingt fenêtres de façade, du développement des trois ailes dont les briques s'*encadraient* dans des cordons de pierre (É. Zola, *Nana*, LP, 202).

[22] Comme je l'*aimais*, je m'attendris, et la leçon me fit une impression profonde (Stendhal, *Vie de Henri Brulard*, LP, 152).

[23] Elle ne *voulait* point consentir à ce mariage ; mais je l'ai emporté, et ma parole est donnée (Molière, *Le malade imaginaire*, I, 5) [Béline, la femme d'Argan, qui aurait préféré voir la jeune Angélique, enfant d'un premier lit, au couvent plutôt que mariée, s'est finalement rangée à l'avis du mari ; comparer *Elle ne voulut point/n'a point voulu consentir à ce mariage… et je me suis incliné*].

En *incipit* de roman ou de poème, des enfilades d'IMP créent le *suspense* dans l'attente – qui peut durer – du grain de sable perturbateur (extraits 24 et 25).

[24] Il y *avait* trop de tournants, et aussi de montées, des descentes, pas très longues mais brutales. Il y *avait* aussi et surtout la question des cinquante francs qu'il *fallait* résoudre côute que coûte avant d'atteindre Concarneau. Seulement voilà : Jules Guérec n'*arrivait* pas à penser, du moins à penser cinq minutes durant à la même chose. Des tas d'idées *venaient* le distraire, tandis qu'il *restait* immobile sur son siège, les mains au volant, le corps raidi, la tête en avant. C'*était* la première fois qu'il *conduisait* le soir, dans l'obscurité, et ses propres phares l'*impressionnaient* (Simenon, *Les demoiselles de Concarneau*, éd. Rencontre, 335) [l'accident longuement préfiguré survient à la page 337 : « Une forme *bougea* soudain sur la droite… »).

[25] Il y *avait* des temps et des temps
Que je ne m'*étais* pas servi de mes dents,
Que je ne *mettais* pas de vin dans mon eau
Ni de charbon dans mon fourneau.
Tous les croque-morts, silencieux,
Ne me *quittaient* pas des yeux :
Ma dernière heure *allait* sonner…
C'est alors que j'ai mal tourné (Brassens, *Poèmes et chansons*, IV, 8).

Motifs sémantiques

80 – L'ouverture finale du procès (à la lettre, « imparfait » : *cf.* § 56 et n. 1) plonge dans l'ombre son terme naturel. Les principales implications qui découlent de cette partie en pointillés sont l'occupation de l'espace, une politesse codifiée (les IMP dits « d'atténuation » ou « de courtoisie »), l'itération.

- Exemples d'occupation de l'espace : *Hier, il pleuvait* = « la pluie est tombée durant une portion significative de la journée » *vs Hier, il a plu* = « des gouttes – en quelle quantité et pendant combien de temps ? on l'ignore – sont tombées ». *J'avais vingt ans en 1940* (titre d'une exposition) = « le fait marquant est le conflit mondial », autrement dit « mes vingt ans sont morts à la guerre » (Brassens, *Poèmes et chansons*, VI, 10), *vs J'ai eu vingt ans en 1940* = « le fait marquant est mon anniversaire ».
- Exemples de politesse codifiée : *Vous aviez une question ?* ou *Je venais prévenir Monsieur* ou *Nous voulions vous demander un service*, etc.

L'IMP laisse l'allocutaire libre de disposer de son présent... en maintenant *de facto* l'invitation à questionner (premier exemple), l'intrusion du domestique (deuxième exemple) ou la sollicitation des quémandeurs (troisième exemple), les deux derniers exemples bénéficiant de l'atout que les infinitifs *prévenir* et *demander*, dans le prolongement de *venir* et *vouloir*, échappent à l'orbite du temps passé : *je venais prévenir* = « je venais et je préviens », *nous voulions vous demander* = « nous voulions et nous demandons »...

– La non-sélection de la borne finale favorise la répétition de procès expressément jumelés qui s'imbriquent (extrait 26) ou se succèdent (extrait 27).

[26] Pendant qu'on le *frictionnait*, il lui *était* lu quelque page de la divine Écriture à voix haute et claire, avec prononciation correspondant à la matière, et cet office *revenait* à un jeune page... (Rabelais, *Gargantua*, LP, 69).

[27] Dès qu'il *apercevait* une place libre, il se *précipitait* vers elle et s'y *asseyait* (R. Queneau, *Exercices de style*, LP, 50).

Le raisonnement serait à peu près (*cf.* Delbart, 1995 : 84) : « Si l'énonciateur avait désiré une interprétation semelfactive, il aurait sélectionné le PS ou le PC : *Tout le temps qu'on le frictionna/l'a frictionné, il lui fut/a été lu quelque page de la divine Écriture...* (le PS un peu difficile après *pendant que* : *cf.* § 74, 2, n. 1) ou *Dès qu'il aperçut/a aperçu une place libre, il se précipita/s'est précipité vers elle et s'y assit/est assis.* Par conséquent, en ne choisissant pas le PS ou le PC, on souhaite une interprétation itérative, que l'aspect sécant de l'IMP encourage par le fait qu'à chaque étape de la progression du procès 1 le procès 2 peut démarrer[1] ».

Motifs expressifs

81 – L'ouverture **médiane** d'un procès engendre les effets quasi cinématographiques de gros plan, de ralenti.

1 La continuité du procès sous-phrastique annule la répétition. Par exemple : « Quand j'*étais* enfant, je *rêvais* d'être médecin, avoue timidement Hélène Rochas » (*L'Express*, n° 882, 33) [*vs* p. ex. *Quant j'étais malade, je rêvais d'être médecin* = « chaque accès de maladie redéclenchait mon rêve »]. À l'inverse, une conjonction itérative l'imprime au PS ou au PC matriciels : *Chaque fois qu'il aperçut/a aperçu une place libre, il se précipita/s'est précipité vers elle et s'y assit/est assis*, mais dans une capsule de temps, que l'IMP décloisonne : *Chaque fois qu'il apercevait une place libre, il se précipitait vers elle et s'y asseyait.*

Exemple de gros plan : l'IMP dit « pittoresque » (la métaphore picturale a précédé celle des mouvements de caméra chez les plus anciens commentateurs). Il met sous la loupe un évènement artificiellement dégagé d'une séquence ou d'un scénario (extraits 28, 29, 30, 31, 32, et l'authentique « arrêt sur image » de l'extrait 33)[1].

[28] Le prince de Clèves devint passionnément amoureux de Mlle de Chartres et *souhaitait* ardemment l'épouser... (Madame de la Fayette, *La princesse de Clèves*, LP, 44) [le désir obsessionnel du prince envahit l'écran].

[29] Mais, de l'ombre du couloir, deux hommes avaient surgi. Tarrou eut à peine le temps d'entendre son compagnon demander ce que pouvaient bien vouloir ces oiseaux-là. Les oiseaux, qui avaient l'air de fonctionnaires endimanchés, *demandaient* en effet à Cottard s'il s'appelait bien Cottard... (Camus *apud* Bres, 2005 : 11).

[30] Jusqu'au jeudi suivant le temps resta à la pluie. Et ce jeudi-là fut plus triste encore que le précédent. Toute la campagne *était* baignée dans une sorte de brume glacée comme aux plus mauvais jours de l'hiver (Alain-Fournier, *Le grand Meaulnes*, LP, 151).

[31] Voyant avec qui je causais, les derniers importuns se retirèrent ; je *restais* seul avec Ménalque (A. Gide, *L'immoraliste*, LP, p. 170).

[32] Elle le regarda, sceptique. Mais déjà il avait sorti de sa poche un petit paquet entouré de papier de soie et il le *dépliait* lentement (M. Duras, *Un barrage contre le Pacifique*, LP, 125).

[33] Ça sentait si bon la cuisine, dans la maison, que les voisines descendirent les unes après les autres, entrèrent sous des prétextes, uniquement pour savoir ce qui cuisait ; et elles se *plantaient* là, en attendant que la blanchisseuse fût forcée de lever les couvercles (É. Zola, *L'assommoir*, LP, 240).

---

1 La césure médiane n'empêche pas de quantifier la durée des procès : voyez *lentement* (extrait 32) ou *en attendant que la blanchisseuse fût forcée de lever les couvercles* (extrait 33), et, pour contrôler, ajoutez un complément de temps dans l'extrait 36 : « Il y a trois mois environ, un homme très bien mis et de grandes manières se présentait chez un bijoutier parisien, *regardait distraitement les vitrines durant quelques secondes* et lui demandait un bijou exceptionnel, pierre ou perle ». Tasmowski (1985), Vogüe (1999) ou Gosselin (1996, 1999) en déduisent que l'aspect global s'est substitué à l'aspect sécant. Sans doute à tort : quel serait le bénéfice de l'IMP, conforme à l'adage des grammairiens du latin : « Perfecto procedit, imperfecto insistit oratio » 'le récit avance au *perfectum* et s'arrête à l'*imperfectum*' ? Noter aussi que le PRES « historique », qui ne dispose d'aucune doublure aspectuelle, se comporte de même : « Il y a trois mois environ, un homme très bien mis et de grandes manières se *présente* chez un bijoutier parisien, *regarde* distraitement les vitrines durant quelques secondes et lui *demande* un bijou exceptionnel, pierre ou perle », etc.

- L'incorporation de l'aspect sécant à un verbe d'aspect lexical perfectif, censé courir d'une traite au bout du procès (relire l'*excursus* au § 74), augmente encore l'expressivité (extrait 34).

[34] Le 4 septembre 1768, *naissait* à Saint-Malo, dans la sombre rue des Juifs, le chevalier François-René de Chateaubriand (Lanson *apud* Guillaume, 1929 : 66) [un lever de rideau en fanfare].

- Exemples de ralenti, l'IMP dit « narratif » et, sur la foi d'un complément frontal capable de provoquer une accélération du rythme avant le coup de frein, l'IMP dit « de rupture ». Par exemple, en trafiquant les vers de La Fontaine de l'*excursus* au § 76 : « À la porte de la salle / Ils entendirent du bruit : *Aussitôt/brusquement/sans perdre une seconde... le Rat de ville détalait et son camarade le suivait* » (le fabuliste aurait sans doute mieux aimé l'infinitif dit « de narration » : *Et le Rat de ville de détaler, et son camarade de le suivre...*). Il alterne avec des PS (extrait 35) ou s'assure une quasi-exclusivité au détriment du PS ou du PC (extrait 36 : neuf IMP contre un PS *vint* et deux PRES « historiques » *va* et *montre*).

[35] Les choses allèrent si loin que l'agence Ransdoc (renseignements, documentation, tous les renseignements sur n'importe quel sujet) annonça, dans son émission radiophonique d'informations gratuites, six mille deux cent trente et un rats collectés et brûlés dans la seule journée du 25. Ce chiffre, qui donnait un sens clair au spectacle quotidien que la ville avait sous les yeux, accrut le désarroi. Jusqu'alors, on s'était seulement plaint d'un accident un peu répugnant. On s'apercevait maintenant que ce phénomène dont on ne pouvait encore ni préciser l'ampleur ni déceler l'origine avait quelque chose de menaçant. Seul le vieil Espagnol asthmatique continuait de se frotter les mains et répétait : « Ils sortent, ils sortent », avec une joie sénile. Le 28 avril, cependant, Ransdoc *annonçait* une collecte de huit mille rats environ et l'anxiété était à son comble dans la ville. (...) Mais le lendemain, l'agence annonça que le phénomène avait cessé brutalement et que le service de dératisation n'avait collecté qu'une quantité négligeable de rats morts. La ville respira (Camus, *La peste*, LP, 22-23).

[36] Il y a trois mois environ, un homme très bien mis et de grandes manières se *présentait* chez un bijoutier parisien et lui *demandait* un bijou exceptionnel, pierre ou perle.
– J'ai, en effet, dit le bijoutier, une perle absolument unique, mais d'un prix élevé, naturellement. J'en demande soixante mille francs.
– Voyons.
– Un peu surpris, le bijoutier va chercher la perle et la montre, non sans méfiance, à cet inconnu.

– Parfaite, en effet, mais je ne puis en donner que cinquante mille. Si vous acceptez, envoyez-la-moi demain matin, et je paierai aussitôt.
En même temps, l'inconnu *donnait* son nom et son adresse.
Le lendemain matin, il *recevait* la perle et *payait* royalement. Quinze jours plus tard, il *revenait*.
– Votre perle est si belle que je voudrais avoir la pareille pour faire pendant. Je pars pour Londres ; voici mon adresse. Si vous trouvez la perle en question, je comprendrai fort bien la plus-value : je suis disposé à la payer le double.
Il y a un mois, le bijoutier *écrivait* qu'il avait trouvé la merveille en question, et l'Anglais *annonçait* sa prochaine arrivée. Il vint, en effet, et ayant examiné la perle, il la *refusait* avec mille regrets pour la peine : elle était trop différente. Étonnement du bijoutier : la seconde perle ressemblait à la première comme une sœur jumelle.
Elle lui ressemblait si bien que, renseignement pris, c'était la même perle que l'inconnu avait fait offrir par un affilié de la bande et que le bijoutier avait payée quatre-vingt mille en espérant la revendre cent mille. L'escroc avait gagné trente mille francs (*apud* Guillaume, 1929 : 68).

Plus qu'un film, ce sont sans doute les « positions successives » d'un kinétoscope (voir le commentaire de Proust dans l'extrait 15 au § 78) ou une succession de diapositives avançant « par à-coups, par soubresauts, d'une vue statique à une autre » (Le Goffic, 1995 : 136) qu'imagent le mieux les IMP.

82 – Ainsi armés, nous pouvons retourner aux emplois censément « modaux » de l'IMP (*cf.* § 77).

L'argumentation novatrice et à mon estime éclairante de Wilmet ([5]2010, § 299 et *passim*) est que (1) l'envie (§ 83) ou (2) la nécessité (§ 84) d'un aspect sécant, inexistant comme on l'a vu au temps futur du passé (d'aspect global : *cf.* § 74, 2), force, au prix du sacrifice de la composante temporelle (un renoncement d'ordinaire compensé lexicalement ou mélodiquement), à solliciter l'unique forme du sous-système repéré sur A' qui contienne l'aspect sécant, donc l'IMP.

Excursus
S'explique parallèlement – d'une pierre deux coups – le sacrifice, dans le sous-système repéré sur A, du FS de temps futur au PRES d'aspect sécant : *Si je vous avoue/*avouerai mon amour, que me répondrez-vous ?* Et aussi, hors conjonction, *L'année prochaine, je prends ma retraite* ou *Qu'est-ce qu'on mange ce soir ?*, etc. Ces PRES *prends* = « prendrai » et *mange* = « mangera, va manger » sont susceptibles d'attraction par un passé matriciel, comme *apud* Damourette

et Pichon, 1936, § 1709 : « Qu'est-ce qu'elle a dit qu'on *mangeait* demain, Jeanne ? » ; soit, en descendant la chaîne à partir d'un COND nettement « temporel » vers un IMP qu'on aurait peine à taxer de « modal », *Qu'est-ce qu'elle a dit qu'on mangerait demain ?* ⇒ *Qu'est-ce qu'elle a dit qu'on mangera demain ?* (accentuations successives de l'auxilié *dit* et de l'auxiliaire *a* : *cf.* § 57) ⇒ *Qu'est-ce qu'elle a dit qu'on mange demain ?* (le temps futur sacrifié à l'aspect sécant) ⇒ *Qu'est-ce qu'elle a dit qu'on mangeait demain ?* (attraction de *a dit*).

TEMPS FUTUR DU PASSÉ ET ASPECT SÉCANT OPTIONNEL

83 – L'emploi le plus ancien est celui que Henry (1960) a nommé IMP « de réalisation dramatique antidatée », Martin (1971) « d'imminence contrecarrée », Saussure et Sthioul (2005) « de conséquence non réalisée ». Deux autres sont récents : l'IMP ludique (ou préludique) et l'IMP forain (ou « des commerçants » – mais utilisé plutôt sur les marchés que dans les boutiques : voir l'exemple oral *infra*), créés ou attestés dans cet ordre au XXe siècle.

- Exemples d'IMP de réalisation dramatique antidatée : *Sans l'intervention des démineurs, la bombe explosait* ou *Attention, un peu plus tu tombais !* ou *Un cœur au lieu d'un pique et j'étais aujourd'hui milliardaire*, etc. Des COND relateraient de façon intellectuelle et froide les évènements qui ont failli se produire (*la bombe aurait explosé, tu serais tombé, je serais aujourd'hui milliardaire…*). Les IMP projettent comme sur une toile de cinéma ou dans une bulle de bande dessinée le déroulement fantasmé des procès qu'un détail a déviés *in extremis* (l'« effet Zorro » de Buridant, 2000, § 266 et 284) : l'intervention des démineurs, un pas en avant ou en arrière, une mauvaise carte[1]…
- Exemple d'IMP (pré)ludique : *Toi, tu étais la maman/le gendarme et moi le papa/le voleur.* Connu de l'espagnol, de l'italien (*cf.* Schena, 1995), régnant dans les cours de récréation en Belgique, il n'a été signalé que depuis peu en France (Patard, 2010), où

1 Des exemples de futurs du passé périphrastiques (aspect précursif : *cf.* § 74) comme *Sans l'intervention des démineurs, la bombe* ***allait exploser*** = « on s'acheminait vers une catastrophe » ou *Tu* ***allais tomber*** *si je ne t'avais retenu* = « la chute était inéluctable » ou *Avec un brin de chance, j'****allais être*** *milliardaire* = « je me dirigeais vers la fortune » (ajouter l'exemple de *allait sonner* au § 79, extrait 25) tiennent la balance égale entre la neutralité et l'expressivité de la narration.

la norme demeure « le délicieux conditionnel du surréalisme enfantin » (Hervé Bazin, *Les bienheureux de la Désolation*, Paris, Seuil, 1970 : 84 : « Ça, ce *serait* la montagne, dit le gamin blond. Alors vous *seriez* les Indiens et Ian *arriverait*... »). L'aspect sécant permet à un joueur d'anticiper ou de hâter l'agrément du partenaire au moment de la distribution des rôles.

– Exemple d'IMP forain : *Qu'est-ce qu'il lui/nous fallait aujourd'hui, la petite dame ?* Le COND *Qu'est-ce qu'il lui/nous faudrait aujourd'hui... ?* corrige la brutalité du PRES *Qu'est-ce qu'il lui/nous faut aujourd'hui... ?* L'aspect sécant manifeste en prime le zèle du serveur (= « c'est parti ») et prévient fictivement l'impatience du client. L'apostrophe *la petite dame* contribue au spectacle de rue en prenant les badauds à témoin, et le pronom de troisième personne ou de première personne plurielle évite la familiarité d'une adresse directe ou d'un dialogue exclusif.

TEMPS FUTUR DU PASSÉ ET ASPECT SÉCANT CONTRAINT

84 – L'alternance d'IMP et de COND, déjà presque bannie des sous-phrases conditionnelles en *si*, n'est plus du tout tolérée pour l'IMP que Tesnière (1927) a baptisé « hypocoristique » (du grec *upokoristikos* 'caressant').

– Les extraits 11 à 14 (§ 77) indiquent à suffisance que la conjonction *si* – un peu moins *comme si* : *Comme si je vous disais que je ne vous aime pas !* mais *Comme si je vous dirais jamais que je ne vous aime pas !*..., et presque plus le composé *du diable si* : *Du diable si je vous dirais/ ?disais que je vous aime*, etc. – impose à l'hypothèse un début de réalisation afin que la conséquence escomptée ait une meilleure chance d'en découler. Ou encore, formulé dans l'autre sens : « ...au moment où on considère les conséquences d'une hypothèse, on la pose comme réalisée » (Damourette et Pichon, 1934, § 1413)[1].

1 La contrainte aspectuelle ne touche que les hypothèses relatives à l'avenir (portant sur un procès postérieur à A' dans le sous-système de l'IMP ou postérieur à A dans le sous-système du PRES). Pour le passé, la prémisse étant de toute façon échue et le corollaire programmé, la conjonction *si* admet l'aspect global : « Nous ne savons pas si Cunégonde accepta la demande en mariage que lui adressa Constantin. Mais, si elle *acquiesça* à sa demande, ils furent (à coup sûr) les plus heureux des humains... » (Voltaire *apud* Bres, 2005 : 18) [les conjonctions *au cas où, pour peu que* auraient ici besoin d'un COND ou

Le COND réapparaît toutefois pour peu que la clarté s'oppose à la mainmise de l'aspect (extrait 37).

[37] Voilà mon cœur : c'est là que ta main doit frapper.
Impatient déjà d'expier son offense,
Au-devant de ton bras je le sens qui s'avance.
Frappe : ou si tu le crois indigne de tes coups,
Si ta haine m'envie un supplice si doux,
Ou si d'un sang trop vil ta main *serait* trempée,
Au défaut de ton bras prête-moi ton épée... (Racine, *Phèdre*, II, 5) [*était trempée* pouvait faire entendre que Phèdre impute à Hippolyte un meurtre antérieur (sa main ensanglantée)][1].

– Exemples d'IMP hypocoristique : *On avait chaud, mon chien, auprès du feu !* ou *Hein qu'elle était mignonne ta petite sœur ?* ou « Oh ! Qu'elle *était* laide, la grosse femme enceinte ! » (B. Groult *apud* Wilmet, [5]2010, § 300), etc. Un cran plus loin que le COND, qui propose un pacte, et que l'IMP (pré)ludique, qui le met cavalièrement en œuvre, l'IMP hypocoristique insinue par l'aspect sécant une convention ratifiée, irréversible, nouée sans véritable dialogue (de là les pronoms *on, elle* de troisième personne mis pour *tu*) entre un énonciateur et un interlocuteur n'ayant littéralement pas voix au chapitre parce que démuni de parole (un animal), incapable de parler ou de répondre (un enfant en bas âge) ou infantilisé (la femme enceinte du roman *Les trois quarts du temps* de Benoîte Groult).

En résumé, les IMP des § 83 et 84, renonçant à la condition nécessaire du temps passé, érigent l'aspect sécant en condition suffisante.

---

d'un subjonctif composés : *Au cas où elle aurait acquiescé à sa demande, ils furent à coup sûr heureux vs *Au cas où elle acquiescerait à sa demande, ils furent à coup sûr heureux* et *Pour peu qu'elle ait acquiescé à sa demande, ils furent à coup sûr heureux vs *Pour peu qu'elle acquiesce à sa demande, ils furent à coup sûr heureux*].

1 Exemple vécu d'un risque de méprise moins dramatique. À Bruxelles, dans le tram 94, à l'approche du terminus de l'avenue Louise au carrefour de laquelle un glacier réputé a pris pignon sur rue, une petite fille demande à sa mère : « Maman, si on *mangerait* une glace ? » Et la mère, qui préfère visiblement une leçon de grammaire à une halte gourmande, de lui répondre : « On ne dit pas *mangerait*, on dit *mangeait*. » Alors, la fillette : « Non, Maman, *mangeait* ce serait déjà fini ! » Est-ce aussi l'excuse de Paul-Jean Toulet (*apud* Grevisse-Goosse, [15]2011, § 389, rem. 1) : « Si nous *dînerions* ici ? dis-je » ?

RÉCAPITULATION

85 – Le § 53 avait détaillé les procédures à l'issue desquelles sont choisis le mode impersonnel (consigne 1) et le mode subjonctif (consignes 4, 6, 7, 9, 10, 11).

En contrepoint, le mode indicatif sera retenu au contact d'un pronom *je, tu, il, ils, on*, d'un pronom commutable par *je, tu, il, ils, on* ou d'un SN commutable par *il, ils, on*, à condition que le verbe à conjuguer ne traduise dans la phrase où il figure ni ordre de première ou de deuxième personne portant sur *avoir, être, savoir, vouloir*, ni invocation ni rejet avec *que*, ni souhait avec *que* ou conjonction Ø commutable par *que*, et, dans une sous-phrase pronominale, que le pronom enchâsseur n'ait pas un antécédent superlatif ou, en sous-phrase conjonctivale, que la conjonction enchâsseuse *que* n'ait pas de mot recteur virtualisant ou que le *x* de la conjonction enchâsseuse *x* + *que* ne soit pas virtualisant.

Concrètement :

1. Le verbe à conjuguer veut-il un autre mode que l'indicatif ? (*cf.* § 53)
   Si oui, adopter le mode impersonnel ou le mode subjonctif.
   Si non, continuer.
2. Le verbe veut-il un autre temps que le passé ou le futur du passé ?
   Si oui, adopter selon les besoins le temps présent ou le temps futur.
   Si non, continuer.
3. Le verbe veut-il ou accepte-t-il le temps futur du passé, ou a-t-il des accointances avec lui ?
   Si oui, passer au 11.
   Si non, continuer.
4. Le temps passé se suffit-il sans autre motivation ?
   Si oui, adopter le PC.
   Si non, continuer.
5. Le temps passé s'accompagne-t-il de motivations stylistiques ?
   Si oui, adopter le PS. (*cf.* § 66)
   Si non, continuer.
6. Le temps passé s'accompagne-t-il de motivations logiques (§ 79) ?
   Si oui, adopter l'IMP.

Si non, continuer.

7. Le temps passé s'accompagne-t-il de motivations sémantiques ?
   Si oui, passer au 9.
   Si non, continuer.
8. Le temps passé s'accompagne-t-il de motivations expressives ?
   Si oui, passer au 10.
   Si non, continuer.
9. Les motivations sémantiques tiennent-elles à l'ouverture finale du procès ?
   Si oui, adopter l'IMP. (*cf.* § 80)
   Si non, adopter le PS. (*cf.* § 64)
10. Les motivations expressives tiennent-elles à l'ouverture médiane du procès ?
    Si oui, adopter l'IMP. (*cf.* § 81)
    Si non, adopter le PS. (*cf.* § 65)
11. Le temps futur du passé se satisfait-il de l'aspect global ? (*cf.* § 82)
    Si oui, adopter le COND.
    Si non, continuer.
12. L'aspect sécant est-il optionnel ?
    Si oui, adopter selon les envies le COND ou l'IMP. (*cf.* § 83)
    Si non, adopter l'IMP. (*cf.* § 84)

COMPLÉMENT DIDACTIQUE

Inutile de redire combien le travail du pédagogue, brochant sur celui du grammairien, s'annonce capital à chaque étape. Les praticiens pourraient même se permettre un fameux raccourci en réduisant à trois les points de passages obligés.

1. La langue propose aux procès passés l'alternative PC ou IMP.
2. Consigne : ne retenir l'IMP que si la hiérarchisation logique des procès (§ 79) ou des motifs sémantiques (§ 80) le commandent.
3. Des pressions expressives ou stylistiques accessoires peuvent décider les apprenants – téméraires ou perfectionnistes – à

délaisser le PC au profit de l'IMP (pour théâtraliser le récit : *cf.* § 81) ou du PS (pour accentuer la dynamique narrative ou pour afficher une prétention littéraire : *cf.* § 65 et § 66), et marginalement du PRES (pour provoquer une incohérence temporelle génératrice d'animation, d'agitation, de turbulence… : *cf.* § 76, *excursus*).

Quant aux applications, elles sont multipliables à l'infini. Ainsi, dans la suite de l'extrait de *Germinal* étudié sous l'angle des articles au chapitre 2, le coup d'œil en arrière du PQP *était parti* suivi du défilé des IMP *marchait, gênait, serrait, faisaient, occupait, avançait* (en italiques) ménagent l'attente jusqu'au surgissement des PS *aperçut, hésita, put* (en grasses).

> L'homme *était parti* de Marchiennes vers deux heures. Il *marchait* d'un pas allongé, grelottant sous le coton aminci de sa veste et de son pantalon de velours. Un petit paquet, noué dans un mouchoir à carreaux, le *gênait* beaucoup ; et il le *serrait* contre ses flancs, tantôt d'un coude, tantôt de l'autre, pour glisser au fond de ses poches les deux mains à la fois, des mains gourdes que les lanières du vent d'est *faisaient* saigner. Une seule idée *occupait* sa tête vide d'ouvrier sans travail et sans gîte, l'espoir que le froid serait moins vif après le lever du jour. Depuis une heure, il *avançait* ainsi, lorsque sur la gauche à deux kilomètres de Montsou, il **aperçut** des feux rouges, trois brasiers brûlant au plein air, et comme suspendus. D'abord, il **hésita**, pris de crainte ; puis, il ne **put** résister au besoin douloureux de se chauffer un instant les mains.

Les écrivains sont attentifs à ces ressources. On se gardera toutefois de les créditer d'une lucidité « au dessus de tout soupçon ». L'excellent scénariste de bandes dessinées, Benoît Peeters, n'évite pas toujours le piège dans sa récente biographie de Paul Valéry.
Valéry. Tenter de vivre (Paris, Flammarion, 2014 : 356-357)

> L'emploi de l'imparfait mérite d'être souligné ; il n'est pas étranger à la charge romanesque de ces pages. Dans la « Lettre d'un ami » (l'un des prolongements de *La soirée avec Monsieur Teste*), Valéry se moquait de lui-même : « Je vous prie de m'excuser de cet abus que je fais de l'imparfait de l'indicatif. » Pourtant, ce qui me frappe plus encore dans un texte comme celui-ci, c'est la liberté dans l'emploi des temps, la hardiesse des transitions. On en jugera par ce dernier extrait :
>
> Un soir qu'il devait changer de chemise pour aller dîner en ville, Degas me fit entrer dans cette chambre avec lui. Il se mit tout nu devant moi, et

> se revêtit, sans la moindre gêne. J'entre dans l'atelier. Là, vêtu comme un pauvre, en savates, le pantalon lâche et jamais fermé, Degas circule. Une porte béante laisse bien voir au fond les lieux les plus secrets.
>
> Je songe que cet homme fut élégant, que ses manières, quand il veut, sont la distinction la plus naturelle, qu'il passait ses soirées aux coulisses de l'opéra, qu'il fréquentait le passage de Longchamp…
>
> Passant de l'imparfait au passé simple, le premier paragraphe garde une allure classique. Mais voici que le présent surgit, abrupt, insolite : « J'entre dans l'atelier. » Quand donc se situe la scène ? Le même soir ou une autre fois ? Rien ne permet de le savoir. Et peu nous importe. C'est comme si la magie de l'écriture était parvenue à ressusciter ce moment, comme si l'intensité de l'évocation avait transporté Valéry une trentaine d'années plus tôt. Le « je songe » du paragraphe suivant est plus intrigant encore. Est-ce celui qui se tient debout dans l'atelier qui nous parle, dans un présent recomposé, ou celui qui revoit la scène, à l'instant même où il l'écrit ?

Nos analyses grammaticales garantiraient des exégèses plus sûres.

- Paragraphe 1. L'IMP *devait* à ouverture initiale (*cf.* § 79) suivi de trois PS *fit, mit, revêtit* expressifs (*cf.* § 65) : un schéma en effet « classique ». Mais le PRES *entre* résout d'abord le problème posé au PS par la première personne grammaticale (*cf.* § 68, 2) tout en donnant aux deux PRES ultérieurs *circule* et *laisse*, que l'IMP aurait maintenus au niveau d'une actualité dépassée A', la liberté de se développer autour de l'actualité A.
- Paragraphe 2. L'« intrigant » PRES *songe* permet d'autant moins de trancher entre l'interprétation actuelle d'un procès contemporain de l'énonciation (« debout dans l'atelier », Valéry « nous parle ») et l'interprétation décalée de « celui qui revoit la scène » et se transporte « une trentaine d'années plus tôt », que les PRES *veut* et *sont* privilégient la seconde solution (Manet est en vie) alors que les IMP *passait* et *fréquentait* la démentent (Manet est mort) – le PS *fut* 1° à forte coupure sémantique (*cf.* § 64) ou 2° prétendant à l'objectivité de l'historien (*cf.* § 65) impuissant à lever l'indécision car compatible avec les deux hypothèses : 1° Manet a cessé d'être élégant à la fin de sa vie ou 2° il laisse après sa mort le souvenir d'un homme élégant.

C'est bien connu, on ne prête qu'aux riches.

BIBLIOGRAPHIE SÉLECTIVE

Arrivé, Michel, Gadet, Françoise, Galmiche, Michel, *La grammaire d'aujourd'hui*, Paris, Flammarion, 1986.

Bres, Jacques, « Mais oui, il était un gentil imparfait comme les autres, mon petit hypocoristique ! », dans *Langue Française*, 138, 2003, p. 111-125.

Bres, Jacques, « L'imparfait : l'un et/ou le multiple ? », dans *Cahiers Chronos*, 14, 2005, p. 1-32.

Buridant, Claude, *Grammaire nouvelle de l'ancien français*, Paris, SEDES, 2000.

Damourette, Jacques, Pichon, Édouard, *Des mots à la pensée. Essai de grammaire de la langue française*, Paris, 1911-1934 (vol. IV) et 1911-1936 (vol. V).

Delbart, Anne-Rosine, « D'où vient l'interprétation itérative du présent et de l'imparfait ? », dans *Scolia*, 3, 1995, p. 73-86.

Delbart, Anne-Rosine, « Compte rendu de M. Krell, *L'imparfait qui commente* », dans *Revue de Linguistique Romane*, 66, 2002, p. 590-592.

Gosselin, Laurent, *Sémantique de la temporalité en français*, Louvain-la-Neuve, Duculot, 1996.

Gosselin, Laurent, « Le sinistre Fantômas et l'imparfait narratif », dans *Cahiers de Praxématique*, 32, 1999, p. 19-42.

Grevisse, Maurice, Goosse, André, *Le bon usage*, Bruxelles, De Boeck, ^{15}2011.

Guillaume, Gustave, *Temps et verbe. Théorie des aspects des modes et des temps*, Paris, Champion, 1929.

Henry, Albert, *Études de syntaxe expressive*, Bruxelles, éditions de l'Université, 1960.

Krell, Michaella, *L'imparfait qui commente*, Vienne, Praesens, 2001.

Labeau, Emmanuelle, « Mon nom est narratif : imparfait narratif », dans *Cahiers Chronos*, 14, 2005, p. 79-102.

Leeman, Danielle, « Pourquoi ne peut-on combiner *si* et le conditionnel ? », dans *Le conditionnel en français* (P. Dendale & L. Tasmowski éd.), Université de Metz, 2001, p. 211-230.

Le Goffic, Pierre, « La double incomplétude de l'imparfait », dans *Modèles Linguistiques*, 16, 1995, p. 133-148.

Livet, Charles-Louis, *La grammaire française et les grammairiens du* XVIe *siècle*, Paris, Didier, 1859.

Martin, Robert, *Temps et aspect*, Paris, Klincksieck, 1971.

Patard, Adeline, « L'emploi préludique de l'imparfait entre temporalité et modalité : Éléments d'analyse à partir d'une étude de cas », dans *Journal of French Language Studies*, 20, 2010, p. 189-211.

REICHENBACH, Hans, *Elements of Symbolic Logic*, New York-Londres, McMilan, 1947.

ROSIER, Laurence, « L'imparfait ventriloque », dans *Cahiers Chronos*, 14, 2005, p. 121-133.

SAUSSURE, Louis de, STHIOUL, Bertrand, « Imparfait et enrichissement pragmatique », dans *Cahiers Chronos*, 14, 2005, p. 103-120.

SCHENA, Leo, « Un emploi modal de l'imparfait : Sa valeur 'ludique' ou 'préludique' », dans *Studi di linguistica, Storia della lingua, Filologia francesi* (G. Garzone éd.), Torino, Edizioni dell'Orso, 1995, p. 117-130.

STEN, Holger, *Les temps du verbe fini (indicatif) en français moderne*, Copenhague, Munksgaard, 1952.

TASMOWSKI, Liliane, « L'imparfait avec et sans rupture », dans *Langue Française*, 67, 1985, p. 59-77.

TESNIÈRE, Louis, « L'emploi des temps en français », dans *Bulletin de la Faculté des Lettres de Strasbourg*, n° hors série, 1927, p. 39-60.

VAN RAEMDONCK, Dan, DETAILLE, Marie, *Le sens grammatical. Référentiel à l'usage des enseignants*, Bruxelles, PIE Peter Lang, 2011.

VOGÜE, Sarah de, « L'imparfait aoristique, ni mutant ni commutant », dans *Cahiers de Praxématique*, 32, 1999, p. 43-69.

WILMET, Marc, *Grammaire critique du français*, Bruxelles-Paris, Duculot, 1997 (§ 374), [5]2010 (§ 286-315).

L'INTERROGATION

INTRODUCTION

86 – « Doukipudonktan ? » Quand il lance à l'entame de *Zazie dans le métro* son célèbre avatar de, mettons, version vieille France, « d'où donc cette puanteur émane-t-elle ? », Raymond Queneau a dû se souvenir de l'opposition lue chez Vendryes du langage « affectif » et du langage « grammatical », notamment de la phrase – mentionnée dans *Le langage* (1920 : 106), reprise dans *Bâtons, chiffres et lettres* (1965 : 57-58) – « Il l'a-ti jamais attrapé, le gendarme, son voleur[1] ? ».

La question, si l'on ose dire, de l'interrogation a fourni pour le français matière à quantité d'articles et à plusieurs monographies (Renchon, 1969 ; Kaiser, 1980 ; Korzen, 1985…) et thèses (Behnstedt, 1978 ; Borillo, 1978 ; Quillard, 2000 ; Defrancq, 2005…). Toutes les grammaires y consacrent un chapitre. N'empêche que l'étudiant allophone passant « de la salle de cours au milieu même où se parle le français » se sent assez souvent « dépaysé » (Beauchemin, 1970 : 13). L'Américain Terry n'avait pas tort d'estimer, il y a quatre décennies, que « *the French interrogative system is one of the most neglected areas of the French language* » (1970 : 17). Depuis, l'essor de la grammaire générative (Jones, 1996 ; Rowlett, 2007…), celui de la socio-linguistique (Söll, 1982 ; Gadet, 1989…) et l'attention croissante accordée à la langue parlée (Blanche-Benveniste, 1988, 1997 ; Aylward, 2010…) ont évidemment modifié la donne. Coveney se félicite que « les interrogatives directes constituent (…) un domaine déjà bien exploré de la grammaire du français » (2011 : 143),

1 Travail entamé à l'Université de Bruxelles dans le cadre du projet collectif *Multigram (Grammaire communicative multilingue : français, anglais, néerlandais, allemand, italien, espagnol)*. Les deux citations de Queneau sont évoquées au § 97 (exemple 59 et *excursus*) [voir une troisième facétie du même au § 91, exemple 25].

quoique, tempère-t-il, certaines zones « méritent encore un grand effort de recherche » (*ibid.*).

Dans la perspective qui est la nôtre, une histoire des tours interrogatifs assortie de dénombrements minutieux outrepasserait les besoins. L'objectif se borne à décrire les composantes (lexicales, mélodiques, morphologiques, syntaxiques, graphiques), puis à les hiérarchiser, afin que les pratiquants du FLE soient capables de les sélectionner ou de les combiner.

La relative modestie du propos n'en impose pas moins de reprendre d'un peu haut la vue d'ensemble de la phrase esquissée au § 46.

87 – Une phrase quelconque comporte un énoncé (le contenu de la phrase) et une énonciation (l'enveloppe ou le contenant de la phrase).

Excursus

Wilmet (^{5}2010, § 534 et 639-642) opère une première division entre les phrases uniques P et les phrases multiples P1-P2-P3… coordonnées, juxtaposées ou emboîtées, et une seconde division entre les phrases simples et les phrases complexes.

Les phrases complexes insèrent une ou plusieurs sous-phrases à l'intérieur d'une phrase matrice, par une incision (les incises *dit-elle, on le présume, c'est évident*…) ou par un enchâssement, que réalise un enchâsseur : pronom (sous-phrases pronominales enchâssées : *cf.* § 49), conjonction (sous-phrases conjonctivales enchâssées : *cf.* § 50-52), adjectif (sous-phrases adjectivales enchâssées : p. ex. *Sait-on quel résultat et combien de prix Charlotte a obtenus ?* [article *de* précédé d'un adverbe « indicateur de quantité » : *cf.* § 16, 2]), adverbe (sous-phrases adverbiales enchâssées : p. ex. *Dis-moi comment tu vas et pourquoi tu ris*).

Soient les phrases simples *Thomas chante* et *Thomas est un chanteur* ou *Thomas est aphone*, et la phrase complexe *Margot voudrait que Thomas chante.* Elles ont comme énoncés respectifs « Thomas chante », « Thomas est un chanteur », « Thomas est aphone », « Margot voudrait Δ » (Δ 'delta', le symbole du vide, destiné à loger la sous-phrase).

Ces énoncés établissent une prédication, entendez qu'ils mettent en rapport un thème (*Thomas, Margot* : les supports de la prédication) et un rhème (*chante, chanteur, aphone, voudrait Δ* : les apports de la prédication) au moyen d'une copule (*est* visible dans l'énoncé à rhème nominal ou adjectival *un chanteur, aphone* ; invisible parce qu'inhérente au verbe dans l'énoncé à rhème verbal *chante, voudrait Δ* [il faut « être » avant de « chanter », de « vouloir »… : *cf.* Goes, 2012]).

Pour former les phrases *Thomas chante* ou *Margot voudrait que Thomas chante*, etc., l'énonciation installe l'énoncé dans un contexte à l'aide d'un triple arrimage : personnel (qui est énonciateur ?), temporel (en quel point de la ligne du temps – les repères A, P, L : *cf.* § 73 – l'énonciateur fixe-t-il son énoncé ?), modal (quel degré de vérité l'énonciateur accorde-t-il à l'énoncé ?).

À énoncé constant, l'énonciation modale dispose de trois et seulement trois options : l'assertion (la moins marquée) : p. ex. *Thomas chante* ; l'injonction : p. ex. *Thomas, chante !* ; l'interrogation : p. ex. *Thomas chante ?* ou *Thomas chante-t-il ?* ou *Est-ce que Thomas chante*[1] *?...*

Nous voilà au pied du mur.

TYPOLOGIE DES INTERROGATIONS

88 – Les interrogations sont de type (1) global (§ 89), (2) total (§ 90 sv.), (3) partiel (§ 93 sv.).

Excursus

Tous types confondus, les modulations de la **langue parlée** discriminent trois sortes d'interrogations : 1° l'interrogation vraie ou dialectique, manifestant l'irrésolution de l'énonciateur ; 2° l'interrogation fictive, invitant le destinataire à un comportement tel ou tel (p. ex. *Vous avez l'heure ?* ou *Vous n'auriez pas dix centimes ?* [imaginez l'effet d'un *oui* ou d'un *si* non suivis du renseignement ou du don espérés]) ; 3° l'interrogation rhétorique, soufflant aux auditeurs la réponse que l'énonciateur préconise. La clausule interrogative *n'est-ce pas ?* (vulgairement, *hein ?*) plaque une demande de confirmation sur ce qui précède ou sur ce qui suit : *Thomas est aphone n'est-ce pas/hein ? N'est-ce pas/hein que Thomas est aphone ?*, etc. (une liste ouverte de verbes d'opinion moins lexicalisés en incises : *Thomas est*

---

1 Contrairement à l'assertion, à l'injonction et à l'interrogation, mutuellement exclusives, l'exclamation ne constitue pas une modalité primitive du fait qu'elle accompagne normalement l'injonction (ce que traduit graphiquement le point d'exclamation) et qu'elle se superpose librement à l'assertion : p. ex. *Thomas chante !* = « belle surprise », ou à l'interrogation (le cumul du point d'interrogation et du point d'exclamation n'étant pas rare) : p. ex. *Thomas chante ? !* = « pouvez-vous vous figurer que T. s'est mis en tête de chanter ? », « à d'autres ! », etc.

aphone, tu crois ? Thomas est aphone, pensez-vous ?..., mais même la question allongée d'un *oui* ou d'un *non* est interprétable à contrario du *oui* ou du *non* : p. ex. *Vous avez l'heure, oui ?* = « inutile de mentir, vous n'avez pas de montre » et *Vous n'auriez pas dix centimes, non ?* = « allons donc, je vois votre monnaie »).

Sinon, la **langue écrite** est contrainte de se débrouiller. Exemple de suggestion positive : « – ...Sais-tu que ce vieillard fut la même vertu, / La vaillance et l'honneur de son temps ? le sais-tu ? / – Peut-être. – Cette ardeur que dans les yeux je porte, / Sais-tu que c'est son sang ? le sais-tu ? – Que m'importe ? / – À quatre pas d'ici je te le fais savoir » (Corneille, *Le Cid*, II, 2). Exemple de suggestion négative : « Et qui sait si le Coche eût monté sans la Mouche ? / Tu crois qu'il valut moins qu'un "hue !" ou qu'un "dia !" / Le psaume de soleil qu'elle psalmodia ? / Tu crois à la vertu d'un juron qu'on décoche / Et que c'est le cocher qui fit monter le coche ? / Non, non, elle a plus fait que le gros fouet claqueur, / La petite musique où bourdonnait un cœur » (Rostand, *Chantecler*, I, 1).

INTERROGATION GLOBALE

89 – Les phrases synthétiques *Quoi ? Comment ? Pardon ? Plaît-il ?...* signifient que l'énonciateur n'a pas compris – ou feint de ne pas avoir compris – l'énoncé ou un fragment d'énoncé et invite l'interlocuteur à le répéter ou à l'éclairer.

INTERROGATION TOTALE

90 – L'interrogation totale attend une réponse en *oui, non, si* ou *peut-être, sans doute, vraisemblablement...* et, pour un questionnement alternatif explicite, *l'un et l'autre, l'un ou l'autre, l'un comme l'autre, ni l'un ni l'autre...* : *– Arthur est-il bête ou méchant ? – L'un et l'autre* = « bête et méchant », etc.

Le plan d'étude offre à cet endroit l'embranchement des interrogations traditionnellement appelées « directes » et « indirectes ». Elles seraient mieux nommées *phrastiques* et *sous-phrastiques* d'après le cadre où elles exercent.

Cadre phrastique

91 – En partant de la phrase assertive (« la moins marquée », comme indiqué au § 87), les procédures sont au nombre de quatre, dans quatre registres de langue différents : familier, classique, usuel, populaire.

Registre familier. Le français spontané se contente d'imprimer à l'assertion une mélodie montante, assez grossièrement reflétée à l'écrit par le point d'interrogation.

M. Proust, *À la recherche du temps perdu* (coll. de La Pléiade, II, 1104)

> « Il habite Balbec ? » chantonna le baron, d'un air si peu questionneur qu'il est fâcheux que la langue française ne possède pas un signe autre que le point d'interrogation pour terminer ces phrases apparemment si peu interrogatives.

Cette variété est la plus propice aux interrogations fictives et rhétoriques du § 88 (2° et 3° de l'*excursus*) et l'unique possibilité au demeurant quand la phrase n'a pas de verbe : *Trop chauds, les marrons ?* = « vous les trouvez trop chauds ? », *Muguets ?* = « qui veut de mes muguets ? »..., ou que le verbe est conjugué au mode impersonnel : *Être ou ne pas être ? Déjà arrivé ou encore arrivant ?...*

Exemples :

[1] Margot et Roman s'en vont => Margot et Roman s'en vont ?
[2] Vous rêvez => Vous rêvez ?
[3] J'aime => J'aime ?
[4] C'est bon/un artiste => C'est bon/un artiste ?

Registre classique. L'interrogation postpose au verbe – ou à l'auxiliaire d'une forme verbale composée : voir les exemples 11 et 12 ci-dessous – un pronom de reprise du sujet grammatical : pronom personnel *je, tu, nous, vous, il, elle, ils, elles, on* ; pronom déictique *ce*, confiné au verbe *être* qu'escorte un attribut adjectival ou un attribut nominal refusant l'article Ø (*cf.* § 8, 1 : *Il est médecin vs C'est un médecin*).

Excursus

Le pronom *il* indifféremment référentiel ou non référentiel. Référentiel : l'anaphorique de p. ex. *Thomas, il chante* (*Thomas* ← *il*), le cataphorique de p. ex. *Il chante, Thomas* (*il* → *Thomas*). Non référentiel : le prétendu « impersonnel » de *Il pleut. Il tombe des hallebardes. Il se colporte beaucoup d'âneries*... (un sujet pas du tout « apparent » mais bel et bien grammatical : *cf.* § 105, 2, *excursus* et n. 1).

La voyelle initiale des pronoms postposés de troisième personne *il, elle, ils, elles, on* entraîne leur liaison orale à la consonne finale inarticulée du verbe (exemple 5) ou, à défaut, exige un *t* intercalaire dit « euphonique » afin de contourner soit un enchaînement sur la consonne finale articulée du verbe (voyelle finale *-e* : exemple 6 évitant l'élision **écout'-elle ?*), soit un hiatus (voyelle finale *-a* : exemple 7 évitant la collision **chantera-il ?*).

Ici, trois voies.

- Le sujet nominal de troisième personne se maintient en apposition au pronom postposé. Exemples :

[5] Margot et Roman s'en vont => Margot et Roman s'en vont-ils ?
[6] Margot écoute => Margot écoute-t-elle ?
[7] Thomas chantera => Thomas chantera-t-il ?

- Le sujet pronominal identique au pronom postposé s'efface (**Ils s'en vont-ils ?* comme **Je vais-je chanter ?*, etc.). Exemples :

[8] Ils s'en vont => S'en vont-ils ?
[9] Elle écoute => Écoute-t-elle ?
[10] Il chantera => Chantera-t-il ?
[11] Je vais chanter => Vais-je chanter ?
[12] Tu seras arrivé => Seras-tu arrivé ?
[13] On comprend bien => Comprend-on bien ?
[14] Nous partirons => Partirons-nous ?
[15] Vous rêvez => Rêvez-vous ?
[16] C'est bon/un artiste => Est-ce bon/un artiste ?

- Le sujet pronominal différent du pronom postposé subsiste. Exemples :

[17] Ça va => Ça va-t-il ?
[18] Aucune ne manquera => Aucune ne manquera-t-elle ?
[19] Tous et toutes sont bons/des artistes => Tous et toutes sont-ils bons/des artistes ?

Registre usuel. La locution initiale *est-ce que* (inversant *c'est que* et figée au PRES) conserve le sujet tant nominal que pronominal devant le verbe et bloque le pronom postposé : **Est-ce que Margot et Roman/qu'ils s'en vont-ils ?*, etc.). Exemples :

[20] Margot et Roman/ils s'en vont => Est-ce que Margot et Roman/qu'ils s'en vont ?
[21] Vous rêvez => Est-ce que vous rêvez ?
[22] C'est bon/un artiste => Est-ce que c'est bon/un artiste ?

Cette solution sert d'échappatoire à l'inversion dans deux circonstances.

- Si le sujet est le pronom *je* d'un verbe conjugué au PRES qui ne soit pas *aller* (*Vais-je ?*), *avoir* (*Ai-je ?*), *devoir* (*Dois-je ?*), *dire* (*Dis-je ?*), *être* (*Suis-je ?*), *faire* (*Fais-je ?*), *pouvoir* (*Je peux* ou *Je puis* => *Puis-je ?* et non **Peux-je ?*), *savoir* (*Sais-je ?*), *voir* (*Vois-je ?*), *vouloir* (*Veux-je ?*).

[23] J'aime => Est-ce que j'aime ? (préférable aux désuets *Aimé-je ?* ou *Aimè-je ?* sonorisant la voyelle sourde) [*vs* le PS *J'aimai* => *Aimai-je ?* l'IMP *J'aimais* => *Aimais-je ?* le FUT *J'aimerai* => *Aimerai-je ?* le COND *J'aimerais* => *Aimerais-je ?* le PC *J'ai aimé* => *Ai-je aimé ?*, etc.]. Je sors => Est-ce que je sors ? (*Sors-je ?* carnavalesque et *Sorté-je ?* ou *Sortè-je ?* obligeant à changer de radical).

- Si le sujet est le pronom *ce* du verbe *être* conjugué à différentes formes composées, le pluriel disqualifiant au surplus le PS (et compliquant d'ailleurs la postposition en général du pronom déictique : *cf.* § 98).

[24] Ç'a été bon/un artiste => Est-ce que ç'a été bon/un artiste ? (*vs* *A-ce été bon/un artiste ? *Avait-ce été bon/un artiste ? *Aura-ce été bon/un artiste ?...) [*aurait-ce* et *eût-ce* paraissant seuls acceptables]. Ce furent des artistes => Est-ce que ce furent des artistes ? (*vs* *Furent-ce des artistes ?).

Registre populaire. Le français relâché et ses imitations redressent le *est-ce* de registre classique (exemple 16) en *c'est* (ou le reprennent tel quel du registre familier : exemple 4), le *est-ce que* de registre usuel (exemples 20, 21, 22) en *c'est que*, et agglutinent à *c'est* le pronom *il* : *c'est-il (que)* ou – amuïssant le *l* final de *il* – *c'est-ti (que)* [*ti* prononcé *tu* au Québec][1]. Exemples :

[25] C'est bon/un artiste => C'est-il/ti bon/un artiste ? [un *ti* que Raymond Queneau détache facétieusement du verbe copule pour le rattacher à l'attribut : « – C'est-ti oui ? C'est-ti non ? – Ti oui, répondit Mado-Ptits-Pieds »].

---

1 L'affixe *ti* se propage en dehors de toute liaison : de *Margot et Roman s'en vont-ti ?* (exemple 5 avec amuïssement du *l*) à *J'y va-ti, j'y va-ti pas ? Vous voulez-ti ?*, etc. Vendryes y voit avec quelque exagération le « symbole unique de l'interrogation dont la langue avait besoin » (1920 : 203).

[26] Margot et Roman/ils s'en vont => C'est-il/ti que Margot et Roman/qu'ils s'en vont ? Vous rêvez => C'est-il/ti que vous rêvez ? C'est bon/un artiste => C'est-il/ti que c'est bon/un artiste ?

Excursus
Le français dispose de focalisateurs *i.e.* d'instruments de mise en évidence portant tantôt sur le verbe (le *c'est que* de p. ex. *C'est qu'il ronfle !* = « écoutez le niveau de ses ronflements »), tantôt sur le sujet (le *c'est... qui* de p. ex. *C'est le chat qui ronfle* = « ce n'est personne d'autre »), tantôt sur un complément ou sur un attribut (le *c'est... que* de p. ex. *C'est Jules que j'ai entendu* = « ni Ernest ni Hector ni x, y ou z » ou *C'est bête qu'est Arthur* = « ni méchant ni gentil »).
Le croisement de ces focalisateurs *c'est que, c'est... que, c'est... qui* avec les locutions interrogatives, ou, d'un mot, les interrogateurs *est-ce que* et *c'est-il/ti que* déploie des espèces de polypes, utilisables moyennant une intention parodique appuyée : *C'est qu'il ronfle !* => *Est-ce que c'est qu'il ronfle ? C'est-il/ti que c'est qu'il ronfle ?*, etc. Comble des combles, les focalisateurs, moins gelés au PRES que les interrogateurs, en arrivent à les contaminer : *C'est qu'il ronflait !* et *C'était qu'il ronflait !* => *Est-ce que c'est qu'il ronflait ? Est-ce que c'était qu'il ronflait ? Était-ce que c'était qu'il ronflait ? C'est-il/ti que c'est qu'il ronflait ? C'est-il/ti que c'était qu'il ronflait ? C'était-il/ti que c'était qu'il ronflait ?* Des acrobaties à réserver aux linguistes... et aux accrocs du langage ludique (voyez aussi les notes aux § 95, 96 et 97).

Cadre sous-phrastique

92 – La conjonction *si* insère une sous-phrase interrogative – méritant l'appellation d'« interrogative » du fait qu'elle hésite entre deux énoncés de signe contraire – dans une phrase matrice qui ne lui laisse ni mélodie orale ni ponctuation écrite indépendantes : assertive (p. ex. *J'ignore* Δ), injonctive (p. ex. *Dites-nous* Δ) ou interrogative (p. ex. *Sait-on* Δ *?*)[1]. Exemples :

1 L'ellipse du verbe matriciel revêt une forte expressivité : « Comment, coquine ! si je suis malade ! si je suis malade, impudente ! » (Molière) [à distinguer de l'interrogation phrastique ellipsée : p. ex. *Si on y allait ?* = « si on y allait, qu'en diriez-vous ? »]. Un *si* non enchâsseur est ou a été capable d'introduire la deuxième branche d'une interrogation alternative (*cf.* § 90) : par exemple « Y distingue-t-on une verrue au bout ? (...) Ou *si* quelque mouche, à pas lents s'y promène ? » (Rostand), un modèle littéraire que le français avancé revitalise : « Tu as pigé, bonhomme, ou *si* je dois te l'enfoncer dans le crâne ? » (San-Antonio).

[27] Margot/elle écoute => J'ignore si Margot/elle écoute. Dites-nous si Margot/elle écoute. Sait-on si Margot/elle écoute ?

[28] C'est bon/un artiste => J'ignore si c'est bon/un artiste. Dites-nous si c'est bon/un artiste. Sait-on si c'est bon/un artiste ?

Les réponses *oui* et *non* aux interrogations matricielles touchent la phrase entière ou le seul Δ : – *Sait-on si Margot écoute ? – Oui* = « on le sait » ou « elle écoute », etc., mais les interrogateurs donnent à la phrase matrice un poids sémantique supérieur : comparer *Tu sais si Margot écoute ?* ou *Sais-tu si Margot écoute ?* questionnant davantage sur Margot, à *Est-ce que tu sais si Margot écoute ?* ou *C'est-ti que tu sais si Margot écoute ?* questionnant davantage sur la croyance.

INTERROGATION PARTIELLE

93 – L'interrogation partielle est véhiculée à l'intérieur d'une phrase ou d'une sous-phrase par un mot interrogatif qui oriente la réponse vers un sujet, un complément ou un attribut et survit à l'émondation possible des autres éléments de la phrase (voir notamment § 102, l'*excursus*).

Excursus

La réponse p. ex. *Nicolas travaille* ou *Nicolas dort* à la question *Que fait Nicolas ?* donnerait à croire que l'interrogation visait le verbe. Il n'en est rien. L'assertion étoffe l'indéfini *que* – « indéfini » parce qu'incapable ou refusant de « dire ce que c'est » (*cf.* p. 33, n. 1) –, complément d'un verbe *faire* que sa plasticité sémantique (il est significativement nommé « verbe vicaire » *i.e.* de remplacement : p. ex. *Nicolas travaille/dort et Nicole le fait aussi*) voue à servir de substrat universel : *travailler* = « faire un travail », *dormir* = « faire un somme », etc.

Par ailleurs, le *oui* et le *non* de l'interrogation totale (les « Yes/No-questions » de la grammaire anglaise) peuvent parfaitement répondre à une interrogation partielle (les « WH-questions » de la grammaire anglaise) pour autant qu'ils enregistrent l'énonciation du questionneur sans réagir à l'énoncé : p. ex. – *De qui Nicolas est-il amoureux ? – Oui* = « question notée » (le *oui* phatique au téléphone = « j'écoute », le *oui oui* de scepticisme = « cause toujours », le *ouais* de mauvaise humeur, l'américanisme planétaire *O.K.* 'd'accord'...)/– *Non* = « parlons d'autre chose », « je ne veux rien entendre », etc.

Cadre phrastique

94 – Les fonctions à distinguer sont (1) le sujet, (2) le complément du verbe (incluant le « sujet réel » des grammaires scolaires : les *Que se passe-t-il ?* et *Qu'y a-t-il ?* de registre classique, *Qu'est-ce qui se passe ?* et *Qu'est-ce qu'il y a ?* de registre usuel, etc. [le familier *Il se passe quoi ?* le populaire *C'est quoi qui se passe ?...*][1] ou, en l'absence de sujet « apparent » *il*, *Que m'importe ? Que vous semble ?...* et le raccourci *Quoi de neuf ?*), (3) le complément circonstanciel (*i.e.* un complément débordant du verbe sur la prédication : *cf.* § 87 et § 96, n. 1), (4) l'attribut.

– Sujet

95 – La fonction sujet est accessible à des mots interrogatifs occupant obligatoirement la position préverbale : les adjectifs *quel* (avec ses variantes en genre et en nombre *quelle, quels, quelles*) et l'assimilable aux adjectifs *combien de*, les pronoms *lequel* (avec ses variantes en genre et en nombre *laquelle, lesquels, lesquelles*), *combien* et *qui* (exclusivement animé) [sur *combien* pronom de préférence à *combien* adverbe, *cf.* § 96, n. 1].

On retrouve nos quatre registres familier, classique, usuel, populaire.

Registre familier. La substitution du mot interrogatif au nom ou au pronom sujet de l'assertion correspondante s'accompagne d'une intonation montante.

[29] Thomas et Hadrien/ils chantent => Quels garçons chantent ? Combien de garçons chantent ? Lesquels chantent ? Combien chantent ? Qui chante ?

[30] Margot et Valou/elles écoutent => Quelles filles écoutent ? Combien de filles écoutent ? Lesquelles écoutent ? Combien écoutent ? Qui écoute ?

Registre classique. La reprise pronominale du sujet d'un verbe non complémenté et de forme positive est rare (?) ou franchement insolite (? ?), sinon pour *combien de* et *combien*, bravant de toute façon la confusion de p. ex. *Combien (de filles) écoutent-elles ?* = « des filles écoutent » et « des filles sont écoutées ». Exemples :

[31] Thomas et Hadrien/ils chantent => ?Quels garçons chantent-ils ? (*vs* Quels garçons chantent-ils des chansons ? [verbe complémenté] et Quels garçons ne

1 Signalons pour ne plus avoir à y revenir que les mélanges de registres – volontaires ou involontaires – sont facteurs de drôlerie : « Qu'est-ce qui se passe-t-il ? » (Coluche), etc.

chantent-ils pas ? [forme négative]). Combien de garçons chantent-ils ? ?Lesquels chantent-ils ? (*vs* Lesquels chantent-ils des chansons ? Lesquels ne chantent-il pas ?). Combien chantent-ils ? ??Qui chante-t-il ? (*vs* ?Qui chante-t-il des chansons ? ?Qui ne chante-t-il pas ?).

[32] Margot et Valou/elles écoutent => ?Quelles filles écoutent-elles ? (*vs* Quelles filles écoutent-elles les garçons ? Quelles filles n'écoutent-elles pas ?). Combien de filles écoutent-elles ? ?Lesquelles écoutent-elles ? (*vs* Lesquelles écoutent-elles les garçons ? Lesquelles n'écoutent-elles pas ?). Combien écoutent-elles ? ??Qui écoute-t-elle ? (*vs* ?Qui écoute-t-elle les garçons ? ?Qui n'écoute-t-elle pas ?).

Registre usuel. Le renforcement par l'interrogateur *est-ce qui* avec blocage du pronom postposé est courant malgré un tenace soupçon de « lourdeur ». Exemples :

[33] Thomas et Hadrien/ils chantent => Quels garçons est-ce qui chantent ? Combien de garçons est-ce qui chantent ? Lesquels est-ce qui chantent ? Combien est-ce qui chantent ? Qui est-ce qui chante ?

[34] Margot et Valou/elles écoutent => Quelles filles est-ce qui écoutent ? Combien de filles est-ce qui écoutent ? Lesquelles est-ce qui écoutent ? Combien est-ce qui écoutent ? Qui est-ce qui écoute ?

En compensation, le tour procure au français le seul moyen de transformer le *qui* sujet animé en un sujet inanimé (la ressource, dit autrement, de construire *que* en tant que sujet). Exemple :

[35] La rivière chante => *Que chante ? => Qu'est-ce qui chante ?

Registre populaire. La suppression de *est-ce* ou le redressement de *est-ce qui* en *c'est qui* réductible à *qui* amorcent un sentiment de vulgarité (exemples 36, 37)[1], qu'accentue l'intercalation à *c'est qui* d'un pronom *il* lié et à consonne ordinairement amuïe (exemples 38, 39).

[36] Thomas et Hadrien/ils chantent => Quels garçons (c'est) qui chantent ? Combien de garçons (c'est) qui chantent ? Lesquels (c'est) qui chantent ? Combien (c'est) qui chantent ? Qui (c'est) qui chante ? [avec un sujet inanimé p. ex. *La rivière chante => Quoi (c'est) qui chante ?*].

---

1 Une impression toutefois édulcorée par l'habitude du focalisateur homonyme *c'est… qui* (expliquant peut-être que l'interrogateur en principe figé s'entende parfois accordé avec l'attribut pluriel : *Quels garçons ce sont qui chantent ?* ou *Combien de filles ce sont qui écoutent ?*, etc., comme chez Alphonse Daudet « Ce sont les lapins qui ont été étonnés ! »). Sur les croisements de l'interrogateur et du focalisateur, prolonger le second *excursus* du § 91 : *C'est Thomas et Hadrien qui chantent => Quels garçons est-ce que c'est qui chantent ?* (au départ de l'exemple 33), etc.

[37] Margot et Valou/elles écoutent => Quelles filles (c'est) qui écoutent ? Combien de filles (c'est) qui écoutent ? Lesquelles (c'est) qui écoutent ? Combien (c'est) qui écoutent ? Qui (c'est) qui écoute ?

[38] Thomas et Hadrien/ils chantent => Quels garçons c'est-il/c'est-ti qui chantent ? Combien de garçons c'est-il/c'est-ti qui chantent ? Lesquels c'est-il/c'est-ti qui chantent ? Combien c'est-il/c'est-ti qui chantent ? Qui c'est-il/c'est-ti qui chante ? [avec un sujet inanimé : Quoi c'est-il/c'est-ti qui chante ?].

[39] Margot et Valou/elles écoutent => Quelles filles c'est-il/c'est-ti qui écoutent ? Combien de filles c'est-il/c'est-ti qui écoutent ? Lesquelles c'est-il/c'est-ti qui écoutent ? Combien c'est-il/c'est-ti qui écoutent ? Qui c'est-il/c'est-ti qui écoute ?

Le rejet en fin de phrase du morphème interrogatif baladeur *ti* (voir p. 151, n. 1) vire au style poissard : *Quels garçons c'est qui chantent-ti ?*, etc.

– Complément du verbe

96 – La complication naît de ce que les mots interrogatifs : *quel (quelle, quels, quelles), combien de, lequel (laquelle, lesquels, lesquelles* et les prépositionnels *auquel, auxquels, à laquelle, auxquelles, duquel, desquels, de laquelle, desquelles…), qui, que* (accentué *quoi*) occupent les positions d'avant ou d'après le verbe et que le pronom *en* escorte en construction directe – sauf manquements accidentels, plus fréquents en registre populaire – la pronominalisation de *combien de* en *combien*[1].

On reconnaîtra dans les différents registres de langue les mécanismes habituels.

Registre familier. L'intonation montante débouche sur un mot interrogatif[2]. Exemples :

[40] Thomas/il chante des chansons => Thomas/il chante quelles chansons ? Thomas/il chante combien de chansons ? Thomas/il chante lesquelles ? Thomas/il en chante combien ? Thomas/il chante quoi ?

---

1 J'ai résolu de toujours classer *combien* parmi les pronoms, même quand l'absence du *en* renvoyant à un nom effacé semble le pousser dans le camp des adverbes. Comparer p. ex. *Thomas en a chanté combien ?* (*en* = « des chansons ») et *Thomas a gagné combien ?* (= « une somme x d'argent »), où d'aucuns verraient un complément circonstanciel (*i.e.* un complément de la prédication *Thomas a gagné*) plutôt qu'un complément du verbe *a gagné.* Rassurons-nous pourtant : les développements à venir ne seraient nullement affectés par l'incorporation de *combien* aux adverbes des § 97 et 101.

2 D'où la formulation condensée *Qui fait quoi ?* Plusieurs emplois idiomatiques de *qui* et *quoi* interrogatifs seront à étudier dans le lexique : *Merci qui ?* = « prière de rétablir le mot – *maman, papa, mon général…* – mis en apostrophe ». *Il arrive ou quoi ?* = « qu'est-ce qu'il attend ? ». *À quoi bon ?* = « c'est inutile ». *Tu sais quoi ?* = « tu connais la nouvelle ? »…

[41] Margot/elle écoute Amaury et Alexandre => Margot/elle écoute quels garçons ? Margot/elle écoute combien de garçons ? Margot/elle écoute lesquels ? Margot/elle en écoute combien ? Margot/elle écoute qui ?

Registre classique. Antéposé au verbe, le complément interrogatif inverse le sujet nominal ou postpose au verbe (ou à l'auxiliaire) un pronom personnel de reprise du sujet grammatical (exemples 42, 43, 44), le nom coréférentiel éventuellement maintenu en apposition au pronom de troisième personne (une latitude interdite au pronom *que* : exemple 42).

[42] Thomas/il chante des chansons => Quelles chansons chante Thomas ? ou Quelles chansons (Thomas) chante-t-il ? Combien de chansons chante Thomas ? ou Combien de chansons (Thomas) chante-t-il ? Lesquelles chante Thomas ? ou Lesquelles (Thomas) chante-t-il ? Combien en chante Thomas ? ou Combien (Thomas) en chante-t-il ? Que chante Thomas ? ou Que (*Thomas) chante-t-il ?

[43] Margot/elle écoute Amaury et Alexandre => Quels garçons écoute Margot ? ou Quels garçons (Margot) écoute-t-elle ? Combien de garçons écoute Margot ? ou Combien de garçons (Margot) écoute-t-elle ? Lesquels écoute Margot ? ou Lesquels (Margot) écoute-t-elle ? Combien en écoute Margot ? ou Combien (Margot) en écoute-t-elle ? Qui écoute Margot ? (ambigu : Margot écoute ou est écoutée) ou Qui (Margot) écoute-t-elle ?

[44] Les jeunes filles/elles rêvent aux/des princes charmants => À/de quels garçons rêvent les jeunes filles ? ou À/de quels garçons (les jeunes filles) rêvent-elles ? À/de combien de garçons rêvent les jeunes filles ? ou À/de combien de garçons (les jeunes filles) rêvent-elles ? Auxquels/desquels rêvent les jeunes filles ? ou Auxquels/desquels (les jeunes filles) rêvent-elles ? À/de combien rêvent les jeunes filles ? ou À/de combien (les jeunes filles) rêvent-elles ? À/de qui rêvent les jeunes filles ? ou À/de qui (les jeunes filles) rêvent-elles ?

Registre usuel. L'utilisation de l'interrogateur *est-ce que* oblige à antéposer au verbe le sujet pronominal en laissant la liberté d'antéposer ou de postposer le sujet nominal. Exemples :

[45] Thomas/il chante des chansons => Quelles chansons est-ce que Thomas/qu'il chante ? ou Quelles chansons est-ce que chante Thomas ? Combien de chansons est-ce que Thomas/qu'il chante ? ou Combien de chansons est-ce que chante Thomas ? Lesquelles est-ce que Thomas/qu'il chante ? ou Lesquelles est-ce que chante Thomas ? Combien est-ce que Thomas/qu'il en chante ? ou Combien est-ce qu'en chante Thomas ? Qu'est-ce que Thomas/qu'il chante ? ou Qu'est-ce que chante Thomas ?

[46] Margot/elle écoute Amaury et Alexandre => Quels garçons est-ce que Margot/qu'elle écoute ? ou Quels garçons est-ce qu'écoute Margot ? Combien de garçons est-ce que Margot/qu'elle écoute ? ou Combien de garçons est-ce

qu'écoute Margot ? Lesquels est-ce que Margot/qu'elle écoute ? ou Lesquels est-ce qu'écoute Margot ? Combien est-ce que Margot/qu'elle en écoute ? ou Combien est-ce qu'en écoute Margot ? Qui est-ce que Margot/qu'elle écoute ? ou Qui est-ce qu'écoute Margot ?

[47] Les jeunes filles/elles rêvent aux/des princes charmants => À/de quels garçons est-ce que les jeunes filles/qu'elles rêvent ? ou À/de quels garçons est-ce que rêvent les jeunes filles ? À/de combien de garçons est-ce que les jeunes filles/qu'elles rêvent ? ou À/de combien de garçons est-ce que rêvent les jeunes filles ? Auxquels/desquels est-ce que les jeunes filles/qu'elles rêvent ? ou Auxquels/desquels est-ce que rêvent les jeunes filles ? À/de combien est-ce que les jeunes filles/qu'elles rêvent ? ou À/de combien est-ce que rêvent les jeunes filles ? À/de qui est-ce que les jeunes filles/qu'elles rêvent ? ou À/de qui est-ce que rêvent les jeunes filles ?

Registre populaire. Le français commun soit omet *est-ce que* (exemples 48, 49, 50), soit supprime *est-ce* ou retourne *est-ce que* en *c'est que* réductible à *que*, le sujet nominal inversable sans provoquer apparemment de dissonance (exemples 51, 52, 53)[1].

[48] Thomas/il chante des chansons => Quelles chansons Thomas/il chante ? Combien de chansons Thomas/il chante ? Lesquelles Thomas/il chante ? Combien Thomas/il en chante ? Quoi Thomas/il chante ?

[49] Margot/elle écoute Amaury et Alexandre => Quels garçons Margot/elle écoute ? Combien de garçons Margot/elle écoute ? Lesquels Margot/elle écoute ? Combien Margot/elle en écoute ? Qui Margot/elle écoute ?

[50] Les jeunes filles/elles rêvent aux/des princes charmants => À/de quels garçons les jeunes filles/elles rêvent ? À/de combien de garçons les jeunes filles/elles rêvent ? Auxquels/desquels les jeunes filles/elles rêvent ? À/de combien les jeunes filles/ elles rêvent ? À/de qui les jeunes filles/elles rêvent ?

[51] Thomas/il chante des chansons => Quelles chansons (c'est) que Thomas/qu'il chante ? et Quelles chansons (c'est) que chante Thomas ? Combien de chansons (c'est) que Thomas/qu'il chante ? et Combien de chansons (c'est) que chante Thomas ? Lesquelles (c'est) que Thomas/qu'il chante ? et Lesquelles (c'est) que chante Thomas ? Combien (c'est) que Thomas/qu'il en chante ? et Combien (c'est) qu'en chante Thomas ? Quoi (c'est) que Thomas/qu'il chante ? et Quoi (c'est) que chante Thomas ?

[52] Margot/elle écoute Amaury et Alexandre => Quels garçons (c'est) que Margot/qu'elle écoute ? et Quels garçons (c'est) qu'écoute Margot ? Combien

1 Poursuivons les croisements de l'interrogateur et du focalisateur : *Ce sont des chansons que Thomas chante => Quelles chansons est-ce que c'est que Thomas chante ?* (au départ de l'exemple 45). *C'est Amaury et Alexandre que Margot écoute => Quels garçons est-ce que c'est que Margot écoute ?* (au départ de l'exemple 46). *C'est aux/des princes charmants que les jeunes filles rêvent => À/de quels garçons est-ce que c'est que les jeunes filles rêvent* (au départ de l'exemple 47), etc.

de garçons (c'est) que Margot/qu'elle écoute ? et Combien de garçons (c'est) qu'écoute Margot ? Lesquels (c'est) que Margot/qu'elle écoute ? et Lesquels (c'est) qu'écoute Margot ? Combien (c'est) que Margot/qu'elle en écoute ? et Combien (c'est) qu'en écoute Margot ? Qui (c'est) que Margot/qu'elle écoute ? et Qui (c'est) qu'écoute Margot ?

[53] Les jeunes filles/elles rêvent aux/des princes charmants => À/de quels garçons (c'est) que les jeunes filles/qu'elles rêvent ? et À/de quels garçons (c'est) que rêvent les jeunes filles ? À/de combien de garçons (c'est) que les jeunes filles rêvent ? et À/de combien de garçons (c'est) que rêvent les jeunes filles ? Auxquels/desquels (c'est) que les jeunes filles/qu'elles rêvent ? et Auxquels/desquels (c'est) que rêvent les jeunes filles ? À/de combien (c'est) que les jeunes filles/qu'elles rêvent ? et À/de combien (c'est) que rêvent les jeunes filles ? À/de qui (c'est) que les jeunes filles/qu'elles rêvent ? et À/de qui (c'est) que rêvent les jeunes filles ?

La trivialité est atteinte avec l'accrochage à *c'est* de l'appendice *il/ti.*

[54] Thomas/il chante des chansons => Quelles chansons c'est-il/c'est-ti que Thomas/qu'il chante ? et Quelles chansons c'est-il/c'est-ti que chante Thomas ? Combien de chansons c'est-il/c'est-ti que Thomas/qu'il chante ? et Combien de chansons c'est-il/c'est-ti que chante Thomas ? Lesquelles c'est-il/c'est-ti que Thomas/qu'il chante ? et Lesquelles c'est-il/c'est-ti que chante Thomas ? Combien c'est-il/c'est-ti que Thomas/qu'il en chante ? et Combien c'est-il/c'est-ti qu'en chante Thomas ? Quoi c'est-il/c'est-ti que Thomas/qu'il chante ? et Quoi c'est-il/c'est-ti que chante Thomas ?

– Complément circonstanciel

97 – Les adverbes *quand, où* (aussi les prépositionnels *à quand, d'où...*), *comment, pourquoi* et les formations analytiques *avec quel x, dans lequel...*, *pour qui, pour quoi* reproduisent à quelques détails près – la coexistence ou non de *pourquoi* causal et de *pour quoi* final : voir les exemples 55, 56 – le comportement des adjectifs et des pronoms précédents.

Registre familier. L'interrogatif postposé au verbe va de pair avec une intonation montante. Exemple :

[55] Thomas/il chante à un moment x ou en un endroit y ou d'une manière z ou au profit de quelqu'un, de quelque chose... => Thomas/il chante quand/où/comment/*pourquoi/pour qui ou pour quoi ?

Registre classique. La projection en tête de phrase des interrogatifs inverse le sujet nominal ou déclenche un pronom de reprise, compatible avec le nom coréférentiel. Exemple :

[56] Thomas/il chante à un moment x ou en un endroit y ou d'une manière z ou pour une raison w ou au profit de quelqu'un, de quelque chose… => Quand/où/comment/*pourquoi/pour qui ou pour quoi chante Thomas ? ou Quand/où/comment/pourquoi/pour qui ou pour quoi (Thomas) chante-t-il ? [et, pour mémoire, la doublure *que* de *pourquoi* réservée aux phrases négatives : « Dieux ! *que* ne suis-je assise à l'ombre des forêts ! » (Racine)].

Excursus

Soyons honnêtes, le minimalisme de nos exemples cache les perturbations issues de la co-occurrence de compléments du verbe et/ou de compléments circonstanciels. Essayez de répartir « à la Molière » : *cf.* § 20, n. 1) les segments de la phrase *Thomas chante chaque soir sa chanson à Marinette* en interrogeant successivement le complément circonstanciel *chaque soir*, le complément premier *sa chanson* et le complément second *à Marinette* : *Quand Thomas chante-t-il sa chanson à Marinette ? Que chante chaque soir Thomas à Marinette ? À qui Thomas chante-t-il sa chanson chaque soir ?* Etc. Les cataphores du français parlé achèvent d'imprimer au tableau une touche cubiste de déplacement des perspectives : p. ex. *Il la lui chante quand, Thomas, sa chanson, à Marinette ?* (*il* → *Thomas, la* → *la chanson, lui* → *à Marinette*)… et la seconde citation de Queneau au § 91 : « Il l'a-ti jamais attrapé, le gendarme, son voleur ? » (*il* → *le gendarme, le* → *son voleur*).

Registre usuel. En dépit des réticences puristes, le renforcement de l'adverbe par *est-ce que* se répand, obligeant à antéposer au verbe le sujet pronominal et permettant d'antéposer ou de postposer le sujet nominal[1]. Exemple :

[57] Thomas/il chante à un moment x ou en un endroit y ou d'une manière z ou pour une raison w ou au profit de quelqu'un, de quelque chose… => Quand/où/comment/pourquoi/pour qui ou pour quoi est-ce que Thomas/qu'il chante ? et Quand/où/comment/pourquoi/pour qui ou pour quoi est-ce que chante Thomas ?

Registre populaire. Premier stade accessible : la suppression de *est-ce que* (exemple 58). Deuxième et troisième stades : suppression de *est-ce* – c'est le schéma du *Doukipudonktan ?* de Queneau : *cf.* § 91 – ou retournement de *est-ce que* en *c'est que* réductible à *que* (exemple 59) et

1 Le focalisateur *c'est… que* de p. ex. « C'est la nuit qu'il est beau de croire à la lumière » (Rostand) est croisable avec l'interrogateur *est-ce que* ; donc *Quand est-ce que c'est qu'il est beau de croire à la lumière ?* et de là *Quand est-ce que c'est que Thomas chante ?* (au départ de l'exemple 57), etc.

accrochage de *il* ou de *ti* à *c'est* (exemple 60), l'inversion du sujet nominal toujours possible (exemples 59 et 60).

[58] Thomas/il chante à un moment x ou en un endroit y ou d'une manière z ou pour une raison w ou au profit de quelqu'un/quelque chose… => Quand/où/comment/pourquoi/pour qui ou pour quoi Thomas/il chante ?

[59] Thomas/il chante à un moment x ou en un endroit y ou d'une manière z ou pour une raison w ou au profit de quelqu'un/quelque chose… => Quand/où/comment/pourquoi/pour qui ou pour quoi (c'est) que Thomas/qu'il chante ? et Quand/où/comment/pourquoi/pour qui ou pour quoi (c'est) que chante Thomas ?

[60] Thomas/il chante à un moment x ou en un endroit y ou d'une manière z ou pour une raison w ou au profit de quelqu'un/quelque chose… => Quand/où/comment/pourquoi/pour qui ou pour quoi c'est-il/c'est-ti que Thomas/qu'il chante ? et Quand/où/comment/pourquoi/pour qui ou pour quoi c'est-il/c'est-ti que chante Thomas ?

– Attribut

98 – Comme les mots interrogatifs sont ceux des § 96 et 97, on s'attend à une réplique pure et simple des fonctions complément du verbe et complément circonstanciel. Exemples :

Registre familier. *C'est quelle chanson ? C'est laquelle ? C'est combien de chansons ? C'en est combien ? C'est qui ? C'est quoi ?* (animé *C'est qui ?*). *C'est quand ? C'est où ? C'est comment ? C'est pourquoi ? C'est pour quoi ?…*
Registre classique. *Quelle chanson est-ce ? Laquelle est-ce ? Combien de chansons est-ce ? Combien en est-ce ? Qu'est-ce ?* (animé *Qui est-ce ?*). *Quand est-ce ? Où est-ce ? Comment est-ce ? Pourquoi est-ce ? Pour quoi est-ce ?*
Registre usuel. *Quelle chanson est-ce que c'est ? Laquelle est-ce que c'est ? Combien de chansons est-ce que c'est ? Combien en est-ce que c'est ?* (ou *Combien est-ce que c'en est ?*) *Qu'est-ce que c'est ?* (animé *Qui est-ce que c'est ?*). *Quand est-ce que c'est ? Où est-ce que c'est ? Comment est-ce que c'est ? Pourquoi est-ce que c'est ? Pour quoi est-ce que c'est ?*
Registre populaire. *Quelle chanson c'est (-il/ti) ? Laquelle c'est (-il/ti) ? Combien de chansons c'est (-il/ti) ? Combien c'en est (-il/ti) ? Quoi c'est (-il/ti) ?* (animé *Qui c'est [-il/ti] ?*). *Quand c'est (-il/ti) ? Où c'est (-il/ti) ? Comment c'est (-il/ti) ? Pourquoi c'est (-il/ti) ?Pour quoi c'est (-il/ti) ?*

Deux particularités méritent néanmoins une mention.

1. L'accord au singulier du verbe avec le pronom déictique sujet *ce* le cède parfois à l'accord avec un attribut pluriel : *Ce sont quelles chansons ? Ce sont lesquelles ? Ce sont combien de chansons ? C'en*

sont combien ?, etc. Le phénomène épargne le registre classique (sinon par plaisanterie) : $^{?}$*Quelles chansons sont-ce ?* $^{?}$*Lesquelles sont-ce ?* $^{?}$*Combien de chansons sont-ce ?* $^{?}$*Combien sont-ce ?*…, mais ni tout à fait le registre usuel : *Quelles chansons est-ce que ce sont ? Lesquelles est-ce que ce sont ? Combien de chansons est-ce que ce sont ? Combien en est-ce que ce sont ?* (ou *Combien est-ce que c'en sont ?*)…, ni le registre populaire : *Quelles chansons ce sont (-il/ti) ? Lesquelles ce sont (-il/ti) ? Combien de chansons ce sont (-il/ti) ? Combien c'en sont (-il/ti) ?…*

2. Les adjectifs *quel* ou *quelle* de p. ex. *Quel est ce garçon ?* ou *Quelle est cette rumeur ?* se dispensent du nom déterminé *garçon* ou *rumeur* dont le sujet nominal inversé tient lieu (*vs* les redondants *Quel garçon est ce garçon ?* ou *Quelle rumeur est cette rumeur ?*). Si le sujet du verbe est le déictique *ce*, un pronom redevient obligatoire : *Lequel/qui est-ce ?* (animé *le garçon*) ou *Laquelle/qu'est-ce ?* (inanimé *la rumeur*), mais, avec un nom ou un pronom personnel sujet, adjectifs et pronoms interrogatifs cohabitent, les premiers questionnant les qualités intrinsèques : *Ce garçon est quel ?* et *Quel est-il ?* ou *Cette rumeur est quelle ?* et *Quelle est-elle ?*, les seconds les qualités distinctives : *Ce garçon est lequel/qui ?* et *Lequel/qui est-il ?* ou *Cette rumeur est laquelle/quoi ?* ou *Laquelle/qu'est-elle ?* La nuance, convenons-en, est ténue.

Cadre sous-phrastique

99 – Les mots interrogatifs de l'interrogation phrastique fournissent tels quels les enchâsseurs (1) adjectivaux, (2) adverbiaux, et une partie des enchâsseurs (3) pronominaux.

Excursus

Les sous-phrases de l'interrogation partielle n'ont en elles-mêmes rien de sémantiquement interrogatif : p. ex. *Je sais comment elle s'appelle, combien elle gagne, qui elle a rencontré, pourquoi elle est là…* = « je connais son nom, sa rémunération, ses fréquentations, le motif de sa présence… » et, si une réponse « oui » à une interrogation matricielle : *Sais-tu comment elle s'appelle ?*, etc. permet (comp. § 92) de répondre à la phrase entière (*oui* = « je le sais ») et/ou à la sous-phrase (« elle s'appelle X,Y ou Z »), la réponse « non » clôt le questionnement.

Parmi les 80 verbes introducteurs qu'a recensés Wimmer (1983), plusieurs n'interrogent pas (*constater, dire, prouver...*) alors que d'autres le font (ne fût-ce qu'*interroger* ou *questionner*) sans être en mesure de construire aucune sous-phrase. Les deux critères opératoires sont donc (*cf.* Muller, 1996) 1° une sous-phrase enchâssée complément du verbe, 2° un enchâsseur transplanté de l'interrogation phrastique partielle : adjectifs *quel (quelle, quels, quelles)* et *combien de* ; pronoms *lequel (laquelle, lesquels, lesquelles*, etc.*), combien, qui, que, quoi* ; adverbes *quand, où, comment, pourquoi.*
Il ne restera qu'à éliminer les enchâsseurs homonymes non pertinents, le *quand* des sous-phrases circonstancielles, les *lequel, qui, que, où* des sous-phrases dites « relatives » *i.e.* rattachées ou rattachables à un nom ou à un pronom antécédent (*cf.* Pierrard, 1988, 1992). C'est parfois évident : *Dis-nous quand tu partiras* (sous-phrase complément du verbe) *vs Quand tu partiras, dis-le nous* (sous-phrase complément circonstanciel). *Tu te demandes et moi je sais qui aime Barbara* (sous-phrase pronominale interrogative) *vs Barbara aime qui l'aime* (sous-phrase pronominale relative = « B. aime celui/celle qui l'aime »). Moins évident : *Téléphone-nous quand tu partiras* = 1° « informe-nous par téléphone de ton départ » (sous-phrase complément du verbe), 2° « à ton départ, ne manque pas de nous téléphoner » (sous-phrase complément circonstanciel). Et franchement subtil : *Regarde ce qui dépasse* = 1° « vérifie le dépassement » (sous-phrase complément à enchâsseur *ce qui* : *cf.* § 102, exemple 75), 2° « il y a quelque chose qui dépasse, regarde-le » (sous-phrase déterminative à enchâsseur *qui*).

– Enchâsseurs adjectivaux

100 – Ce sont : *quel* (avec ses variantes) et *combien de.* Bien que l'enchâsseur suffise (exemples 61 et 62), il accepte dans un registre moins classique le renfort de *est-ce qui* pour un nom sujet (exemple 63), de *est-ce que* pour un nom ou un pronom complément (exemple 64), dont les fonctions se trouvent automatiquement désambiguïsées, une clarification utile si le nom sujet du verbe complémenté est postposé (exemple 62)[1].

[61] Thomas et Hadrien/ils chantent => On ignore quels/combien de garçons chantent.

[62] Margot et Valou/elles écoutent Amaury et Alexandre => On ignore quels/combien de garçons Margot et Valou/elles écoutent ou On ignore quels/combien de garçons écoutent Margot et Valou [ambigu : Margot et Valou écoutent ou sont écoutées].

1 De façon générale, le verbe copule a besoin d'une suite : *On ignore quelles jeunes filles sont Margot et Valou* mais ??*On ignore quelles jeunes filles Margot et Valou sont* (*vs* p. ex. *On ignore quelles jeunes filles Margot et Valou sont vraiment*), etc.

[63] Thomas et Hadrien/ils chantent => On ignore quels/combien de garçons est-ce qui chantent.

[64] Margot et Valou/elles écoutent Amaury et Alexandre => On ignore quels/combien de garçons est-ce que Margot et Valou/qu'elles écoutent ou On ignore quels/combien de garçons est-ce qu'écoutent Margot et Valou.

Le français populaire n'hésite pas à retourner *est-ce qui* en *c'est qui* et *est-ce que* en *c'est que*, à supprimer *c'est* ou à le flanquer de l'affixe interrogatif *il/ti* : *...quels garçons (c'est-ti) qui chantent/que Margot écoute*, etc. On n'y insistera plus.

– Enchâsseurs adverbiaux

101 – Ce sont : *quand, où, comment, pourquoi.* Les enchâsseurs suffisent (exemple 65) ou reçoivent – contre l'avis des normativistes – le renfort de l'interrogateur *est-ce que* (exemple 66), prononcé le plus souvent */ske/.* Le nom sujet est postposable au verbe, exception faite du verbe que complémente *pourquoi* (exemples 65, 66).

[65] Thomas/il chante à un moment x ou en un endroit y ou d'une manière z ou pour une raison w => On ignore quand/où/comment/pourquoi Thomas/il chante ou On ignore quand/où/comment chante Thomas [mais *On ignore *pourquoi* chante Thomas *vs* On ignore *pour quoi* chante Thomas].

[66] Thomas/il chante à un moment x ou en un endroit y ou d'une manière z ou pour une raison w => On ignore quand/où/comment/pourquoi est-ce que Thomas/qu'il chante ou On ignore quand/où/comment est-ce que chante Thomas [mais *On ignore *pourquoi* est-ce que chante Thomas *vs* On ignore *pour quoi* est-ce que chante Thomas].

– Enchâsseurs pronominaux

102 – Ce sont : *lequel* (avec ses variantes), *combien, qui, que, quoi (à quoi, de quoi...).*

Lequel et *combien* se conservent en sous-phrase, seuls (exemples 67 et 68) ou renforcés par *est-ce qui* ou *est-ce que* (exemples 69 et 70), propres à désambiguïser en l'absence du pronom *en* les fonctions de sujet et de complément si le sujet est postposé au verbe sous-phrastique.

[67] Amaury et Alexandre/ils écoutent Margot et Valou => On ignore lesquels écoutent Margot et Valou [ambigu : Amaury et Alexandre écoutent ou sont écoutés]. On ignore combien écoutent Margot et Valou.

[68] Margot et Valou/elles écoutent Amaury et Alexandre => On ignore lesquels Margot et Valou/elles écoutent ou On ignore lesquels écoutent Margot et Valou [ambigu : Margot et Valou écoutent ou sont écoutées]. On ignore combien Margot et Valou/elles en écoutent ou On ignore combien en écoutent Margot et Valou.

[69] Amaury et Alexandre/ils écoutent Margot et Valou => On ignore lesquels/combien est-ce qui écoutent Margot et Valou.

[70] Margot et Valou/elles écoutent Amaury et Alexandre => On ignore lesquels est-ce que Margot et Valou/qu'elles écoutent ou On ignore lesquels est-ce qu'écoutent Margot et Valou. On ignore combien est-ce que Margot et Valou/qu'elles en écoutent ou On ignore combien est-ce qu'en écoutent Margot et Valou.

Le pronom *qui* non prépositionnel augmente en raison de son nombre singulier les occasions de confondre le sujet et le complément (exemple 71). Les renforts *est-ce qui* pour le sujet (exemple 72) et *est-ce que* pour le complément (exemple 73) dissipent toute ambiguïté.

[71] Amaury/il écoute Margot => On ignore qui écoute Margot [l'antéposition de *Margot* lèverait l'indécision de Margot écoutée ou écoutante : On ignore qui Margot écoute].

[72] Amaury/il écoute Margot => On ignore qui est-ce qui écoute Margot.

[73] Margot/elle écoute Amaury => On ignore qui est-ce que Margot/qu'elle écoute ou On ignore qui est-ce qu'écoute Margot.

Le pronom complément *que* antéposé et son équivalent tonique *quoi* postposé passent tous deux à *ce que* en enchâsseurs de sous-phrase (exemple 74), parallèlement au passage à *ce qui* du pronom sujet inanimé *qu'est-ce qui* de l'exemple 35 (exemple 75)[1].

[74] Thomas chante quelque chose => On ignore ce que Thomas chante ou On ignore ce que chante Thomas.

[75] Quelque chose chante => On ignore ce qui chante.

Les pronoms compléments prépositionnels *à quoi, de quoi, pour quoi...* se maintiennent en l'état ou s'adjoignent un antécédent *ce* (exemples 76 et 77), le groupement *ce de quoi* passible d'une variante *ce dont* (exemple 77).

---

1 Notons par précaution que les pronoms *que* et *quoi* alternant devant un infinitif : *On ne sait que dire ni quoi penser*, etc., ne sont pas des enchâsseurs mais qu'ils complémentent l'infinitif (ici, *dire* et *penser*) en compagnie duquel ils complémentent un premier verbe (ici *sait*) comme le feraient les pronoms *rien* ou *tout* dans *On ne sait rien dire* ou *On sait tout dire.*

[76] Les jeunes filles rêvent à quelque chose => On ignore (ce) à quoi les jeunes filles rêvent ou On ignore (ce) à quoi rêvent les jeunes filles.

[77] Les jeunes filles rêvent de quelque chose => On ignore (ce) de quoi/ce dont les jeunes filles rêvent ou On ignore (ce) de quoi/ce dont rêvent les jeunes filles.

Indispensable à *dont*, facultatif devant *à quoi, de quoi, pour quoi…*, le pronom *ce* aurait-il un autre motif – s'il n'est pas banalement analogique de *ce que, ce qui* (exemples 74 et 75) – que de prévenir la rencontre fortuite de deux prépositions : ??*Revenons à à quoi les jeunes filles rêvent* ou ??*Souvenons-nous de de quoi les jeunes filles rêvent* ou ??*Méditons sur à quoi les jeunes filles rêvent*, etc. ?

Excursus
Une expression économique réduit les sous-phrases interrogatives à leur enchâsseur pronominal ou adverbial : *Je vous dirai combien (d'invités)/lesquels il y avait ⇒ Je vous dirai combien/lesquels. Je vous dirai quand aura lieu le concert et qui dirigera l'orchestre ⇒ Je vous dirai quand et qui*, etc. Les pronoms en *ce* sont privés de cette possibilité : *Je vous dirai ce que chantera Thomas/ce qui se passera/ce à quoi ou ce de quoi et ce dont les jeunes filles rêvent* => * *Je vous dirai ce que/ce qui/ce à quoi ou ce de quoi et ce dont…* Le régionalisme du Nord (Picardie, Belgique wallonne) dont le film *Bienvenue chez les Ch'tis* plaisante abondamment a trouvé la parade : *Je vous dirai quoi* ou *Vous me direz quoi* = « ce qu'il en est ».

RÉCAPITULATION

103 – Les 77 exemples à métamorphoses des § 91 à 102 découlent d'une batterie maximale de 26 instructions qui, dans la pratique de l'enseignement, se réduisent comme peau de chagrin.

1. L'interrogation opère-t-elle dans un cadre sous-phrastique ?
   Si oui, passer au 21.
   Si non, continuer.
2. L'interrogation opérant dans un cadre phrastique est-elle partielle ?
   Si oui, passer au 6.
   Si non, continuer.

3. L'interrogation totale se veut-elle de registre familier ?
Si oui, adopter une simple intonation montante.
Si non, continuer.
4. L'interrogation totale se veut-elle de registre classique ?
Si oui, postposer au verbe un pronom de reprise du sujet (pourvu que le verbe – à l'exception de la dizaine rappelée § 91 avant l'exemple 23 – ne soit pas conjugué au PRES en ayant le pronom *je* comme sujet, et en évitant à la fois pour *ce* sujet les PS pluriels et les formes composées à auxiliaire autre que *aurait* et *serait* ou *eût* et *fût*).
Si non, continuer.
5. L'interrogation totale se veut-elle de registre usuel ?
Si oui, utiliser avant le verbe et son sujet l'interrogateur inversé *est-ce que*.
Si non (registre populaire), redresser *est-ce (que)* en *c'est (que)* et ajouter à *c'est* l'affixe *il/ti*.
6. L'interrogation partielle porte-t-elle sur un complément ou sur un attribut ?
Si oui, passer au 10.
Si non, continuer.
7. L'interrogation portant sur le sujet se veut-elle de registre familier ?
Si oui, adopter une intonation montante qui antépose au verbe le mot interrogatif adéquat (*quel, combien de, lequel, combien, qui*).
Si non, continuer.
8. L'interrogation portant sur le sujet se veut-elle de registre classique ?
Si oui (mais avec les précautions rappelées au § 95, exemples 31 et 32), antéposer le mot interrogatif adéquat et postposer au verbe un pronom de reprise du sujet.
Si non, continuer.
9. L'interrogation portant sur le sujet se veut-elle de registre usuel ?
Si oui, utiliser derrière le mot interrogatif adéquat – les mots du point 7 augmentés de *que* – l'interrogateur *est-ce qui*.
Si non (registre populaire), redresser l'interrogateur *est-ce qui* en *c'est qui* réductible à *qui*, avec intercalation éventuelle de *il/ti* entre *c'est* et *qui*.
10. L'interrogation porte-t-elle sur un attribut ?
Si oui, passer au 18.
Si non, continuer.
11. L'interrogation porte-t-elle sur un complément circonstanciel ?

Si oui, passer au 15.
Si non, continuer.

12. L'interrogation portant sur un complément du verbe se veut-elle de registre familier ?
Si oui, adopter une intonation montante qui aboutit au mot interrogatif adéquat (*quel, combien de, lequel, combien, qui, quoi*).
Si non, continuer.

13. L'interrogation portant sur un complément du verbe se veut-elle de registre classique ?
Si oui, antéposer le mot interrogatif adéquat (les mêmes qu'au point 12, sauf *quoi* devenant *que*, qui ne tolère pas à ses côtés de nom coréférentiel du pronom postposé) et postposer au verbe un pronom de reprise du sujet.
Si non, continuer.

14. L'interrogation portant sur un complément du verbe se veut-elle de registre usuel ?
Si oui, utiliser après le mot interrogatif adéquat l'interrogateur *est-ce que*, le verbe ayant soit un sujet nominal ou pronominal antéposé, soit un sujet nominal postposé.
Si non (registre populaire), supprimer l'interrogateur *est-ce que* ou le retourner en *c'est que* réductible à *que*, avec intercalation éventuelle de *il/ti* entre *c'est* et *que*.

15. L'interrogation portant sur un complément circonstanciel se veut-elle de registre familier ?
Si oui, adopter une intonation montante qui aboutit au mot interrogatif adéquat (*quand, où, comment* et *qui* ou *quoi* précédés d'une préposition *avec, de, pour...*).
Si non, continuer.

16. L'interrogation portant sur un complément circonstanciel se veut-elle de registre classique ?
Si oui, antéposer le mot interrogatif adéquat et postposer au verbe un pronom de reprise du sujet.
Si non, continuer.

17. L'interrogation portant sur un complément circonstanciel se veut-elle de registre usuel ?
Si oui, procéder comme au point 14 en ajoutant *pourquoi* aux mots interrogatifs du point 15.

Si non (registre populaire), procéder comme au point 14 avec les mots interrogatifs du point 15 augmentés de *pourquoi*.

18. L'interrogation portant sur un attribut se veut-elle de registre familier ?
Si oui, adopter une intonation montante qui aboutit au mot interrogatif adéquat (ceux des points 12 et 15 augmentés de *pourquoi*).
Si non, continuer.

19. L'interrogation portant sur un attribut se veut-elle de registre classique ?
Si oui, antéposer le mot interrogatif adéquat et postposer au verbe nécessairement singulier le pronom *ce*.
Si non, continuer.

20. L'interrogation portant sur un attribut se veut-elle de registre usuel ?
Si oui, procéder comme aux points 14 et 17.
Si non (registre populaire), procéder comme aux points 14 et 17.

21. L'interrogation opérant dans un cadre sous-phrastique est-elle totale ?
Si oui, enchâsser après le verbe matriciel une sous-phrase au moyen de la conjonction *si*.
Si non, continuer.

22. L'interrogation sous-phrastique partielle a-t-elle un correspondant phrastique qui utilise un adjectif interrogatif (*quel, combien de*) ?
Si oui, garder l'adjectif comme enchâsseur en l'accompagnant de façon moins classique de l'interrogateur *est-ce qui* pour un sujet nominal (nécessairement antéposé au verbe) ou de l'interrogateur *est-ce que* pour un complément du verbe (le sujet pronominal antéposé au verbe et le complément nominal antéposé ou postposé).
Si non, continuer.

23. L'interrogation sous-phrastique a-t-elle un correspondant phrastique qui utilise un adverbe interrogatif (*quand, où, comment, pourquoi*) ?
Si oui, garder l'adverbe comme enchâsseur en l'accompagnant éventuellement de l'interrogateur *est-ce que* (le sujet pronominal antéposé au verbe et le sujet nominal antéposé ou postposé, à condition que l'enchâsseur ne soit pas l'adverbe *pourquoi*).
Si non, continuer.

24. L'interrogation sous-phrastique a-t-elle un correspondant phrastique qui utilise un pronom interrogatif *lequel, combien, qui* ?
Si oui, garder le pronom comme enchâsseur en l'accompagnant éventuellement de l'interrogateur *est-ce qui* ou *est-ce que* comme au point 22.

Si non, continuer.

25. L'interrogation sous-phrastique a-t-elle un correspondant phrastique qui utilise un pronom interrogatif *que, quoi* non prépositionnel ou le composé *qu'est-ce qui* nécessaire à la fonction sujet de *que* ?
Si oui, changer le pronom interrogatif *que* ou *quoi* en enchâsseur *ce que* et la composition *qu'est-ce qui* en *ce qui*.
Si non, continuer.
26. L'interrogation sous-phrastique a-t-elle un correspondant phrastique qui utilise un pronom interrogatif prépositionnel *à quoi, pour quoi*... ?
Si oui, garder au choix le pronom comme enchâsseur ou le faire précéder du pronom *ce*.
Si non (l'interrogation phrastique utilise le pronom interrogatif prépositionnel *de quoi*), garder au choix le pronom *de quoi* comme enchâsseur ou le faire précéder du pronom *ce* qui autorise à changer *de quoi* en *dont*.

COMPLÉMENT DIDACTIQUE

La solution désirée apparait à l'issue de trois opérations : (1) le repérage des mots interrogatifs (un point sur lequel nous nous séparons – une fois n'est pas coutume – de Wilmet, [5]2010, § 642, rem.), (2) deux dichotomies, (3) une option sylistique.

(1) Sont potentiellement interrogatifs : l'adjectif *quel* (avec ses variantes en genre et en nombre) et l'assimilé *combien de* ; les pronoms *combien, qui, que, quoi, où* et les adverbes *comment, pourquoi, quand* (avec leurs variantes prépositionnelles *à qui, de quoi, d'où, depuis quand*..., plus *ce que, ce qui* et la variante *ce dont* de *ce de quoi*). On éliminera en particulier les pronoms *lequel, qui, que, où* et l'adverbe *quand* qui enchâssent une sous-phrase pronominale ou une sous-phrase conjonctivale complément circonstanciel : *cf.* § 99, *excursus*).

(2) Dichotomie 1 : Dissocier sur la base de la réponse attendue (*cf.* § 90) l'interrogation totale de l'interrogation partielle. Dichotomie 2 : Dissocier sur la base des phrases simples et des phrases complexes le cadre phrastique du cadre sous-phrastique. Les consignes 3, 4, 5 traitent

de l'interrogation totale dans le cadre phrastique, la consigne 21 de l'interrogation totale dans le cadre sous-phrastique. Les consignes 3 à 20 concernent l'interrogation partielle dans le cadre phrastique (portant successivement sur un sujet, sur un complément du verbe, sur un complément circonstanciel, sur un attribut) et les consignes 21 à 26 concernent l'interrogation partielle dans le cadre sous-phrastique (par le canal successif des enchâsseurs adjectivaux, adverbiaux et pronominaux).

(3) Sélectionner un registre dans une gamme de quatre.

> – Le registre familier appuie l'interrogation sur la seule intonation (consignes 3, 7, 12, 15).
> – Le registre classique provoque l'inversion du sujet (consignes 4, 8, 13, 16).
> – Le registre usuel supprime l'inversion du sujet grâce à l'interrogateur à sujet déictique inversé *est-ce que* ou *est-ce qui* (consignes « oui » 5, 9, 14, 17).
> – Le registre populaire efface toute trace d'interrogateur *est-ce que* ou redresse *est-ce que/qui* en *(c'est) que/qui* ou en *c'est-il/ti (que/qui)* (consignes « non » 5, 9, 14, 17).

Il serait bien entendu possible de choisir l'entrée de la stylistique avant d'en arriver à la syntaxe. La régularité des mécanismes linguistiques créateurs d'automatismes n'en sauteront que davantage aux yeux. On se rendra vite compte à la pratique que les interrogations du français sont plus faciles à faire qu'à... décrire.

BIBLIOGRAPHIE SÉLECTIVE

AYLWARD, Travis Rendle Jenner, *L'interrogation à l'oral en français contemporain : une étude quantitative des structures interrogatives*, University of British Columbia, 2010.

BEAUCHEMIN, Normand, « Préface », dans Terry (R. M.) *infra*.

BEHNSTEDT, Peter, Viens-tu ? Est-ce que tu viens ? Tu viens ? *Formen und Strukturen des direkten Fragesatzes im Französischen*, Tübingen, Narr, 1978.

BLANCHE-BENVENISTE, Claire, « Éléments pour une analyse du mot *quel* », dans *Grammaire et histoire de la grammaire à la mémoire de Jean Stéfanini*, Aix-en-Provence, Publications de l'Université, 1988, p. 59-75.

BLANCHE-BENVENISTE, Claire, « À propos de *Qu'est-ce que c'est* et *C'est quoi...* », dans *Recherches sur le français parlé*, 14, 1997, p. 127-146.

BORILLO, Andrée, *Structure et valeur énonciative de l'interrogation totale en français*, Thèse de l'Université de Provence, 1978.

COVENEY, Aidan, « L'interrogation directe », dans *Travaux de Linguistique*, 63, 2011, p. 112-145.

DEFRANCQ, Bart, *L'interrogative enchâssée. Structure et interprétation*, Bruxelles, De Boeck, 2005.

GADET, Françoise, *Le français ordinaire*, Paris, Colin, 1989.

GOES, Jan, « *Être*, un verbe à réestimer ? », dans *Le verbe en verve* (M. Van Peteghem, P. Lauwers, E. Tobback, A. Demol, L. De Wilde éd.), Gand, Academia Press, 2012, p. 107-124.

JONES, Michael Allan, *Foundations of French Syntax*, Cambridge University Press, 1996.

KAISER, Egbert, *Strukturen der Frage im Französischen*, Tübingen, Narr, 1980.

KORZEN, Hanne, Pourquoi *et l'inversion finale en français : étude sur le statut de l'adverbial de cause et l'anatomie de la construction tripartite*, Copenhague, Munksgaard, 1985.

MULLER, Claude, *La subordination en français*, Paris, Armand Colin, 1996.

PIERRARD, Michel, *La relative sans antécédent. Essai de syntaxe propositionnelle*, Louvain, Peeters, 1988.

PIERRARD, Michel, « À propos de la détermination des classes propositionnelles : l'interrogation indirecte et ses rapports avec la relative sans antécédent », dans *Zeitschrift für Französiche Sprache und Litératur*, 102, 1992, p. 237-251.

QUENEAU, Raymond, *Bâtons, chiffres et lettres*, Paris, Gallimard, 1965.

QUILLARD, Virginie, *Interroger en français parlé : études syntaxiques, pragmatiques et sociolinguistiques*, Thèse de l'Université de Tours, 2000.

RENCHON, Hector, *Études de syntaxe descriptive. II. La syntaxe de l'interrogation*, Bruxelles, Palais des Académies, 1969.

ROWLETT, Paul, *The Syntax of French*, Cambridge University Press, 2007.

SÖLL, Ludwig, « L'interrogation directe dans un corpus de langage enfantin », dans *Études de grammaire française descriptive* (F.-J. Hausmann éd.), Heidelberg, Groos, 1982, p. 45-54.

TERRY, Robert M., *Contemporary French Interrogative Structures*, Sherbrooke, Cosmos, 1970.

VENDRYES, Joseph, *Le langage*, Paris, La Renaissance du livre, 1920.

WILMET, Marc, *Grammaire critique du français*, Bruxelles-Paris, Duculot, [5]2010 (§ 630-635).

WIMMER, Christine, « Les verbes introducteurs de *si* interrogatif indirect et la description lexicographique », dans *Travaux de Linguistique et de Littérature*, 21, 1983, p. 172-214.

L'ACCORD DU PARTICIPE PASSÉ

Pour Marc.

INTRODUCTION

104 – Le premier obstacle à franchir ici sera le mur des lamentations[1]. Depuis bientôt cinq siècles qu'il y a des grammairiens du français, tous, de Dubois-Sylvius (1531) à Goosse (2011), ont affronté le serpent de mer récurrent de la « convenance » ou de l'« accord » du participe anciennement dit « passif », ensuite « parfait », aujourd'hui « passé » (désormais PP).

Excursus
L'abréviation PP, clin d'œil argotique à un Pépé 'vieille connaissance' (avant, qui sait ? – du masculin au féminin – une Pépé 'jeune personne pimpante'), a l'avantage d'éluder l'abusif *passé* (*cf.* § 72, 1, *excursus*).

1 Les considérations qui suivent n'ont donné lieu à aucune publication préalable, mais elles ont été copieusement testées pendant plusieurs années au cours de séminaires et de séances d'exercices. On voudra bien noter que les objectifs chiffrés de 70 %, de 95 % et de 100 % de réussite donnés plus loin ne sont malgré tout qu'une approximation. Le lecteur estimant n'avoir besoin ni de l'historique ni du rappel des règles en vigueur se réfèrera immédiatement au § 107.

Dans cette production, deux périodes se dessinent nettement.
(1) Un courant de grammaire mondaine, dont émergent :

- le poète Clément Marot, qui dédie « à ses disciples » une série de conseils versifiés : « Enfans, oyez une leçon… » (1538) [*cf.* § 114, 1, *excursus*] ;
- l'aristocrate Claude Favre de Vaugelas (le parangon des *Femmes savantes* de Molière, aux « lois » duquel « manque » la servante Martine : « Elle a, d'une insolence à nulle autre pareille, / Après trente leçons, insulté mon oreille, / Par l'impropriété d'un mot sauvage et bas, / Qu'en termes décisifs condamne Vaugelas » [II, 6]), cofondateur en 1634 de l'Académie française, « arbitre des élégances », « greffier de l'usage », jetant dans ses *Remarques sur la langue française utiles à ceux qui veulent bien parler et bien escrire* les bases d'interminables disputes : « En toute la grammaire française, il n'y a rien de plus important, ni de plus ignoré. Je dis, *de plus important*, à cause du fréquent usage des participes dans les prétérits, et *de plus ignoré*, parce qu'une infinité de gens y manquent » (1647 : 175) ;
- l'abbé d'Olivet, rédacteur d'une synthèse magistrale que discrédite hélas ! une annonce un peu maladroite : « Une exception de cette nature étant seule, et si connue de tout le monde, n'est propre qu'à confirmer notre règle, et qu'à lui affirmer de plus en plus le titre de règle générale… » (1771 : 207), vite glosée – naïvement ou perfidement – « l'exception confirme la règle ».

(2) Un courant de grammaire scolaire issu des *Élémens de grammaire françoise* (1780) de Lhomond (responsable en parallèle du fameux *De viris illustribus*), le premier traité expressément destiné à des élèves. L'école « laïque et républicaine », braquée sur l'orthographe, s'emparera du PP pour en faire une cause nationale. Il n'est pas excessif de penser que l'échafaudage branlant des « natures » et des « fonctions » a été édifié à seule fin de résoudre ce « point crucial » (Chervel, 1977 : 110 ; Swiggers, 1990 : 855).

Remémorons-nous pour le vérifier la *doxa*, fixée en gros dès Noël et Chapsal (1823), telle que l'exposent à quelques détails près une foule de manuels.

LA *DOXA*

105 – Les ouvrages normatifs adoptent un plan quadripartite immuable : (1) le PP employé sans auxiliaire, (2) le PP conjugué avec l'auxiliaire *être*, (3) le PP conjugué avec l'auxiliaire *avoir*, (4) le PP des verbes pronominaux, conjugué avec l'auxiliaire *être* « employé pour *avoir* » (Noël et Chapsal, § 609). On voit que l'organisateur est l'auxiliaire, défini *stricto sensu* comme un verbe « servant à conjuguer tous les autres verbes dans leurs temps composés » (*ibid.*, § 132), donc *avoir* et *être*, avec la conséquence que *aller* ou *venir de* aliénant eux aussi leur sens plein, mais suivis d'un infinitif, sont catalogués « semi-auxiliaires », et *devoir, pouvoir, savoir, vouloir* (plus *falloir*, bien qu'il ne subisse aucune déperdition sémantique) « auxiliaires de mode ».

(1) Le PP employé sans auxiliaire s'accorde « comme l'adjectif » avec le mot « auquel il se rapporte » (*ibid.*, § 599).

Excursus

La grammaire fera ultérieurement de ce PP soit une « épithète » (p. ex. *la maison construite*), soit une « épithète détachée » (p. ex. *Aussitôt construite, la maison...*), soit un « attribut du complément d'objet direct » (p. ex. *Je crois la maison construite*). En des termes rénovés, le PP de *la maison construite* exerce la fonction déterminative de qualifiant (*cf.* § 21, 3). Le PP de *Aussitôt construite, la maison...* exerce la fonction prédicative qui est celle de *La maison est construite*, mais en tant qu'apposition (adjectivale), au sein d'une prédication seconde greffée sur la prédication première : *Aussitôt construite, la maison fut occupée* (*construite* apposition, *la maison* apposé et sujet de la prédication première, *occupée* attribut). *Idem* du PP de *Je crois la maison construite* (*construite* apposition à l'apposé *la maison* et prédication seconde *la maison... construite* complément du verbe *croire*).

(2) Le PP que conjugue l'auxiliaire *être* s'accorde « avec le sujet du verbe » (*ibid.*, § 602). En fait, le *est* de *La maison est construite* est significativement – orthographe oblige ! – mis sur le même pied que l'authentique auxiliaire de *La marquise est sortie à cinq heures.*

Qu'est-ce maintenant qu'un sujet ? « C'est le mot qui représente la personne ou la chose qui fait l'action du verbe, ou qui est dans l'état exprimé par le verbe » (*ibid.*, § 91). Comment le repérer ? « Il répond à la question *qui est-ce qui ?* pour les personnes ; et *qu'est-ce qui ?* pour les choses » (*ibid.*).

Écueil immédiat : les verbes « impersonnels » ou « unipersonnels » de *Il est un Dieu dans le ciel* ou *Il est nécessaire d'étudier*[1]. La solution : *un Dieu* et *d'étudier* sont les « sujets réels » (*Qui est-ce qui est dans le ciel ?* → *Un Dieu* et *Qu'est-ce qui est nécessaire ?* → *D'étudier*), mais *il*, « sujet apparent », décide de l'accord.

Excursus
L'accord du verbe est l'autre grand cheval de bataille de la grammaire scolaire (comme on dit de la Hollande qu'elle est « l'autre pays du fromage »). Or une prescription suffit : le verbe s'accorde en personne et en nombre avec son sujet grammatical, qui peut être, mais n'est pas nécessairement :
– *sujet logique* (p. ex. le pronom *il* de ci-dessus *Il est un Dieu dans le ciel*, dont rien n'est asserté, interrogé ou enjoint : *cf.* § 87, est sujet grammatical mais pas sujet logique) ;
– *sujet sémantique* (p. ex. le sujet grammatical et sujet logique *la maison* de *La maison est construite* n'est pas agent de l'action).
Passé la hiérarchie des personnes (la personne 1 domine la personne 2 : *Toi et moi nous partirons…*, qui domine la personne 3 : *Toi et lui vous partirez…*) et l'addition ou non des parties de sujet coordonnées ou juxtaposées (p. ex. *Le fromage et le dessert sont compris vs Le fromage ou le dessert est compris*), une légère indécision ne tient qu'à la sélection du donneur d'accord dans les syntagmes nominaux (SN) à double noyau nominal (NN) potentiel : *La majorité des femmes a/ont voté* ou *Un peu de sous a/ont fait son bonheur*, etc. (voir les phrases mises à dessein *infra*, 4 : « … la quasi-totalité des verbes essentiellement pronominaux *accordera* le PP avec le sujet et une grosse partie des verbes accidentellement pronominaux l'*accorderont* avec le C.O.D. antérieur »). Les noms de tête *majorité* et *peu* décrétés sujets au préjudice des séquences *la majorité des femmes* et *un peu de sous*, l'école a inventé un accord *par syllepse* (*i.e.* « selon le sens ») avec le « complément déterminatif d'un nom collectif ». Inutilement. Deux analyses sont correctes : 1° NN *majorité* et *peu* → singulier *a* (*des femmes* et *de sous* qualifiants à base nominale : *cf.* § 23), 2° NN *femmes* et *sous* → pluriel *ont* (les quantifiants *la majorité des* et *un peu de* rejoignent la liste ouverte des « indéfinis » *chaque, plusieurs, quelques, beaucoup de, une foule de…* aux § 6 et 16, 2). Les singuliers ou les pluriels exclusifs naissent de l'incompatibilité d'un des deux noms et du verbe : *Le pot de confitures est cassé/*sont*

---

1 Noël et Chapsal prennent la peine de motiver leur terminologie : « *Impersonnel* veut dire qui n'a pas de personne ; cette dénomination, quoique fort usitée, nous a paru devoir être remplacée par celle d'*unipersonnel*, qui signifie qui n'a qu'une personne, et qui, sous ce rapport, convient parfaitement aux verbes *il pleut, il faut*, dont l'emploi n'a lieu qu'à la troisième personne. »

cassées (que signifieraient bien des « confitures cassées » ?) ou *La plupart des fruits sont pourris*/ ${}^{??}$*est pourrie* (*la plupart* devrait normativement avoir cessé d'être un singulier en français moderne : *cf.* § 16, 2, b), etc.

(3) Le PP que conjugue l'auxiliaire *avoir* s'accorde « avec son complément direct, lorsqu'il en est précédé, et reste invariable quand le complément direct est placé après le participe, ou qu'il n'y a pas de complément de cette nature » (*ibid.*, § 604).

Excursus
La généalogie de ce complément emblématique mériterait une longue digression. Initialement *accusatif*, il devient *régime simple* ou *régime absolu* ou *régime direct* au XVIIIe siècle et, après Beauzée, l'inventeur du *complément* (1767, II, 44-45 : « Le *complément* d'un mot est une addition faite à ce mot, afin d'en changer ou d'en compléter la signification… »), *complément direct* (*vs* le complément « indirect » *i.e.* prépositionnel – les pronoms *lui, leur, dont, en, y* exceptés, « qui sont pour *à lui, à eux, duquel, de cela, à cela* » [Noël et Chapsal, § 96]), puis *complément direct d'objet* (l'ajout *d'objet* distingue le complément du verbe du complément « circonstanciel », tout autant « direct » ou « indirect »), enfin *complément d'objet direct* (*direct* successivement épithète de *complément d'objet* : *[complément d'objet] direct*, et d'*objet* : *complément [d'objet direct]*), promu à la consécration du sigle : COD (on prononce les lettres).

Deux questions : « *qui ?* pour les personnes, et *quoi ?* pour les choses » (*ibid.*, § 94), isolent le COD en le différenciant des compléments « indirects » (COI) et des compléments « circonstanciels » (CC), mais pas du ou des mots exposés au questionnement tentant de *La maison est construite* → *La maison est quoi ?* → *Construite* et, plus grave, *La femme qu'elle a été…* → *Elle a été qui ?* → *La femme* (le PP invariable).

L'expédient sera de trier les verbes en transitifs (ils ont – ou peuvent avoir : les conceptions divergent – un COD), intransitifs (ils n'ont pas – ou ne peuvent pas avoir – de COD), copules (non seulement ils ne sauraient avoir de COD mais ils « lient » – du latin *copula* 'lien' – un *attribut* au sujet) [sur cette spécificité de la grammaire française, *cf.* § 21, 3, n. 2].

(4) Le PP des verbes pronominaux demeure contre vents et marées un épouvantail du fait que, quoique conjugué avec l'auxiliaire *être*, il se règle tantôt sur le modèle des verbes conjugués avec *être* et tantôt sur le modèle des verbes conjugués avec *avoir*.

Qu'appelle-t-on d'abord « verbe pronominal » ?

Un verbe flanqué d'un pronom personnel *me, te, se, nous, vous* de même personne et de même nombre que son sujet ou, à l'infinitif et au participe (dépourvus de sujet), du pronom *se*. La reconnaissance de verbes *essentiellement* pronominaux (p. ex. *s'emparer* n'a pas de correspondant non pronominal **emparer*) à côté de verbes *accidentellement* pronominaux (p. ex. *se construire* a un correspondant non pronominal *construire*) mène à identifier une VOIX pronominale (la voix de *s'emparer* se composant *s'être emparé* et de *se construire* se composant *s'être construit*), dite aussi « moyenne », à équidistance de la voix active (la voix de *construire* se composant *avoir construit* ou de *sortir* se composant *être sorti*) et de la voix passive (la voix de *être construit* se composant *avoir été construit*).

Dans la pratique, la quasi-totalité des verbes essentiellement pronominaux accordera le PP avec le sujet et une grosse partie des verbes accidentellement pronominaux l'accorderont avec le COD antérieur, identifiable sous le pronom personnel *me, te, se, nous, vous* au prix de la substitution de *avoir* à *être* : p. ex. *Valérie s'est dénoncée* → *Valérie a dénoncé qui ?* → *Se* = « Valérie ». Le solde est constitué des pronominaux « à sens passif », pour lesquels il semblerait inopportun d'utiliser les questions *qui ?* ou *quoi ?* : *La maison s'est bien vendue* → *??La maison a bien vendu quoi ?* ou *Les roses se sont effeuillées* → *??Les roses ont effeuillé quoi ?...*, encore que, modère Hanse, qui rapporte ces exemples, « du point de vue de l'accord, il n'y aurait aucun mal, puisque le participe serait alors considéré comme s'accordant avec le pronom réfléchi représentant le sujet » ([4]2000 : 424, § 6.1.2).

Tout irait finalement pour le mieux dans le meilleur des mondes ? On est loin du compte (et... de Contant, 2006 : *L'histoire amusante de Participe Passé*).

106 – Les préceptes à peine rappelés, les auteurs s'empressent d'énumérer une ribambelle de manquements, habillés en « remarques » (huit chez Noël et Chapsal, § 614-629), en « cas particuliers » (chez Hanse, [4]2000 : 414-426, cinq « cas particuliers » de PP employés seuls, quatorze de PP conjugués avec *avoir* [le quatorzième donnant lieu à des « exceptions », à un nouveau « cas particulier » et à un second « cas particulier » subdivisé en trois], n'évitent pas aux verbes pronominaux sept « exceptions »), en « cas de figure » (onze chez Riegel *et alii*, [4]2009 : 503-505), en « difficultés » et « observations » (chez Grevisse-Goosse, [15]2011, § 944 et 953).

Grevisse mérite peut-être le pompon. Sa petite brochure constamment rééditée *Savoir accorder le participe passé* prévoit deux pages de *Règles générales* (en trois paragraphes), vingt pages de *Cas particuliers* (en dix-huit rubriques). Les verbes pronominaux occupent quatre pages : d'une *Remarque préliminaire* sur les pronoms « réfléchis ou réciproques » (acceptant que *avoir* se substitue à *être* : *Elles se sont cachées* = « elles ont caché qui ? » ou *Ils se sont battus* = « ils ont battu qui ? » et *Les pénitences qu'ils se sont imposées*... = « ils ont imposé quoi à qui ? »), les « pronominaux passifs » (*La bataille s'est livrée ici* = « a été livrée » ou *Les blés se sont bien vendus* = « ont été vendus »), les « pronominaux dont le pronom n'est ni objet direct ni objet indirect » (*Ils se sont enfuis* ou *Elles se sont évanouies*), à cinq *Remarques* et à une *Règle pratique* prolongée d'une *Exception* acrobatique : *Elles se sont croisé les bras* = « ont croisé les bras à elles » (1996 : 36).

Franchement, qui blâmerait les élèves incapables de se dépêtrer d'un tel labyrinthe ? L'école a beau multiplier les heures d'enseignement (*cf.* Bena, 2004), les exercices et les dictées[1], y revenir inlassablement d'année en année et de classe en classe – au détriment, soit dit par parenthèse, de matières plus dignes d'attention –, rien n'y fait et n'y fera tant qu'on n'aura pas, remède drastique, réformé les accords (*cf.* Wilmet, 2009, ^{5}2010 ; Gruaz, 2012) ou, objectif du jour au lendemain accessible, lui, car il dépend exclusivement du bon vouloir des enseignants, changé de pédagogie[2].

1 Voir par exemple les *Dictées en texte suivi sur les participes* « à l'usage 1° Des maisons d'éducation ; 2° Des personnes qui se préparent à l'examen du second ordre (Instruction primaire) » par Théodore Lepetit, « Officier d'Académie. Préparateur aux examens. Professeur de grammaire et de littérature au cours normal de la Société des Instituteurs et des Institutrices libres de la Seine », Paris, Larousse, s.d. (nombreuses rééditions).

2 Les maîtres n'en mènent pas forcément plus large que les élèves. Lors d'un salon de l'éducation qui s'est tenu à Namur en octobre 2012, trente phrases « à trous » avaient été proposées en QCM 'questionnaire à choix multiples' à des étudiants de Hautes Écoles, futurs professeurs de français, et à leurs mentors : *Je ne pense pas que vous ayez (faire) vôtre sa théorie de l'inégalité des races humaines* ou *Nous nous sommes (dire) satisfaits* ou *Que d'efforts il a (falloir) pour réussir*, etc. Les correcteurs ont eu la surprise de constater que presque toutes les réponses offertes récoltaient des suffrages et qu'un calcul statistique concluait pour l'ensemble à une distribution aléatoire.

CHANGEMENT DE PÉDAGOGIE

107 – Ainsi que son nom l'indique, le PP « participe » de deux natures, celles du verbe et de l'adjectif. Or, mis à part le PP « employé sans auxiliaire » ou « employé seul » – formulations qui d'entrée de jeu le désignent comme une curiosité –, c'est la face verbale qu'exploitent dans leur quête des fonctions de sujet et de COD les *Règles générales* de Grevisse et consorts. Une vraie révolution consisterait à faire partout du PP un adjectif, cherchant comme n'importe quel adjectif à s'accorder avec le mot « auquel il se rapporte ».

Les pionniers de cette méthode ne manquent pas. Déjà, Damourette et Pichon : « ...c'est toujours le patient (...) qui est susceptible d'être le support du participe type *su*. (...) Il apparaît donc que quant à son épinglement logique, le *su* ne dépende pas de l'acception du verbe » (1934, IV, § 1172). Plus près de nous, Van Raemdonck : « *Règle générale.* Le participe passé s'accorde en genre et en nombre avec le mot auquel il se rapporte, comme un simple adjectif » (1993), et Audet : « Le participe "passé" n'est pas un verbe, ou "parfois un adjectif et parfois un verbe" ; il est toujours un adjectif », d'où « ...tous les cas d'accord du participe passé reposent sur l'application (...) d'une seule et même règle : le participe passé (...) s'accorde avec son désigné passif » (1994 : 277). Wilmet (1999), creusant la veine, réduit l'appareil grammatical au *minimum minimorum* : plus besoin d'« épithète », d'« épithète détachée », d'« attribut », de « sujet », de « complément »..., balayés au profit d'un mécanisme inspiré de l'*incidence* guillaumienne : le rapport d'un apport à un support[1].

En attendant la mise à l'épreuve, il ne sera pas superflu de s'assurer de l'identité des PP.

---

1 *Cf.* les *Leçons de linguistique de Gustave Guillaume* du 23 décembre 1943 : « Un adjectif peut se dire de toute espèce de support : *un beau livre, un beau tableau, un beau travail, un beau regard, un beau peintre, un beau romaniste* – on a dit cela de notre président M. Mario Roques –, et il en est de même d'un verbe qui peut se dire de toute une série de sujets : *le chien court, le bœuf court, l'enfant court, je cours, tu cours* » (78), et du 17 mars 1949 : « ... une notion nouvelle, très importante, dont, avant nous qui en faisons état depuis longtemps, aucun grammairien n'a fait état. Cette notion est celle d'*incidence*. Elle a trait au mouvement, absolument général dans le langage, selon lequel, partout et toujours, il y a apport de signification et référence de l'apport à un support » (155).

IDENTIFICATION DES PP

108 – Roy et Legros (1997) relatent la bévue décoiffante d'un étudiant qui, au moment d'orthographier *Richard avait envie que nous voyions à emménager dès que possible*, a pris *avait* pour un auxiliaire, *envie* pour un PP, enregistré machinalement l'absence de COD (question *Il avait envie de quoi ?* : COI) et choisi la graphie *envi*.

Admettons que les désinences majoritairement vocaliques des PP prêtent à confusion. Deux précautions y remédieront.

- Les PP pressentis doivent s'inscrire à un paradigme verbal. La mesure élimine p. ex. les adjectifs *éthéré*, *kaki*, *cornu*, *perclus*, *bénin*… ou le nom *envie* ci-dessus, le verbe *envier* appartenant au groupe « régulier » (*cf.* § 39, *excursus*) dont l'écarte la désinence *-i* (**envir*).
- Les PP en *-é*, *-ée*, *-és*, *-ées* du premier groupe, le plus souvent indistincts à l'oreille de l'infinitif en *-er*, seront commutés en guise de contrôle avec un verbe du deuxième ou du troisième groupe : *ronfler*/*ronflé* et *dormir* ou *dormi*, *capturer*/*capturé* et *prendre* ou *pris*, etc., ou avec un adjectif pur : *apeuré* et *inquiet*, *esseulé* et *seul*, etc.

Plus rien n'empêche de planifier la réussite. En trois étapes : 70 %, 95 %, 100 %.

OBJECTIF 70 %

109 – Dans le rapport d'apport à support (*cf.* § 107), le support est donneur d'accord, et le PP, receveur d'accord, tend à s'accorder en genre et en nombre avec lui.

On trouve le support du PP par l'intermédiaire de la question *qui ou qu'est-ce qui est PP ?* (*Qui est-ce qui est PP ?* pour un support animé,

Qu'est-ce qui est PP ? pour un support inanimé – les deux questions adaptables à une prédication négative : *Qui ou qu'est-ce qui n'est pas PP ?*).

Appréciez l'immédiate économie. Les sept avatars 1° *la maison construite* et 2° *La maison, aussitôt construite*… (sans auxiliaire), 3° *La maison qui est construite*… (verbe copule), 4° *La maison qui est sortie du sol*… (auxiliaire *être* de la voix active et PC à sens de présent achevé ou d'antérieur de présent : *cf.* § 57-60), 5° *La maison qu'on a construite*… (auxiliaire *avoir*), 6° *La maison qui s'est construite*… et 7° *La maison qu'on s'est construite*… (auxiliaire *être* de la voix moyenne), ont le même support *la maison* (question *Qui ou qu'est-ce qui est construit/sorti du sol ?*), indépendamment des fonctions de sujet (3°, 4°, 6°), de complément (5°, 7°) ou d'une quelconque fonction non précisée (1°, 2°).

Encore faut-il, pour les verbes pronominaux (6°, 7°), que la question *Qui ou qu'est-ce qui est PP ?* puisse être posée telle quelle. Ce n'est pas toujours le cas. Une métaphore botanique de Wilmet (1999, [5]2010, § 572) opposait aux infinitifs des verbes « accidentellement pronominaux » à *se* caduc les infinitifs des verbes « essentiellement pronominaux » à *se* persistant. Les PP aussi, même plus libres (comparer **adonner* et *adonné*, **écrouler* et *écroulé*, **enfuir* et *enfui*, **évanouir* et *évanoui*, **repentir* et *repenti*, **tapir* et *tapi*…), ont à l'occasion un *se* persistant : (1) morphologiquement *i.e.* indispensable à la forme, (2) sémantiquement *i.e.* indispensable au sens.

(1) Le *se* morphologiquement persistant rend agrammaticale la question *Qui ou qu'est-ce qui est PP ?*

> Exemples : *s'absenter* (**Qui ou qu'est-ce qui est absenté ?*), *s'abstenir* (**Qui ou qu'est-ce qui est abstenu ?*), *se démener* (**Qui ou qu'est-ce qui est démené ?*), *s'ébattre* (**Qui ou qu'est-ce qui est ébattu ?*), *s'écrier* (**Qui ou qu'est-ce qui est écrié ?*), *s'efforcer* (**Qui ou qu'est-ce qui est efforcé ?*), *s'emparer* (**Qui ou qu'est-ce qui est emparé ?*), *s'enquérir* (**Qui ou qu'est-ce qui est enquis ?*), *s'escrimer* (**Qui ou qu'est-ce qui est escrimé ?*), *s'esclaffer* (**Qui ou qu'est-ce qui est esclaffé ?*), *s'évertuer* (**Qui ou qu'est-ce qui est évertué ?*), *s'exclamer* (**Qui ou qu'est-ce qui est exclamé ?*), *se fier* (**Qui ou qu'est-ce qui est fié ?*), *se marrer* (**Qui ou qu'est-ce qui est marré ?*), *se méconduire* (**Qui ou qu'est-ce qui est méconduit ?*), *s'ingénier* (**Qui ou qu'est-ce qui est ingénié ?*), *se gausser* (**Qui ou qu'est-ce qui est gaussé ?*), etc. (*se méfier, se méprendre, se prélasser, se récrier, se soucier, se targuer*…).

(2) Le *se* sémantiquement persistant fausse la question *Qui ou qu'est-ce qui est PP ?*

> Exemples : *s'apercevoir* = « prendre conscience » (*vs Qui ou qu'est-ce qui est aperçu ?* = « vu au loin »), *s'assurer* = « contrôler, vérifier » (*vs Qui ou qu'est-ce qui est assuré ?*

= « certifié, garanti »), *se servir de x, y, z* = « utiliser *x, y, z* » (*vs Qui ou qu'est-ce qui est servi ?* = « gratifié, donné… »), etc. (*s'aviser, s'élancer, se moquer, se passer de, se prêter, se taire…*).

Avec les PP à *se* persistant, **et eux seuls**, la question heuristique s'énonce *Qui ou qu'est-ce qui s'est PP ?*

Le cauchemar des « verbes pronominaux » se dissipe comme par enchantement (moyennant un brin d'intelligence de la langue)[1] :

- *La maison s'est vendue* → *Qui ou qu'est-ce qui est vendu ?* (*se* caduc) → *La maison.*
- *La directrice s'est absentée* → **Qui ou qu'est-ce qui est absenté ?* (*se* morphologiquement persistant) → *Qui ou qu'est-ce qui s'est absenté ?* → *La directrice.*
- *Les policiers se sont assurés des malfrats* → **Qui ou qu'est-ce qui est assuré ?* (*se* sémantiquement persistant : *s'assurer* = « contrôler ») → *Qui ou qu'est-ce qui s'est assuré ?* → *Les policiers*, *vs Les policiers se sont assuré de plantureux bénéfices* → *Qui ou qu'est-ce qui est assuré ?* (*se* caduc) → *De plantureux bénéfices* (mais support postposé : *cf.* § 114, 1).
- *Margot et Charlotte se sont persuadées/persuadé qu'Alexandre avait raison* → *Qui ou qu'est-ce qui est persuadé ?* (*se* caduc) → 1° support animé *Margot et Charlotte* et graphie *persuadées*, 2° support inanimé *Alexandre avait raison* (graphie *persuadé* au double titre de support sous-phrastique et de support postérieur : *cf.* § 110, 4 et § 114, 1).
- *Les viandes dont les cuistots se sont servis…* → **Qui ou qu'est-ce qui est servi ?* (*se* sémantiquement persistant : *se servir de* = « utiliser ») → *Qui ou qu'est-ce qui s'est servi ?* → *Les cuistots*, *vs Les viandes que les cuistots se sont servies…* → *Qui ou qu'est-ce qui est servi ?* (*se* caduc) → *Les viandes* (des malicieux objecteront peut-être que

1 Comparez à la dernière mouture de règles prétendument simplificatrices qui m'est tombée sous les yeux : 1° « Quand le verbe pronominal a un COD autre que le pronom réfléchi, le participe passé s'accorde selon les mêmes règles qu'avec l'auxiliaire *avoir.* » 2° « Quand le pronom – à valeur réfléchie ou réciproque – est COI et qu'il n'y a pas de COD placé avant le verbe, le participe passé reste invariable. » 3° « Quand le verbe pronominal n'a ni pronom réfléchi COI ni COD autre que le pronom réfléchi, le participe passé s'accorde selon les mêmes règles qu'avec l'auxiliaire *être* » (Skupien Dekens *et alii*, 2011 : 56-57). Bonne chance !

les cuistots aussi « sont servis », mais il a bien fallu – relire l'exemple au point 2 ci-dessus – que les viandes leur soient « données » avant qu'ils s'en trouvent « gratifiés »). Etc.

Cerise sur le gâteau, la démarche préconisée rend compte d'accords inexplicables au moyen des procédures ordinaires (exemples 1 et 2).

[1] Il est recommandé aux candidates d'être *coiffées* et *maquillées* (publicité pour un *casting*) [impossible de prétendre accorder les PP *coiffées* et *maquillées* « avec le sujet », l'infinitif (*être*) n'ayant pas de sujet grammatical (*les candidates* est COI de *recommandé*) ; par contre, la question *Qui ou qu'est-ce qui est coiffé et maquillé ?* conduit au support *les candidates*].

[2] À la fin, Marine Le Pen et Rama Yade se sont *tombées* dans les bras avec des larmes de joie (*Le Nouvel Observateur*, 7 juillet 2011) [jugez de l'aporie grammaticale : *se tomber*, tout verbe « accidentellement pronominal » qu'il est, refuse de troquer l'auxiliaire *être* contre l'auxiliaire *avoir* (*cf.* § 58 : **ont tombé*), il est le contraire d'un pronominal « à sens passif » et le pronom *se* caduc n'est pas COD ; libre aux censeurs de dénoncer une « faute » ou aux prudents de « modifier la phrase » suivant la recommandation de la note au § 112 (p. ex. *Marine Le Pen et Rama Yade sont tombées dans les bras l'une de l'autre* autorise l'accord « avec le sujet » et *l'une de l'autre* = « mutuellement » supplée *se*), la question *Qui ou qu'est-ce qui est tombé ?* → *Marine Le Pen et Rama Yade* épargne de pareils détours].

110 – Le support a été jusqu'ici un syntagme nominal dont le noyau transfère au PP ses marques de genre (masculin ou féminin) et de nombre (singulier ou pluriel) selon les combinaisons : 1° masculin singulier, 2° féminin singulier, 3° masculin pluriel, 4° féminin pluriel.

Cinq variantes du prototype n'en altèrent ni l'esprit ni la démarche.

(1) Plusieurs pronoms supports ne déneutralisent le genre et/ou le nombre qu'à la lumière d'une source cotextuelle (que dévoile le texte) ou contextuelle (que dévoile le contexte). À côté des masculins singuliers *un, le, aucun, il, celui*, des féminins singuliers *une, la, aucune, elle, celle*, des masculins pluriels *ils, ceux, d'aucuns*, des féminins pluriels *elles, celles, d'aucunes*, sont ainsi du masculin ou du féminin : les singuliers *je, me, tu, te, lui* = « à lui/elle », *l'* élidant *le* ou *la* devant une voyelle, le *nous* « de modestie », le *vous* « de politesse », et les pluriels *nous, vous, les* (*les nôtres, les vôtres, les leurs*), *leur, d'autres, plusieurs* ; sont du masculin ou du féminin, du singulier ou du pluriel : Ø (le pronom effacé des impératifs : *Soyez arrivé/arrivée/arrivés/arrivées à temps*, etc.), *en, on* (du singulier vis-à-vis

du verbe ou de l'auxiliaire mais des deux genres et des deux nombres à l'égard du PP auxilié et des adjectifs en général : *On est tombé/tombée/tombés/tombées…*), *qui, que, se.*

Peu importe, les questions rituelles atteignent la source par-delà le support. Exemples :

- *Les conseils que l'on m'a prodigués… → Qui ou qu'est-ce qui est prodigué ? → (Que) → Les conseils.*
- *La lettre, c'est Valérie qui l'a envoyée → Qui ou qu'est-ce qui est envoyé ? → (L') → La lettre.*
- *La somme d'efforts que ce travail a représentée/représentés… → Qui ou qu'est-ce qui est représenté ? → (Que) → La somme d'efforts* (NN *somme* ou NN *efforts* : comp. § 105, 2, *excursus*).
- *Ce n'est ni Hadrien ni Charlotte qu'on a élevé/élevés à la présidence → Qui ou qu'est-ce qui est élevé ? → (Qu') → Ni Hadrien ni Charlotte* (graphie *élevé*) ou, en prédication négative, *Qui ou qu'est-ce qui n'est pas élevé ? → (Qu') → Hadrien et Charlotte* (graphie *élevés*).
- *Nous ne nous étions pas aperçues de votre présence, Margot et moi → Qui ou qu'est-ce qui ne s'est pas aperçu ?* (*se* sémantiquement persistant = « prendre conscience ») → *(Nous) → Margot et moi* (le pronom *moi* recouvre une énonciatrice).
- *Valérie et moi on s'est aimés → Qui ou qu'est ce qui est aimé ?* (*se* caduc) → *(S') → (On) → Valérie et moi* (le pronom *moi* recouvre un énonciateur). Etc.

(2) Quand un pronom support n'a pas de source récupérable, le PP s'écrit par défaut au masculin singulier.

Exemples : *Personne et rien n'est attendu → Qui ou qu'est-ce qui est attendu ? → Personne et rien → ?* (et, bien sûr, les indéfinis *qui* animé et *que* inanimé de p. ex. *Qui est venu ?* ou *Qu'as-tu fait ?*).

(3) En l'absence de support explicité, le PP n'a d'autre issue que de s'écrire au masculin singulier.

Exemples : *Hadrien a crié et Roman lui a répondu → Qui ou qu'est-ce qui est crié et répondu ? → ?* = « quelque chose ». *La réunion est plus longue que prévu → Qui ou qu'est ce qui est prévu ? → ?* = « autre chose ».

(4) Il arrive qu'un support ou sa source – nommément, les infinitifs, les sous-phrases et les phrases – ne soient marqués ni en genre ni en nombre. Le PP s'écrit au masculin singulier.

Exemples : *Circuler sur la glace est interdit* → *Qui ou qu'est-ce qui est interdit ?* → *Circuler sur la glace* (support infinitival). *Que Thomas allait réussir, ses parents l'ont proclamé à tous les échos* → *Qui ou qu'est-ce qui est proclamé ?* → (L') → *Thomas allait réussir* (source sous-phrastique). *François a gagné la course. On l'avait prédit* → *Qui ou qu'est-ce qui est prédit ?* → *(L')* → *François a gagné la course* (source phrastique).

Excursus
Le PP à valeur adverbiale de p. ex. *Il nous faudra jouer serré* (*Qui ou qu'est-ce qui est serré ?* → *Jouer* = « un jeu serré ») est à rapprocher de l'emploi familier des adjectifs dans *bronzer idiot, se chauffer pratique, délirer grave*, etc. = « un bronzage idiot, un chauffage pratique, un délire grave... ».

(5) Un questionnement agrammatical dénie par avance au PP tout droit à un support.

Exemples : *La femme qu'elle a été...* (*cf.* § 105, 3) → **Qui ou qu'est-ce qui est été ? Valérie a souri/menti* → **Qui ou qu'est-ce qui est souri/menti ? Charlotte a fait les efforts qu'elle a pu* → **Qui ou qu'est-ce qui est pu ? Margot et Hadrien se sont succédé à la tribune* (*se* caduc) → **Qui ou qu'est-ce qui est succédé ?...*

Ces PP à la lettre « invariables » – ceux des points 2, 3, 4 ci-dessus sont tout au plus « invariés » – gardent le masculin singulier.

Excursus
Le verbe *avoir* se passivant mal (p. ex. *Gatien a de la chance* ⇒ *??De la chance est eue par Gatien* et *??Qui ou qu'est-ce qui est eu ?* [mais à la rigueur, p. ex., *Un tiens effectivement eu vaut mieux que deux manqués*]), l'accord du PP – instable : « Quelle idée a *eu* le patron ? » (G. Duhamel *apud* Grevisse-Goosse, ^{15}2011, § 942) – s'effectue sur une base analogique : *La chance que Gatien a eue, connue, obtenue, méritée...* → *Qui ou qu'est-ce qui est (??eu), connu, obtenu, mérité... ?* Cette latitude ne s'étend pas aux articles Ø du § 8, 2 : *C'est envie/faim/hâte/honte/peur/pitié/raison/soif... que Gatien a eu/*eue* (une perte d'autonomie du nom en soi peu propice à des accords individualisants : *C'est fortune qu'il a fait/?faite. C'est patience qu'il a pris/?prise. C'est famine qu'il a crié/?criée...* [voir *ibid.* une série de locutions verbales inégalement réceptives à la séparation du verbe et de son complément : *C'est justice qu'ils ont demandé/?demandée. C'est politique qu'ils ont parlé/??parlée*, etc.]).

OBJECTIF 95 %

111 – Gardons-nous d'assimiler hâtivement les 25 % de gains supplémentaires aux « remarques », « cas particuliers », « cas de figure », « observations », « difficultés » et « exceptions » du § 106 *supra*. Le principe de l'accord du PP apport avec son support, c'est vrai, connaît des échecs, mais qui se raisonnent.

Les déficits incombent (1) au processus même du rapport, (2) à l'apport, (3) au support.

DÉFICITS DUS AU RAPPORT

112 – Les PP de la construction dite « impersonnelle » *Les cordes qu'il est tombé en automne...* (verbe à auxiliaire *être*) ou *La nuit noire qu'il a fait durant l'éclipse...* (verbe à auxiliaire *avoir*) ou *Les terrains qu'il s'est aménagé un peu partout...* = « qui se sont aménagés » (verbe pronominal), etc. se montrent parfaitement insensibles à leur support : *Qui ou qu'est-ce qui est tombé ?* → *Les cordes* (féminin pluriel). *Qui ou qu'est-ce qui est fait ?* → *La nuit noire* (féminin singulier). *Qui ou qu'est-ce qui est aménagé ?* → *Les terrains* (masculin pluriel).

Pour quelle raison ?

Le sujet grammatical *il* n'est pas plus sujet logique – on n'en dit rien – que sujet sémantique – il n'actionne rien –, et les énoncés où il figure revêtent en conséquence le caractère fortuit des surprises, des accidents, etc. : *Il m'arrive une drôle d'histoire...*, ou des phénomènes météorologiques : *Il pleut/neige/tonne... Il fait soleil/mauvais temps...* L'accord du PP au féminin ou au pluriel donnerait un responsable à ce qui n'est que hasard.

S'explique pareillement la propension « à ne pas faire l'accord avec un complément féminin qui précède quand le sujet, pas trop éloigné, est *cela* » (Hanse, ^{4}2000 : 417, § 5.2.1)[1]. Le *Bon usage* (^{15}2011, § 942) épingle sous

1 Une envie que Hanse (*ibid.*) réprouve : « *L'impression que cela m'a* ***faite*** peut paraître étrange, mais l'accord s'impose aussi bien que dans *L'impression que ce jeune homme vous a* ***faite***. On peut, si l'on veut, modifier la phrase et dire : *L'impression que j'ai ressentie.* » Or elle a ses lettres de noblesse. Brunot l'impute à une innovation de Ménage « acceptée par Thomas Corneille » (1924, IV, 929).

la plume du très puriste ex-secrétaire perpétuel de l'Académie française, Maurice Druon, la phrase « Je ne peux pas vous dire l'impression que cela m'a fait » = "un effet inattendu". Les pronoms sujets *cela* ou *ça*, épicènes *i.e.* des deux genres, pouvant remplacer n'importe quel nom inanimé, se vident de leur substance à l'égal du *il* « impersonnel ou unipersonnel » (Noël et Chapsal au § 105, 2, n. 1) et en tout état de cause non référentiel (*cf.* § 91, premier *excursus*) – qu'ils supplantent d'ailleurs en français populaire : *Ça pleuvait…* –, au point de déléguer quelquefois l'accord du verbe à l'attribut : *Cela/ça ne sont que des idées reçues* (*cf.* § 98, 1), etc.

DÉFICITS DUS À L'APPORT

113 – Les PP non auxiliés dits « employés seuls » échangent sous certaines conditions leur nature d'adjectif variable avec trois espèces de mots invariables : (1) la préposition, (2) l'adverbe, (3) l'interjection.

(1) Un petit lot de PP précédant directement leur support (sans virgule ni pause) font à sémantisme équivalent office de prépositions. Ce sont principalement : *attendu, vu, étant donné* (= « à cause de, suite à »), *écarté, excepté, ôté* (= « sans »), *franchi, sonné, passé, quitté* (= « après, derrière, au-delà de »), *mis à part, non compris* et le PP déjà figé *hormis* (= « à l'exception de »), *y compris* (= « avec », « outre »).

(2) Les PP *ci-annexé, ci-inclus, ci-joint* (et *annexé à, inclus à, joint à*) sont aptes à jouer le même rôle que les adverbes *ci-contre, ci-après, ci-dessus…*

Le *Dictionnaire de l'Académie française* homologue *Ci-annexé la copie des pièces demandées* ou *Vous trouverez ci-joint la copie du diplôme…* mais ne cautionne pas *Vous trouverez la copie du diplôme ci-annexé/ci-inclus/ci-joint*, etc. Comme les adverbes sont mobiles par vocation, on ne comprendrait pas que l'usage s'en limite aux supports postposés ou aux supports antéposés inarticulés : *Vous trouverez copie du diplôme ci-annexé/ci-inclus/ci-joint…* (ainsi que le prévoit Hanse, ^{4}2000 : 416, § 2.1.4, B : « Le B.U. écrit : *Les pièces que vous trouverez ci-joint.* On fera cependant plutôt l'accord dans de tels cas, parce que le nom, qui précède, est déterminé par un article »).

(3) Les PP en projection avant ou arrière prennent si on le désire une valeur d'interjection *i.e.* de phrase abrégée et plus ou moins codée.

Exemples : *Fini, la plaisanterie* (*Dictionnaire de l'Académie française*) = « c'est fini » ou « adieu/ciao/basta/bye bye… ». *L'orthographe du PP, pas très compliqué !* = « ce n'est pas sorcier » ou « ça baigne » ou « fastoche/taratata… ».

DÉFICITS DUS AU SUPPORT

114 – Les PP conjugués avec l'auxiliaire *avoir* et les PP à *se* caduc des verbes pronominaux restent bloqués au masculin singulier dans la configuration générale d'un support postposé (1 ci-dessous) et dans trois configurations particulières de support antéposé (2, 3, 4 ci-dessous), plus une quatrième étrangère aux pronominaux (5 ci-dessous et *Complément didactique*, p. 203, n. 1).

(1) Le support postérieur au PP perd le pouvoir de l'influencer.

Exemples : *Le concierge a ouvert la porte* ou *Les adversaires se sont serré la main* ou – l'auxiliaire omis en style télégraphique – *Lu ce matin la correspondance de Proust* (en dépit des questions-réponses *Qui ou qu'est-ce qui est ouvert ?* → *La porte. Qui ou qu'est-ce qui est serré ?* → *La main. Qui ou qu'est-ce qui est lu ?* → *La correspondance*).

L'abbé d'Olivet avait suggéré comme clef de cette bizarrerie le confort ou la prudence des usagers.

Remarques sur la langue française (1771 : 189)

> Au reste, si l'on demande, comme ont fait quelques grammairiens, pourquoi le participe se décline lorsqu'il vient après son régime ; et qu'au contraire, lorsqu'il le précède, il ne se décline pas : je m'imagine qu'en cela nos Français, sans y entendre finesse, n'ont songé qu'à leur plus grande commodité. On commence une phrase, quelquefois sans bien savoir quel substantif viendra ensuite. Il est donc plus commode, pour ne pas s'enferrer par trop de précipitation, de laisser indéclinable un participe, dont le substantif n'est point encore annoncé, et peut-être n'est point encore prévu.

La relecture laisse pourtant à qui le voudrait le loisir de se corriger. Wilmet accuse la distraction « des scripteurs médiévaux et des copistes, tenus d'accorder le PP avec son régime… mais oubliant une fois sur deux de retourner en arrière pour peu que le donneur d'accord arrive après le PP » (^{5}2010 : 215). Martin (2013) ramène ces étourderies à la portion plus congrue de 20 %. Toujours est-il que les grammairiens du XVIe siècle allaient promulguer en règle la *loi du moindre effort*.

Excursus

L'excuse de la « plus grande commodité » n'a pas cours avec l'auxiliaire *être* : *Quand la bonne sera sortie…* (support antérieur) ou *Quand sera sortie la bonne…* (support postérieur), etc. Disons que l'accord du PP conjugué avec l'auxiliaire *avoir* a toujours été fragile et que la postposition du support constitue son maillon faible. La fragilité vient de ce que le PP, suite à la

désémantisation du verbe *avoir*, glisse de la fonction déterminative et de la fonction prédicative (*cf.* § 105, 1, *excursus*) au statut d'auxilié et se fixe progressivement derrière l'auxiliaire : de p. ex. *J'ai enfin une maison construite* = « je possède » (PP qualifiant) et *La maison, vous l'avez construite sur le catalogue* = « vous la voyez sur le catalogue dans son état final » (PP apposition) aux PC *La maison que construite avez...* (ancien et moyen français) et *La maison que vous avez construite...* (français moderne).
Clément Marot, en se réclamant des « vieux exemples » pour préconiser la mise au féminin et au pluriel des PP à support antéposé, ouvrait une brèche dans l'accord généralisé : « Les vieux exemples je suivrai / Pour le mieux : car à dire vrai / La chanson fut bien ordonnée / Qui dit : *M'amour vous ai donnée* [se rappeler que *amour* était féminin]. / Et du bateau est étonné [= « il erre »] / Qui dit : *M'amour vous ai donné.* / Voilà la force que possède / Le féminin quand il précède. / Or prouverai, par bons témoins, que tous pluriers [= « pluriels »] n'en font pas moins. / Il faut dire en termes parfaits : / *Dieu en ce monde nous a faits* ; / Faut dire en paroles parfaites : / *Dieu en ce monde les a faites* ; / Et ne faut point dire en effet : / *Dieu en ce monde les a fait...* » (graphie modernisée). Brunot mentionne quantité d'écrivains préclassiques qui « ne font pas l'accord, malgré Marot » (1922, II, 470). De nos jours, le masculin singulier se généralise en français oral (avec une résistance supérieure des formes composées à valeur d'achevé : *cf.* § 57 ? l'hypothèse demanderait enquête) – surtout qu'à part l'une ou l'autre survivance régionale aucun allongement des finales vocaliques ne trahit plus le féminin – et gagne l'écrit. Voir « quelques infractions puisées à des sources diverses par Georges Legros » en annexe 4 de Wilmet, 2009 : « Les ouvrages qu'il a *écrit* sont moins des références que des pistes... » (le pluriel *écrits* inaudible) ou « La femme qui s'est ainsi présentée à ses juges ne ressemble pas à celle à l'air hagard et apeuré que le public avait *découvert* en juin 2004... » (le féminin *découverte* audible), etc.

(2) Le support projeté en tête de phrase sans le relais d'un pronom (tournure expressive du français familier) se déconnecte du PP.

Exemples : *La musique de la chanson, j'ai supporté, les paroles non. La pièce entière, je me suis farci* (*vs La musique, je l'ai supportée* et *La pièce, je me la suis farcie entièrement*), etc.

(3) Le support est le pronom *en* à source antérieure.

Exemples de Littré : *Voyez ces fleurs ; en avez-vous cueilli ?* ou *Vous en êtes-vous offert ?*

Pourquoi la source *ces fleurs* s'avère-t-elle plus inopérante avec *en* qu'avec le pronom *les* ou – indifférencié comme lui en genre et en nombre :

cf. § 110, 1 – le pronom *que* dans p. ex. *Ces fleurs, les avez-vous cueillies ?* ou *Vous les êtes-vous offertes ?* et *Ces fleurs que nous avons cueillies…* ou *Ces fleurs que nous nous sommes offertes…* ? Sans doute parce que le support et la source ne coïncident pas (les pronoms *les* et *que* renvoient à la totalité dont le pronom « partitif » *en* ne retient qu'une fraction) et que le cheminement de l'un à l'autre hésite. Le renfort d'un adverbe quantitatif réussit en tout cas à combler l'écart entre le support et la source : « Ce sont vos lettres qui m'ont grisée ! Ah ! songez / *Combien* depuis un mois vous m'en avez *écrites…* » (E. Rostand, *Cyrano de Bergerac*, IV, 8)[1].

(4) Le support antérieur s'accroît d'une préposition *à* ou *de* – ou, ce qui revient au même, la question *Qui ou qu'est-ce qui est PP ?* cède la place à la question *À/de qui ou à/de quoi est-ce qu'il est PP ?*

Exemples : *C'est à Charlotte que Thomas a obéi/désobéi* (*Qui ou qu'est-ce qui est obéi/désobéi ?* → *Charlotte + à*, ou *À qui/à quoi est-ce qu'il est obéi/désobéi ?*→ *À Charlotte*). *C'est de poésie que Roman et Margot ont discuté* (*Qui ou qu'est-ce qui est discuté ?* → *Poésie + de*, ou *De qui/de quoi est-ce qu'il est discuté ?* → *De poésie*). *Valérie et Willy se sont pardonné* (*Qui ou qu'est-ce qui est pardonné ?* → *Valérie et Willy + à*, ou *À qui/à quoi est-ce qu'il est pardonné ?*→ *À Valérie et à Willy*) [*vs* p. ex. *Les fautes que Valérie et Willy se sont pardonnées*, soit *Qui ou qu'est-ce qui est pardonné ?* → *(Que)* = « les fautes »].

(5) Le support antérieur répond simultanément aux questions *Qui ou qu'est-ce qui est PP ?* et *Qui ou qu'est-ce qui a PP ?* Sont concernés : 1° les verbes à auxiliaire *être* facultatif (*cf.* § 58), 2° les verbes dits « symétriques », *i.e.* dont le COD se réinstalle sujet : X *augmente/brûle/cuit/jaunit/ressuscite/sèche… y* ou *z* ⇒ *Y ou z augmente/brûle/cuit/jaunit/ressuscite/sèche…*

Exemples du 1° : *Les touristes ont débarqué* → *Qui ou qu'est-ce qui est/a débarqué ?* → *Les touristes. Les enfants ont passé à la nage* → *Qui ou qu'est-ce qui est/a passé ?* → *Les enfants. Les tentatives ont abouti* → *Qui ou qu'est-ce qui est/a abouti ?* → *Les tentatives. La prisonnière a échappé* → *Qui ou qu'est-ce qui est/a échappé ?* → *La prisonnière. L'eau a monté* → *Qui ou qu'est-ce qui est/a monté ?* → *L'eau.*
Exemples du 2° : *Les jeunes gens ont bien changé* → *Qui ou qu'est-ce qui est/a changé ?* → *Les jeunes gens. Les taxes ont augmenté* → *Qui ou qu'est-ce qui est/a augmenté ?* → *Les taxes. La maison a brûlé* → *Qui ou qu'est-ce qui est/a brûlé ?* → *La maison.*

---

1 Si, pour Goosse, la « variation ne peut donc être taxée d'incorrecte » ([15]2011, § 946) – aussi longtemps, on le présume, que la source du pronom *en* ne le suit pas : *Des lettres, combien m'en avez vous écrit/écrites ? vs Vous m'en avez écrit/*écrites combien, de lettres ?*, etc. –, pour Hanse, « l'invariabilité du participe est correcte dans tous les cas (…). Et l'enseignement devrait ici renoncer à des distinctions sur lesquelles on ne s'entend pas » (2000 : 420).

OBJECTIF 100 %

115 – Oserai-je le dire au risque de choquer ? La grammaire s'est rendu – ou s'est rendue (*cf.* § 118 : l'« attribut d'objet ») – coupable du déficit des 5 % restants. Voilà qui mérite un mot d'éclaircissement.

L'illusion collective des grammairiens modernes a été de sacraliser le COD en soumettant dans trois domaines le fonctionnement naturel de la langue à une logique grammaticale aveugle.

PREMIER ILLOGISME

116 – Les verbes à *se* persistant offrent par la grâce de la question *Qui ou qu'est-ce qui s'est PP ?* leur sujet en support au PP. Revoyez les § 109 et 110 : *La directrice s'est absentée* (sujet *la directrice*). *Les viandes dont les cuistots se sont servis*… (sujet *les cuistots*). *Les policiers se sont assurés des malfrats* (sujet *les policiers*). *Nous ne nous étions pas aperçues de votre présence, Margot et moi* (sujet *nous*).

Il aurait dû en aller ainsi du verbe à *se* morphologiquement persistant *s'arroger*, sauf qu'il s'agit du « seul verbe de ce type à avoir un objet direct » (Grevisse-Goosse, [15]2011, § 779, a). Les prescriptions officielles l'érigent à partir de là en « exception » et lui administrent la potion du PP conjugué avec l'auxiliaire *avoir* : *Les droits que Marie s'est arrogés… vs Marie s'est arrogé le droit de…*, deux accords bafouant l'agrammaticalité de **Qui ou qu'est-ce qui est arrogé ?* (*cf.* § 109, 1).

Les verbes à *se* sémantiquement persistant *s'approprier* = « accaparer » (*vs approprier* = « adapter ») ou *se figurer* = « imaginer » (*vs figurer* = « représenter ») sont mis au même régime : *Les bénéfices que Willy s'est appropriés…* (donneur d'accord : *bénéfices*) ou *Les sottises que Valérie s'est figurées…* (donneur d'accord : *sottises*) résultent des questions inadéquates *Qui ou qu'est-ce qui est approprié/figuré ?* au lieu de *Qui ou qu'est-ce qui s'est approprié ?* → *Willy* et *Qui ou qu'est-ce qui s'est figuré ?* → *Valérie*[1].

1 Soyons équitables, la grammaire scolaire avait prévu la parade sous la forme de l'expansion *à soi-même*. Si le complément est possible, le PP ne varie pas : *Marie s'est arrogé (à elle-même) le droit de… Willy s'est approprié (à lui-même) de plantureux bénéfices*, etc., ou alors il le fait dans les conditions du PP conjugué avec l'auxiliaire *avoir* : *Le droit que Marie s'est arrogé… Les bénéfices que Willy s'est appropriés…*, etc. Si le complément est impossible : *Marie s'est évanouie (*à elle-même)* ou *Valérie et Willy se sont levés tôt (*à eux-mêmes)*, etc., l'accord s'effectue dans les conditions du PP conjugué avec l'auxiliaire *être*.

La tyrannie du COD atteint un sommet avec le quatuor *se plaire, se complaire, se déplaire, se rire.*

Replaçons-nous un instant dans l'optique scolaire. Point 1 : les quatre verbes sont « accidentellement pronominaux » (*plaire, déplaire, complaire, rire* ont une existence indépendante du pronom *se*). Point 2 : l'accord du PP requerrait un COD. Point 3 : *plaire, complaire, déplaire, rire* proscrivent après eux les questions *qui ?* « pour les personnes » ou *quoi ?* « pour les choses » (*cf.* § 105, 3). Point 4 : privés de COD, les PP seront nécessairement « invariables ». CQFD. Cherchez l'erreur.

Plaire, complaire, déplaire, rire munis d'un *se* sémantiquement persistant signifient : *se plaire* = « éprouver du plaisir », *se complaire* = « persister », *se déplaire* = « être mal à l'aise », *se rire* = « tourner en ridicule, se moquer ». Accompagnés d'un *se* caduc, ils ont le sens de « exercer une séduction, une soumission ou une antipathie mutuelles » et « s'adresser des sourires ». La seconde série étant inquestionnable par **Qui ou qu'est-ce qui est plu/complu/déplu/ri ?* conserve légitimement aux PP la forme du masculin singulier (*cf.* § 110, 5). La première série accorderait tout aussi légitimement les PP avec le support qu'obtient la question *Qui ou qu'est-ce qui s'est PP ?* La « tendance » que signalent Grevisse et Goosse d'aligner *se plaire, se complaire, se déplaire* sur « les autres pronominaux subjectifs » ([15]2011, § 953, c, 2°, *Exceptions*, 1) appartient bien à ce standard : « Chez tous elle s'était *plue* à éveiller l'amour » (Maurois). « Elle ne s'y était *complue* que comme à un pis-aller » (Mauriac). « Elle venait de l'"Aigue" où elle s'est *déplue* » (Veuillot), etc.

DEUXIÈME ILLOGISME

117 – Une comédie assez oubliée de Robert Vattier : *Gonzalo sent la violette*, tressait volontairement les deux acceptions 1° « G. respire, renifle ou subodore la violette », 2° « G. exhale un parfum de violette ». Transposez au PC : *Gonzalo a senti la violette*, et antéposez le SN *la violette.* La phrase s'écrira 1° *La violette que Gonzalo a sentie...* (question *Qui ou qu'est-ce qui est senti ?* → *La violette*) ou 2° *La violette que Gonzalo a senti...* (question **Qui ou qu'est-ce qui est senti ?*).

On aurait semblablement 1° *Les tentures que tu as mesurées...* et *Les pommes de terre que tu as a pesées...* (*Qui ou qu'est-ce qui est mesuré/pesé ?* → *Les tentures/Les pommes de terre*) *vs* 2° *Les deux mètres que tu as mesuré à vingt ans...* ou *Les cent kilos que tu as pesé avant ton régime...* (**Qui ou qu'est-ce qui est mesuré/pesé ?*).

En clair, les exemples 2° ont des COD (*que* = « les deux mètres/les cent kilos ») qui ne fournissent pas le support du PP[1].

Le constat s'applique aux verbes *coûter* et *valoir* (*Ça coûte quoi ?* et *Ça vaut quoi ? vs *Qui ou qu'est-ce qui est coûté/valu ?*), dont le PP s'est écrit durant des siècles au masculin singulier : *La somme que cette maison a coûté… La somme qu'a valu il y a dix ans ce domaine…* (Littré). Mais les enseignants s'émeuvent. *Coûté* et *valu* seraient passibles d'un autre traitement que leurs parasynonymes *demandé* ou *apporté* ! Eh ! bien que les rebelles rentrent dans le rang, « les grammairiens ont opté pour la variabilité » (Grevisse-Goosse, [15]2011, § 947, b, 2°) : *Les satisfactions que sa réussite lui a apportées/values justifient les efforts qu'elle lui a demandés/coûtés*, etc.

Une réserve ou un remords toutefois. Dans *coûter des millions, valoir des millions…*, le complément *des millions* ne répond-il pas davantage à la question *combien ?* qu'à la question *quoi ?* Le masculin singulier de *Les millions que ce travail lui a côuté/valu…* serait dédouané. Va pour l'alignement sur *mesurer* et *peser* ci-dessus d'un *coûter* et d'un *valoir* « transitifs » (+ COD) *vs* un *côuter* et un *valoir* « intransitifs » (+ CC).

Subsistent une anomalie et une inconnue :

- *X paie/possède/dépense/rapporte… des millions* admet la question *Combien est-ce que X paie/possède/dépense/rapporte… ?* sans que l'accord des PP en soit le moins du monde affecté : *Les millions que X a payés/possédés/dépensés/rapportés…*
- Les compléments *des fortunes* ou *des sommes* de *coûter des fortunes/sommes* basculeront-ils du côté de *coûter des efforts* ou du côté de *coûter des millions* ?

Hanse ([4]2000 : 174)

> *Coûter* est toujours considéré comme intransitif au sens propre, lorsqu'il s'agit d'argent (prix, dépense) ; c'est à la question *combien ?* que répond le complément : *Les deux mille francs que cela (m')a coûté.* Mais si le complément est le nom *somme*, désignant une somme d'argent, on hésite sur l'analyse. Certains considèrent que le participe est invariable puisqu'il s'agit de prix, d'argent et du sens propre : *La somme que cet objet m'a coûté* (Littré).

---

1 Je n'entre pas dans les discussions sur la fonction exacte de ces compléments *les deux mètres, les cent kilos*, etc., que certaines grammaires réputent « compléments internes », c'est-à-dire les compléments non CC d'un verbe qui, parce qu'« intransitif », récuserait tout COD.

> D'autres, assimilant ce cas à celui où l'on parle d'une somme d'efforts, de difficultés qu'une chose a réclamée, font l'accord : *La grosse somme que cette maison m'a coûtée* (Le Bidois). On ne peut dire qu'ils aient vraiment tort. Mais mieux vaut laisser *coûté* invariable quand il s'agit d'argent.
>
> Au sens figuré, lorsque *coûter à qqn* signifie « causer comme perte, occasionner, exiger de la part de qqn, faire perdre à qqn », il n'est pas question d'argent, mais d'efforts, de peines, de difficultés, de soucis, de temps, de perte (mais non en argent); le verbe devient transitif direct et le participe est variable : *Les efforts que ce travail m'a coûtés* (Ac.). *La peine que cet accord m'a coûtée. Les pleurs que cet enfant a coûtés à sa mère. Les semaines que m'a coûtées ma recherche. Les prisonniers que cette défaite leur a coûtés. La somme d'efforts que ce travail m'a coûtés.* Toutefois, une certaine hésitation subsiste, beaucoup plus légère d'ailleurs qu'autrefois, où l'Académie et Littré considéraient le verbe comme toujours intransitif et laissaient toujours *coûté* invariable, par analogie avec l'idée d'une somme exigée ou perdue.
>
> Il faut aujourd'hui considérer *coûter* comme transitif au sens figuré.

Un raisonnement à ce point alambiqué attise l'incendie que la grammaire aurait eu mission d'éteindre. Non seulement il conduit à une impasse (comment transcrire p. ex. le PP de *Les sommes et les efforts que ce travail m'a [coûter]* ? *Coûté* ? Ou *Coûtés* ? Ou *Coûté et coûtés* ?...), mais il tombe dans la circularité puisque les verbes transitifs et les verbes intransitifs primitivement destinés à trier les compléments (*cf.* § 105, 3) sont redevables aux COD et aux CC de leur transitivité et de leur intransitivité respectives.

On ne partagera pas nécessairement la bienveillance de Cavanna : « Subtil ? Un peu. Mais amusant, non ? » (*Mignonne, allons voir si la rose...*, LP, 124).

TROISIÈME ILLOGISME

118 – Vaugelas (1647) avait attaché le grelot en affirmant « indéclinables » les PP de *Les habitants nous ont rendu maîtres de la ville* et *Le commerce l'a rendu puissante*. Il accorde en revanche au masculin pluriel *Nous nous sommes rendus maîtres* et *Nous nous sommes rendus puissants*. Thomas Corneille (1687), qu'approuvera Olivet (1771), lui reproche une inconséquence.

Apud Brunot (1924, IV, 933-934)

> ...il ne me paraît aucune raison qui me fasse croire qu'il faille dire *nous ont rendu maîtres de la ville*, et non pas *rendus*, parce que le prétérit *ont rendu* ne

> finit pas la période ni le sens et qu'on trouve encore après *maîtres de la ville*. Ces mêmes mots se rencontrent aussi dans cette phrase, *nous nous sommes rendus maîtres de la ville*, et M. de Vaugelas veut que l'on dise *rendus*, quoique ce prétérit, *nous nous sommes rendus*, ne finisse pas le sens. Pourquoi cette différence dans des phrases qui n'ont rien du tout de différent ?

La *Grammaire générale et raisonnée* d'Arnauld et Lancelot prônait pourtant *Elle s'est rendu la maîtresse* et *Elle s'est rendu catholique* (1660 : 99). Alors ?

Du point de vue de Sirius, il aura manqué à nos lointains prédécesseurs la notion de *prédication seconde* (relire l'encadré *supra*, § 105, 1). Les supports des PP chez Vaugelas ne sont pas les pronoms *nous* ou *la* mais de « petites phrases » : *Qui ou qu'est-ce qui est rendu ? → Nous… maîtres de la ville ; La (ville)… puissante* ; *Nous… maîtres ; Nous… puissants.*

La grammaire scolaire en a eu la prescience.

- Elle résiste à la tentation d'accorder le PP *eu* des formes surcomposées (*cf.* § 54) : p. ex. *Quand je l'ai eu rencontrée… → Qui ou qu'est-ce qui est eu ? → La… rencontrée* (Grevisse, 1996 : 18 : « Selon Littré, il est plus naturel de ne pas accorder *eu* » [d'autant que la question *Qui ou qu'est-ce qui est eu ?* frise l'incorrection : *cf.* § 110, 5, *excursus*]).
- Elle accepte au motif de leur opacification les expressions venues du jeu de paume où le pronom *la* élidé sous-entendait « la balle » : *Il l'a échappé belle. Il l'a manqué belle. Il me l'a baillé belle…* (question *Qui ou qu'est-ce qui est échappé/manqué/baillé ? → La… belle*), et, du bout des lèvres – ou pas du tout (Hanse, ^{4}2000 : 419, § 5.2.6) –, *On se l'est coulé douce* (*la* élidé = « la vie »).
- Elle permet l'invariation du PP « suivi d'un attribut d'objet » (Grevisse, 1996 : 23) : « Qui les eût *cru* si pleins de sang ? » (Montherlant) [support *les… pleines de sang*]. « Une vie qu'on aurait *voulu* belle » (Maurois) [support *que… belle*]…

Cette ressource réduirait à néant l'épineux problème du PP « suivi d'un infinitif » (Grevisse, *ibid.*, 31)… si le COD ne reprenait mal à propos du service.

Tous les écoliers de France et de Francophonie ont subi la confrontation des paires 1° *Les chanteuses que j'ai entendues chanter…* ou *Les jardiniers que j'ai vus planter... vs* 2° *Les chansons que j'ai entendu chanter...* ou *Les roses que j'ai vu planter...*, etc.

L'enjeu était de débusquer le « bon » COD sous le pronom *que* renvoyant à *les chanteuses, les chansons, les jardiniers, les roses.* En l'occurrence, 1° *les chanteuses* et *les jardiniers* (dont on fait sans état d'âme les « sujets » d'un verbe pourtant conjugué au mode impersonnel, des sujets au surplus non pronominalisables par un pronom personnel sujet : **J'ai entendu elles chanter* ou **J'ai vu ils planter*), 2° les infinitifs *chanter* et *planter* (+ COD *que* = « les chansons » ou « les roses »).

L'exemple 3 d'un verbe « symétrique » (*cf.* § 114, 5, 2°) se révèle *ipso facto* indécidable.

> [3] La maison que nous avons [voir] brûler [*vu brûler* ou *vue brûler* ? les deux dans l'analyse scolaire, car *que* = « la maison » est simultanément COD de *brûler* (= « on a brûlé la maison ») et pseudo-sujet de *brûler* (= « la maison a brûlé ») ; mais, pour peu qu'on interroge *Qui ou qu'est-ce qui est vu ?* et qu'on réponde *La maison... brûler* (prédication seconde dont *la maison* est l'apposé et *brûler* l'apposition) ou *Brûler la maison* (syntagme verbal COD de *j'ai vu*), toujours le masculin singulier *vu*][1].

119 – Pendant combien de temps encore le COD pourra-t-il chanter victoire ? Les élèves sont démunis, les professeurs impuissants. Les écrivains passent sous les fourches caudines des correcteurs. Les grammairiens prêchent de timides rébellions : « Voilà donc un cas où, sans pouvoir dire que la règle est vraiment devenue désuète, on doit souhaiter que, tenant compte de l'usage réel, on la déclare caduque... » (Hanse, ^{4}2000 : 421, § 5.2.14).

La balle est dans le camp des politiques.

Catach (1985 : 249)

> Le Ministre a le droit absolu (...) de décider comment la grammaire et l'orthographe seront enseignées et quelles sanctions cet enseignement recevra dans les examens.

Rétrospectivement, les essais ne furent guère fructueux. L'arrêté « relatif à la simplification de la syntaxe française » du ministre Leygues,

---

1 Pour l'accord légal, retenons au moins un « truc » : variation du PP en cas de passage permis du nom devant l'infinitif, invariation dans le cas contraire. Exemples : *Les jardiniers que j'ai vus planter et cueillir...* → *J'ai vu planter et cueillir les jardiniers* ou *J'ai vu les jardiniers planter et cueillir vs Les roses que j'ai vu planter et cueillir...* → *J'ai vu planter et cueillir les roses* mais **J'ai vu les roses planter et cueillir.*

en date du 26 février 1901, prévoyant que « pour le participe passé construit avec l'auxiliaire *avoir*, lorsque le participe passé est suivi, soit d'un infinitif, soit d'un participe présent ou passé, on tolérera qu'il reste invariable, quels que soient le genre et le nombre des compléments qui précèdent », n'a jamais connu un début de concrétisation. Trois quarts de siècle après, l'arrêté Haby du 28 décembre 1976 publié dans le Journal Officiel de la République Française du 9 février 1977 accepte que le PP s'accorde ou ne s'accorde pas « lorsque le complément d'objet direct se rapporte à la forme conjuguée » et ne s'accorde pas ou, à l'exception du PP *fait*, s'accorde « lorsque le complément d'objet direct se rapporte à l'infinitif ». Enfin, l'arrêté du 6 décembre 1990 « relatif aux rectifications de l'orthographe élaborées par le Conseil supérieur de la langue française et approuvées par l'Académie française à l'unanimité le 3 mai 1990 » se replie sur le minuscule bastion du verbe *faire* en y ajoutant *laisser* : « Le participe passé *laissé* suivi d'un infinitif reste invariable : *Les enfants que tu as laissé partir*[1]... ».

Nos *instructions* ci-après auront-elles le bonheur de ranimer un vent d'optimisme ?

RÉCAPITULATION

120 – On suppose la qualité de PP dûment contrôlée (*cf.* § 108) et mémorisées les questions *Qui ou qu'est ce qui est ou n'est pas PP ?* et *Qui ou qu'est ce qui s'est ou ne s'est pas PP ?* menant à la découverte des supports (*cf.* § 109).

1 L'abbé d'Olivet avait excellemment justifié l'invariabilité de *fait* devant un infinitif : « ... la raison de [*Ces troupes que le général a fait marcher...*] est que *faire marcher* n'est regardé que comme un seul mot ; ou du moins ce sont deux mots inséparables, et qui ne présentent qu'une seule idée à l'esprit. Car si le participe était séparé de l'infinitif, la phrase ne dirait plus ce qu'on a voulu dire. Ainsi le féminin *que*, dans l'exemple allégué, ne se rapporte pas uniquement au participe *fait*, et ne peut pas non plus être régi par *marcher*, verbe neutre [= "intransitif"] ; mais il se rapporte à tous les deux conjointement, parce que *fait* ne faisant qu'un avec *marcher*, lui communique la faculté qu'il a de régir » (1771 : 203). *Laisser*, par contre, est décollable de l'infinitif : *Le général a fait/laissé se reposer les troupes* ou *Le général a laissé les troupes se reposer vs *Le général a fait les troupes se reposer*, etc. La nouvelle licence – toujours bonne à prendre – a profité d'un cousinage sémantique de surface (le permissif *laisser* voisin du factitif *faire*).

1. Le PP appartient-il à l'un des trois domaines délimités aux § 116 (verbes *s'arroger, s'approprier, se figurer, se plaire, se complaire, se déplaire, se rire*), 117 (verbes *coûter* et *valoir*) ou 118 (PP suivi d'un infinitif) ?
Si oui, appliquer jusqu'à nouvel ordre les règles d'accord *ad hoc.*
Si non, continuer.
2. Le PP est-il démuni de support ?
Si oui, adopter la forme du masculin singulier.
Si non, continuer.
3. Le support du PP est-il dépourvu de marques de genre et/ou de nombre récupérables ?
Si oui, adopter la forme du masculin singulier.
Si non, continuer.
4. Le support du PP est-il au masculin singulier ?
Si oui, adopter la forme du masculin singulier.
Si non, continuer.
5. Le PP à support féminin et/ou pluriel est-il employé avec un auxiliaire ?
[Pour rappel, la copule *être* n'est pas un auxiliaire : *cf.* § 105, 2]
Si oui, passer au 7.
Si non, continuer.
6. Le PP employé sans auxiliaire prend-il une valeur de préposition, d'adverbe ou d'interjection ?
Si oui, adopter la forme du masculin singulier.
Si non, accorder le PP en genre et en nombre avec son support.
7. Le PP est-il en construction impersonnelle ?
Si oui, adopter la forme du masculin singulier.
Si non, continuer.
8. Le PP est-il employé avec l'auxiliaire *être* de la voix active ? (*cf.* § 58)
Si oui, accorder le PP en genre et en nombre avec son support.
Si non, continuer.
9. Le PP employé avec l'auxiliaire *avoir* ou avec l'auxiliaire *être* de la voix moyenne entre-t-il dans un des quatre ou cinq cadres définis au § 114 (quatre pour l'auxiliaire *être*, cinq pour l'auxiliaire *avoir*) ?
Si oui, adopter la forme du masculin singulier.
Si non, accorder le PP en genre et en nombre avec son support.

COMPLÉMENT DIDACTIQUE

La gageure du présent chapitre était de conduire les élèves au succès – de 70 % de réussite en quelques minutes à 95 ou 100 % en deux-trois heures – sans nul besoin du pesant appareil grammatical issu de Noël et Chapsal et inlassablement répété d'un manuel à l'autre.

Outre le gain de temps, un vrai enrichissement intellectuel en résulte. Les formulations de l'accord du PP « avec le nom auquel il se rapporte », « avec le sujet », « avec le COD qui précède »..., perdent d'abord le caractère vaguement magique que leur confère le psittacisme scolaire. Ensuite, les accrocs au principe de l'accord du PP avec son support, loin de représenter des « exceptions », trouvent une justification rationnelle.

Sur l'arrivée tardive du support dans le cas des verbes conjugués avec l'auxiliaire *avoir* ou dans le cas des verbes pronominaux, il est par exemple significatif de constater qu'à deux siècles d'intervalle les romanciers François Cavanna et Daniel Pennac rejoignent l'intuition de l'abbé d'Olivet (*cf.* § 114, 1).

Mignonne, allons voir si la rose (LP, 123-124)

> ...s'il est une règle où l'on ne peut guère reprocher à la grammaire de pécher contre la logique et la clarté, c'est bien celle-là. (...) Quoi de plus lumineux ? Prenons un exemple : *J'ai mangé la dinde.* Le complément d'objet direct *la dinde* est placé après le verbe. Quand nous lisons *J'ai mangé*, jusque-là nous ne savons pas ce que ce type a mangé, ni même s'il a l'intention de nous faire part de ce qu'il a mangé. Il a mangé, un point c'est tout ! La phrase pourrait s'arrêter là. Donc, nous n'accordons pas *mangé*, et avec quoi diable l'accorderions-nous ? Mais voilà ensuite qu'il précise *la dinde.* Il a, ce faisant, introduit un complément d'objet direct. Il a mangé quoi ? La dinde. Nous en sommes bien contents pour lui, mais ce renseignement arrive trop tard. Cette dinde, toute chargée de féminité qu'elle soit, ne peut plus influencer notre verbe *avoir mangé*, qui demeure imperturbable. Notre gourmand eût-il dévoré tout un troupeau de dindes qu'il en irait de même : *mangé* resterait stoïquement le verbe *manger* conjugué au passé composé. Maintenant, si ce quidam écrit *La dinde ? Je l'ai mangée* ou *La dinde que j'ai mangée*, alors là, il commence par nous présenter cette sacrée dinde. Avant même d'apprendre ce qu'il a bien pu lui faire, à la dinde, nous savons qu'il s'agit d'une dinde. Nous ne pouvons plus nous dérober. Nous devons accorder, hé oui. *Mangée* est lié à la dinde (c'est-à-dire à *l'* ou à *que*, qui sont les représentants attitrés

de la dinde) par-dessus le verbe, par un lien solide qui fait que *mangée* n'est plus seulement un élément du verbe *manger* conjugué au passé composé, mais également une espèce d'attribut de la dinde. Comme si nous disions *La dinde* est *mangée*.

Au bonheur des ogres (Folio, 156-157)

> – Dis voir, Ben, est-ce que tu pourrais me dire pourquoi cette saloperie de participe passé s'accorde avec ce connard de COD quand il est placé *avant* cet enfoiré d'auxiliaire *être* ? – *Avoir*, Jérémy, devant l'auxiliaire *avoir*. – Si tu préfères. Théo est pas foutu de m'expliquer. – Moi, la mécanique... fait Théo avec un geste évasif. Et j'explique, j'explique la bonne vieille règle en déposant un paternel baiser sur chaque front. C'est que, voyez-vous, jadis, le participe s'accordait avec le COD, que celui-ci fût placé avant ou *après* l'auxiliaire *avoir*. Mais les gens rataient si souvent l'accord quand il était placé après que le législateur grammatical mua cette faute en règle. Voilà. C'est ainsi. Les langues évoluent dans le sens de la paresse. Oui, oui, *déplorable*.

Le support antérieur détaché du PP (*La musique, j'ai aimé* : *cf.* § 114, 2) ou le support *en* à source antérieure (*Des fleurs, j'en ai cueilli* : *cf.* § 114, 3) ne devraient pas soulever de grands débats. Le conflit des deux questionnements qui aboutissent au même résultat : *Qui ou qu'est-ce qui est PP ?* et *À/de qui ou à/de quoi est-ce qu'il est PP ?* (*cf.* § 114, 4), *Qui ou qu'est-ce qui est PP ?* et *Qui ou qu'est-ce qui a PP ?* (*cf.* § 114, 5) pourra paraître moins convaincant.

D'autant plus, pour le dernier, qu'une seconde réponse est envisageable à chacune des questions et complique les choses.

Repartons des exemples *Les touristes ont débarqué* (*Qui ou qu'est-ce qui est/a débarqué ?* → *Les touristes*) et *Les enfants ont passé à la nage* (*Qui ou qu'est-ce qui est/a passé ?* → *Les enfants*), et transformons-les de façon à fournir aux PP un support supplémentaire : 1° *Les touristes que les bateaux ont débarqués...* 2° *La rivière que les enfants ont passée à la nage...*

Dans 1°, la question *Qui ou qu'est-ce qui est débarqué ?* produit comme support : *Les touristes*. Le support serait bloqué par la question *Qui ou qu'est-ce qui a débarqué ?* → *Les touristes*, si elle ne produisait simultanément le support *les bateaux*[1]. Dans 2°, le seul support non partagé est

1 Le déblocage qui résulte de l'addition d'un support est vraisemblablement la raison pour laquelle le PP des verbes pronominaux se distingue du PP des verbes non pronominaux : *Valérie a changé* (*Qui ou qu'est-ce qui est/a changé ?* → *Valérie*) *vs Valérie s'est changée* (*Qui ou qu'est-ce qui est/a changé ?* → *Valérie* + *se* = « Valérie »).

celui qui répond à la question en *être* (*Qui ou qu'est-ce qui est passé ?* → *La rivière*) puisque le second support répond à la fois aux questions en *être* et en *avoir* (*Qui ou qu'est-ce qui est/a passé ?* → *Les enfants*).

Je crois entendre les commentaires. Ne serait-il pas plus simple de s'en tenir au COD, absent des exemples initiaux, présent dans les exemples transformés ? Bref, de retourner sur la pointe des pieds à Noël et Chapsal (*supra*, § 105, 3 : « Le PP que conjugue l'auxiliaire *avoir* s'accorde avec son complément direct, lorsqu'il en est précédé, et reste invariable quand le complément direct est placé après le participe, ou qu'il n'y a pas de complément de cette nature ») ?

À courte vue, si. Une élémentaire cohérence oblige pourtant à exploiter du début à la fin le même mécanisme – le rapport d'un apport à un support – et interdit de papillonner entre les méthodes. Le prix à payer ne semble finalement pas trop cher en regard des bénéfices. Où est-il d'ailleurs écrit que la réflexion et la spéculation doivent rester à l'école l'apanage des mathématiques ?

Pour terminer, les « illogismes » des § 116, 117, 118 indiquent que des rectifications ponctuelles seraient tout à fait envisageables.

Mais aussi, peut-être, une véritable remise à plat ? Au moment de boucler ce livre, je reçois la motion *Pour un assouplissement des règles d'accord du participe passé* que le CILF 'Conseil international de la langue française' et le groupe EROFA 'Études pour une rationalisation de l'orthographe française d'aujourd'hui' adressent aux « Autorités gouvernementales et aux Instances de la Francophonie ». Elle comporte trois propositions, la première n'entraînant aucune modification concrète, la deuxième et la troisième rejoignant des pratiques de plus en plus répandues.

1. *Les PP employés sans auxiliaire et les PP conjugués avec l'auxiliaire être s'accordent avec le mot ou la suite de mots que l'on trouve à l'aide de la question « Qui ou qu'est-ce qui est (n'est pas) PP ? ».*
2. *Les PP des verbes pronominaux pourront s'accorder avec le mot ou la suite de mots que l'on trouve à l'aide de la question « Qui ou qu'est-ce qui s'est (ne s'est pas) PP ? » augmentée des éventuels compléments du verbe.*
3. *Les PP conjugués avec l'auxiliaire avoir pourront ne pas s'accorder et s'écrire dans tous les cas au masculin singulier.*

Il ne s'agit pas, insistent les rédacteurs, « de révoquer la norme officielle, représentative d'un registre de langue soutenu » mais « d'ouvrir aux utilisateurs un espace de liberté, qui a d'ailleurs sa logique » : en l'occurrence, pour la proposition 2, l'extension à l'ensemble des verbes pronominaux de l'accord des PP à pronom morphologiquement ou sémantiquement indispensable (*cf.* § 109) et, pour la proposition 3, la perte d'autonomie des PP au sein de formes verbales dont la cohésion ne cesse d'augmenter depuis le Moyen Âge (*cf.* § 114, 1, *excursus*).

L'espoir fait vivre.

BIBLIOGRAPHIE SÉLECTIVE

ARNAULD, Antoine, LANCELOT, Claude, *Grammaire générale et raisonnée*, Paris, 1660.

AUDET, Charles-Henri, *Morphologie et syntaxe du français. Précis théorique et méthodologique de sémantique grammaticale*, Sainte-Foy, Le Griffon d'Argile, 1994.

BEAUZÉE, Nicolas, *Grammaire générale*, Paris, 1767 (vol. II).

BENA, Jonas, *Les déficits en matière de français langue maternelle : diagnostic et base de remédiation*, Bruxelles, CFC, 2004.

BRUNOT, Ferdinand, *Histoire de la langue française des origines à 1900*, Paris, Colin, 1905-1953 (tome II, 1922 ; tome IV, 1924).

CATACH, Nina, « La bataille de l'orthographe aux alentours de 1900 », dans *Histoire de la langue française. 1880-1914* (G. ANTOINE & R. MARTIN éd., Paris, Éditions du C.N.R.S, 1985), p. 237-251.

CHERVEL, André, *Et il fallut apprendre à écrire à tous les petits Français. Histoire de la grammaire scolaire*, Paris, Payot, 1977.

CONTANT, Chantal, *L'histoire amusante de Participe Passé*, Montréal, COOP-UQAM, 2006.

DAMOURETTE, Jacques, PICHON, Édouard, *Des mots à la pensée. Essai de grammaire de la langue française*, Paris, 1911-1934 (vol. IV).

DUBOIS, Jacques dit SYLVIUS, *In linguam gallicam isagωge*, Paris, 1531.

GREVISSE, Maurice, *Savoir accorder le participe passé*, Bruxelles, Duculot, 1996.

GREVISSE, Maurice, GOOSSE, André, *Le bon usage*, Bruxelles, De Boeck, ^{15}2011.

GRUAZ, Claude, *L'accord du participe passé*, Limoges, Lambert-Lucas, 2012.

GUILLAUME, Gustave, *Leçons de linguistique*, Québec, Presses de l'Université Laval, 1971 et 1990.

HANSE, Joseph, BLAMPAIN, Daniel, *Nouveau dictionnaire des difficultés du français moderne*, Bruxelles, De Boeck, ^{4}2000.

LHOMOND, Charles-Ferdinand, *Élémens de grammaire françoise*, Paris, 1780.

MAROT, Clément, *Épitres*, Lyon, 1538.

MARTIN, Robert, « L'accord du participe passé avec *avoir* en moyen français », dans *Le Français Moderne*, 81 (2013), p. 137-143.

NOËL, François-Joseph-Michel, CHAPSAL, Charles-Pierre, *Nouvelle grammaire française*, Paris, 1823.

OLIVET, Pierre Joseph Thoulier d', *Remarques sur la langue française*, Paris, 1771.

RIEGEL, Martin, PELLAT, Jean-Christophe, RIOUL, René, *Grammaire méthodique du français*, Paris, P.U.F., ^{4}2009.

ROY, Gérard-Raymond, LEGROS, Catherine, « Le participe passé, du savoir déclaratif au savoir situationnel », dans *Enjeux*, 41-42, 1997, p. 29-45.

SKUPIEN DEKENS, Carine, KAMBER, Alain, DUBOIS, Maud, *Manuel d'orthographe pour le français contemporain*, Neuchâtel, Presses universitaires suisses, 2011.

SWIGGERS, Pierre, « Grammaticographie », dans *Lexikon der Romanistischen Linguistik* (G. HOLTUS, M. METZELTIN & Ch. SCHMITT éd., Tübingen, Niemeyer, V, 1, 1990), p. 843-869.

VAUGELAS, Claude Favre de, *Remarques sur la langue française*, Paris, 1647.

VAN RAEMDONCK, Dan, *Syllabus du cours de grammaire normative*, Bruxelles, PUB, 1993.

WILMET, Marc, *Le participe passé autrement*, Bruxelles, Duculot, 1999.

WILMET, Marc, « L'accord du participe passé. Projet de réforme », dans *Penser l'orthographe de demain*, Paris, CILF, 2009.

Wilmet, Marc, *Grammaire critique du français*, Bruxelles-Paris, Duculot, [5]2010 (§ 203).

POSTFACE

> – De cette façon donc, un homme sans avoir du cœur, est sûr de tuer son homme, et de n'être point tué ?
> – Sans doute ; n'en vîtes-vous pas la démonstration ?
> – Oui.
> MOLIÈRE, *Le Bourgeois gentilhomme*, II, 3.

« Trop difficile pour les élèves. » Combien de fois n'aurai-je pas entendu cette antienne de la bouche des collègues à qui je m'ouvrais de mon projet de *Petite grammaire instructionnelle* ou devant qui j'en esquissais une application ?

Le soupçon ou le reproche continuent de m'apparaître aujourd'hui doublement injustes.

« TROP DIFFICILE... » ?

Les difficultés, incontestables, tiennent d'abord à la masse de problèmes que soulèvent les thèmes retenus.

Pouvait-on cependant les ignorer ? Dès l'acquisition des premiers mots de français, au moment des premières mises en phrase, n'importe quel débutant rencontre çà et là sur sa route, à l'oral ou à l'écrit, un éventail d'articles, des adjectifs « qualificatifs » parfois voyageurs, des verbes conjugués à toutes sortes de modes et de temps, des assertions, des interrogations, des injonctions... et il lui faudra se mesurer un jour ou l'autre à l'orthographe du « participe passé ».

- Mes étudiants, en tout cas, confrontés à l'épouvantail des PP, ont été surpris, un peu fiers aussi, de parvenir à un taux élevé de succès – loin devant les francophones soumis à la routine scolaire – après à peine une heure d'introduction et la mise en œuvre d'une poignée de consignes (§ 125).
- Ils ont pris plaisir à varier les registres des questions et y sont devenus experts : du familier (*Tu m'aimes ?*) au classique (*M'aimes-tu ?*) et – surtout ? – de l'usuel (*Est-ce que tu m'aimes ?*) au populaire (*C'est-ti que tu m'aimes ?* – moins une vulgarité, leur a-t-il semblé, qu'une manifestation d'ironie ou de pudeur).
- L'alternance, à l'intérieur d'un récit, de PC (la forme narrative passe-partout) et d'IMP (répondant à des motivations essentiellement logiques) a cessé de constituer un écueil.
- Ils ont dominé en un rien de temps la morphologie du mode subjonctif (§ 39) et apprécié la relative liberté de décision qui leur était laissée à l'égard du subjonctif ou de l'indicatif (§ 46, 49, 51).
- La mobilité des adjectifs a trouvé l'axe d'une acception *indépendante* en N + A et *dépendante* en A + N (débouchant sur des phénomènes de spécialisation et de neutralisation naturelles ou artificielles aux différents stades du groupe nominal, du syntagme nominal et de la phrase).
- La répartition des articles dans quatre séries (types LE, UN, DE et Ø) a permis d'essayer terme à terme des commutations et de mesurer l'incidence des changements.

Pour toutes ces questions, la littérature française (le § 1 a suggéré que je ne la cantonnais pas aux productions hexagonales) fournit à l'inventivité des pédagogues un riche réservoir d'exercices variés, où la plupart des manuels de FLE ont la bonne idée de puiser en profitant ensuite du hasard des rencontres[1].

1 Le « mode d'emploi » du récent et par ailleurs très estimable *Comprendre la grammaire. Une grammaire à l'épreuve de la didactique du FLE* (M.-A. Camussi-Ni & A. Coatéval, Presses universitaires de Grenoble, 2013) propose trois entrées : 1° « éveiller une curiosité », 2° donner « les notions fondamentales qui permettent de comprendre le système morpho-syntaxique de la langue française » avec « un minimum de métalangage », 3° la construction à partir de corpus divers d'« une grammaire implicite », issue « d'un enseignement en spirale ».

Le revers de la médaille est un enseignement grammatical décousu, forcément lacunaire – sans rien dire des insuffisances théoriques et des à-peu-près du vocabulaire technique (voir un échantillon § 5) –, auquel nos chapitres ont justement l'ambition de substituer, en quelques points névralgiques, une véritable systématique et des définitions rigoureuses.

C'est évidemment là une seconde source de difficultés, mais pour qui exactement ?

« ...POUR LES ÉLÈVES » ?

Les allophones constituent il va de soi les principaux destinataires du FLE. Personne n'oserait toutefois leur reprocher d'avoir besoin d'un guide, dont seuls des étudiants universitaires et des chercheurs formés arriveront à se dispenser.

Notre démarche, qui se revendique honnête, qui explicite chacune de ses hypothèses, qui se prête à tous les contrôles et s'offre à toutes les contre-propositions, qui recherche inlassablement l'unité sous la multiplicité et le général sous le particulier, se révèlerait-elle en fin de compte « trop difficile » pour des professionnels ? Dur à admettre.

Bien entendu, il eût été possible de se contenter d'aperçus partiels. Ici encore, j'ai préféré m'en remettre aux maîtres du soin de trier les informations.

On comprendrait peut-être :

- que la concurrence de l'indicatif et du subjonctif ne requière pas absolument de réflexion préalable autour des modalités et des modes ou l'élimination des pseudo-modes « impératif », « conditionnel », « gérondif » ;
- qu'un exposé d'ensemble sur le temps et l'aspect ne soit pas indispensable à la prise en compte du temps passé et de l'aspect sécant de l'IMP ;
- que le praticien se satisfasse des deux auxiliaires « classiques » *avoir* et *être* sans entrer dans le détail de ces « semi-auxiliaires » qui ont le tort, vu les ambitions exclusivement orthographiques

de la grammaire scolaire, d'introduire un infinitif invariable au lieu d'un PP.

L'expérience m'a pourtant prouvé que l'intelligence des apprenants mérite d'être sollicitée et que leur curiosité aussitôt éveillée devient vite insatiable, donc amplement imprévisible. Mieux vaut alors disposer d'un filet d'explications en réserve. L'adage de Condorcet selon lequel « un livre élémentaire ne peut être bien fait que par ceux qui ont appris beaucoup au delà de ce qu'il renferme » s'applique *mutatis mutandis* aux leçons des enseignants.

Voilà pourquoi je me suis permis à l'occasion une brève incursion historique en direction des articles (§ 3), des sources latines de la concurrence des passés (§ 56), des tentatives avortées d'éclaircissement du doublet PS/PC par des auteurs anciens (§ 63), de la méditation séculaire sur le PP (§ 104) et de la « généalogie » du COD (§ 105, 3, *excursus*). Libre à chacun d'en toucher un mot ou de sauter par-dessus les excursus.

Car nos sept chapitres ont beau se vouloir exhaustifs, ils ne poussent pas à la consommation. Les protocoles instructionnels, en particulier, seront utilisés avec souplesse.

Quelques exemples d'exercices testés au fur et à mesure des chapitres (des dizaines d'autres sont envisageables).

Substituer l'article adéquat à l'inconnue de la phrase *X feuilles mortes se ramassent à la pelle.* *Cf.* § 18. Le pluriel *feuilles mortes* limite le choix aux articles *les, des* ou Ø. On élimine Ø du fait que l'extensité et l'extension n'ont aucune raison de ne pas être distinguées (consigne 1). *Les* égalisant l'extensité > 1 à l'extension (consigne 5) tandis que *des* infériorise l'extensité > 1 à l'extension (consigne 7), les deux variantes *les feuilles mortes* et *des feuilles mortes* sont à priori acceptables, sauf que l'article *des* impliquerait assez curieusement une sélection de feuilles à ramasser et à ne pas ramasser ou, si l'interprétation universalisante du présent *ramassent* poussait l'extensité jusqu'à la totalité, une solidarité initiale de certaines feuilles (consigne 8). La solution la plus plausible est celle de Prévert : *Les feuilles mortes se ramassent à la pelle.*

Justifier le contraste *moyen français* (*f* minuscule) – *Français moyen* (*F* majuscule). *Cf.* § 36. Consigne 1 (le sens de l'adjectif *moyen* n'émane pas de l'extérieur) → consigne 2 (*moyen* n'est pas de sens relatif) → consigne 4 (*moyen* est de sens contradictoire) → consigne 5 (l'ordre A + N insère *français* à un réseau – le *moyen français* intermédiaire entre l'ancien français et le français moderne –, dont le retire l'ordre N + A : *Français moyen* = « un stéréotype »).

Expliquer les formes verbales rivales dans par exemple *Un bon numéro de*

plus et tu serais milliardaire **et** ***Un bon numéro de plus et tu étais milliardaire.*** *Cf.* § 85. Consigne 1 (ni mode impersonnel ni mode subjonctif) → consigne 2 (ni temps présent ni temps futur) → consigne 3 (accointances avec le temps futur du passé) → consigne 12 (le COND ne donne pas uniformément satisfaction) → consigne 13 (adopter selon les désirs d'objectivité ou d'expressivité l'aspect global du COND ou l'aspect sécant de l'IMP).

Jules s'informe de la santé de Sophie auprès d'elle-même. De quels tours interrogatifs dispose-t-il ? *Cf.* § 103. Consigne 1 (sélectionner un cadre 1° phrastique ou 2° sous-phrastique). 1° Dans le cadre phrastique. Consigne 2 (retenir l'interrogation partielle) → consigne 6 (écarter l'interrogation portant sur le sujet) → consigne 10 (ne pas retenir l'interrogation portant sur un attribut) → consigne (retenir l'interrogation portant sur un complément circonstanciel) → consignes 15, 16 et 17 (choix d'un registre familier, classique, usuel ou populaire). Solutions : *Tu vas comment ?* (15), *Comment vas-tu ?* (16), *Comment est-ce que tu vas ?* (17), puis, sur la pente d'une désinvolture accrue (feignant la tranquillité d'esprit ou l'assurance comique), *Comment tu vas ? Comment que tu vas ? Comment c'est que tu vas ? Comment c'est-ti que tu vas ?* 2° Dans le cadre sous-phrastique. Consigne 21 (retenir l'interrogation partielle) → consigne 22 (le mot enchâsseur n'est pas un adjectif) → consigne 23 (le mot enchâsseur est l'adverbe *comment* de l'interrogation phrastique). Solutions : *Dis-moi comment tu vas* ou *Dis-moi comment est-ce que tu vas*, etc. (les populismes plaisants *Dis-moi comment que tu vas. Dis-moi comment c'est que tu vas. Dis-moi comment c'est-ti que tu vas*).

Transformez les infinitifs entre crochets de la phrase suivante en PP et accordez-les : ***Sophie, je l'ai [voir] tituber à force d'avoir trop [boire].*** *Cf.* § 120. *Voir.* Consigne 1 (appliquer au PP la règle officielle des PP conjugués avec l'auxiliaire *avoir* et suivis d'un infinitif telle qu'examinée au § 118 et facilitée par la note : *J'ai vu Sophie tituber* ou *J'ai vu tituber Sophie*). Solution : *Sophie, je l'ai vue tituber...* (*vs* la solution logique : *Sophie, je l'ai vu tituber...*). *Boire.* Consigne 2 (le PP est démuni de support). Solution : le masculin singulier *...à force d'avoir trop bu.* [N.B. Un support masculin singulier *trop d'alcool* retarderait de deux consignes la solution, et un support féminin ou pluriel *trop de bière/bières* obligerait à parcourir les consignes 4, 5, 7 et 8 jusqu'à la réponse « oui » de la consigne 9.]

Quant au métalangage, conformément au vœu émis § 2 « de secouer le carcan de la terminologie scolaire et de rationaliser une nomenclature de toute façon non familière à un public d'étrangers », il a été réduit autant que possible.

Certes, des concepts relativement originaux, mais indispensables aux analyses, ont eu besoin d'étiquettes appropriées : l'*extension* et l'*extensité* (§ 6), les couples oppositionnels *extensif ~ partitif, massif ~ numératif, continu ~ discontinu* (§ 18), *contexte* et *cotexte* (§ 9, *excursus*), *anaphore* et *cataphore* (§ 9, *excursus*, § 34, § 97, *excursus*), *énonciation* et *énoncé* (§ 87) *phrase matrice* et *sous-phrase* (§ 87, *excursus*), *enchâssement* et *enchâsseur* (*ibid.*), *focalisateur* et *interrogateur* (§ 91, deuxième *excursus*), *prédication première* et *prédication seconde* (§ 105, 1, *excursus* ; § 118), les sujets *grammatical, logique* et *sémantique* (§ 105, 2, *excursus* ; § 112)...

En revanche, la nomenclature des formes verbales a été dépoussiérée (§ 72, le tableau), la confusion de la *nature* d'adjectif et de la *fonction* de déterminant dûment redressée (§ 6 et 21) et le vocable même d'*adjectif* désolidarisé de ses substituts occasionnels *épithète* ou *qualificatif* (§ 21, 1, 2, 3).

Mon but, n'en déplaise à ceux qui assimileraient la moindre nouveauté à des « complications », est resté d'un bout à l'autre d'émonder et de simplifier.

Inutile d'encombrer la mémoire des élèves de subtilités improductives comme la « transitivité » et l'« intransitivité » (un summum de circularité et d'infalsifiabilité, le verbe « intransitif » rebaptisant son complément « d'objet » complément « interne » : comp. § 105, 3 et 117, n. 1), comme les subjonctifs « imparfaits » et « plus-que-parfaits » moribonds (*cf.* § 39), comme l'introuvable « concordance des temps » (*ibid.*), comme la liste des verbes à auxiliaire *être* facultatif (*cf.* § 58)...

S'installe au fil des pages un esprit de tolérance.

L'obligation du subjonctif restreinte aux « servitudes grammaticales » (§ 46), l'admission du mode subjonctif derrière *après que* (§ 52), le PS réservé à des « nuances chronologiques, sémantiques, expressives ou stylistiques » (§ 68), le PS, l'IMP et le PRES tributaires de « pressions expressives ou stylistiques accessoires » (*Complément didactique* au chap. 5), l'interrogation effectuable à divers niveaux de langue (§ 91 et *passim*), les « illogismes » de l'accord du PP dénoncés (§ 116, 117, 118)... donnent de la langue française une image plus amène qu'il n'est habituel et, on l'espère, de la grammaire du FLE, une représentation finalement moins rébarbative que libérée, créative et ludique.

INDEX SUCCINCT[1]

1 Les numéros renvoient aux paragraphes.

TABLE DES MATIÈRES